Comment éveiller votre bébé

de 0 à 3 ans

À Yann et Sandra

ISABELLE BARBIER

Comment éveiller votre bébé

de 0 à 3 ans

Flammarion

Directeur de collection : Joseph Messinger

ISBN : 2-0820-1440-1
N° d'édition : L.01EPMNFT1440.B002
Dépôt légal : janvier 2006
www.editions.flammarion.com

Sommaire

Les ficelles du métier de parents

Les ficelles du métier de parents, vous les trouverez dans ce livre pas comme les autres. Un véritable aide-mémoire du jeune parent écartelé entre les couches, le bain, les dodos, les jeux et l'alimentation de bébé, etc.

Tout y est inscrit en clair dans le texte d'Isabelle Barbier, cette orthophoniste franco-irlandaise qui a fait ses classes dans le grand nord du Canada. Si ce livre avait existé quelques années plus tôt, j'aurais su quoi faire avec ma cadette et peut-être lui offrir une image à valeur ajoutée de son vieux papa. Il me manquait des ficelles, ces ficelles magiques que l'auteur de ce livre nous livre et qui nous délivre du doute.

Ne sommes-nous pas des parents imparfaits ?

Après l'avoir lu – logique, j'en suis le directeur de collection – j'ai soudain envie de refaire un bébé, car je saurais maintenant comment m'en occuper aussi bien que sa maman. J'y ai découvert des comptines inédites, des jeux tactiles, des trucs incroyables pour éveiller l'intelligence de bébé. Mais d'où sort-elle donc tout ça ? Sans doute de ses vingt années d'expérience cosmopolite. Peut-être, mais pas seulement. Isabelle est une femme de tête dont le « sens pratique » est la plus grande qualité.

Je suis certain que ce livre va soulager à l'avance tous les futurs parents qui attendent le débarquement du « martien » dans leur logis. Même ceux qui sont déjà envahis y trouveront matière à négocier ou à améliorer leur communication avec bébé. Car tout y est, tous les cas de figure catastrophiques sont repris sous rubrique avec le mode d'emploi pour s'en tirer sans bobo.

Et puis, la cerise sur le gâteau, Isabelle Barbier a écrit ce livre de conseils dans une langue abordable par tous : simplicité et clarté à l'américaine. Ce qui est aussi formidable, ce sont les moyens qu'il offre aux parents bosseurs, ceux qui travaillent du matin tôt au soir, parfois très tard, de partager des moments privilégiés et certainement trop courts avec leur enfant en y investissant une qualité relationnelle qui rassasiera leur bébé. Ce n'est pas la quantité de temps disponible qui compte mais la qualité de la relation ; c'est ce qui fabrique un enfant psychologiquement équilibré et comblé affectivement.

Le bébé apprend très vite à partager sa maman avec le travail de celle-ci. Il acceptera d'autant plus facilement ses absences répétées qu'elle lui donnera une présence affective massive quand elle reviendra à la maison. Et cette présence peut être encore largement améliorée en suivant les précieux conseils d'Isabelle Barbier.

Ce livre hypercréatif manquait au paysage éditorial, pourtant bien achalandé, de tous ces livres qui sont censés rendre service aux parents. J'en ai lu plusieurs qui me sont tombés des mains tellement ils étaient bêtement théoriques et sans l'ombre d'une idée originale. D'autres étaient d'excellents manuels de psychologie de l'enfant mais pas des livres fondés sur des solutions pratiques. Ce pragmatisme qui nous fait cruellement défaut, à nous autres Français, Isabelle Barbier nous l'offre en toute simplicité.

Ce livre est divisé en quatre périodes :
- L'âge de l'ange qui court de 0 à 6 mois ;
- Le Sitting Bull qui va de 6 à 14 mois ;
- Le crapahuteur : de 14 à 24 mois ;
- Le moulin à paroles, qui clôture ce livre, de 24 à 36 mois.

Ne perdez pas votre temps à tout lire de bout en bout ! Lisez la période qui concerne votre enfant et non celles qui sont encore à venir. Et surtout, surlignez les passages qui vous rendent service pour les retrouver facilement.

Ce livre concerne aussi les grands-parents et les professionnels de l'enfance qui y trouveront une multitude de jeux de bébés inédits, de comptines originales et d'idées gratuites pour fabriquer des jouets géniaux à trois francs six sous. Et c'est là sans doute tout le génie de ce livre qui s'adresse à toutes les couches sociales de la population, du RMI à l'ISF, chaque lectrice, chaque lecteur y trouvera son compte sans bourse délier. Pour les enfants, l'argent ne fait pas le bonheur (même s'il peut y contribuer) et Isabelle Barbier vous le prouve dans ce merveilleux bouquin.

On peut élever un enfant sans l'aimer mais on ne peut aimer un enfant sans l'élever.

Joseph Messinger

L'ÂGE DE L'ANGE DE 0 À 6 MOIS

L'arrivée du nouveau-né dans une famille a été attendue près de neuf mois, un peu moins si l'enfant est pressé de faire la connaissance de ses parents. Ce petit être dépend entièrement des adultes qui l'entourent pour sa survie. Il paraît si frêle. Il est si léger. Il vous regarde, il attend tout de vous.

Nos grand-mères, dans leur grande sagesse, racontaient que, juste avant sa naissance, bébé reçoit la visite d'un ange. Celui-ci lui conseille de taire tout son savoir et place un index sur la bouche de bébé. L'empreinte de ce doigt est présente à la naissance et reste avec nous toute notre vie : si vous placez votre index sur vos lèvres, vous la retrouverez sous le bout du doigt...

En effet, sous cette apparente fragilité, le nouveau-né possède des capacités totalement insoupçonnées. Déjà dans le ventre de sa maman, il a appris, il s'est entraîné, il a écouté, il a goûté et il a réagi à tout ce qui lui est parvenu à travers la paroi abdominale, par le cordon ombilical et dans le liquide amniotique, son seul univers.

Mais que peut-il bien faire de si important alors qu'il n'a qu'à profiter d'une alimentation en continu et d'un environnement sur mesure ?

Eh bien, comme ses parents, il se prépare. Il se prépare pour le grand jour. Il apprend à déglutir en avalant de petites gorgées de liquide amniotique. Il fait des exercices quotidiens pour renforcer les muscles de son dos et de son cou. Il porte ses mains à son visage et fait des efforts pour saisir l'un de ses doigts. S'il y arrive avec succès, il s'empresse de les téter de toute son énergie. Peu à peu, ses gestes s'affinent et il devient maître dans l'art d'aspirer tout ce qui passe près de son visage pour le tétouiller. Dès sa naissance, il sera ainsi capable de chercher le sein de sa mère, de le saisir et de profiter pleinement du colostrum, son premier aliment.

Un monde de sens

Bébé est branché en stéréo

Dès la mise en route du système complexe qui lui permet de percevoir des sons, donc d'entendre, il réagit aux vibrations sonores qui parviennent jusqu'à lui (à six mois et demi de gestation). Non seulement son corps ressent les vibrations mais il perçoit les sons. Ces sons viennent de l'« extérieur » mais aussi de l'intérieur. Il est bercé par les battements cardiaques de sa maman, il est réveillé par le gargouillis de son système digestif... Enfin, vous pouvez entendre d'ici le concert ! Les autres sons sont assourdis et déformés par les couches successives et le liquide amniotique qu'ils doivent traverser avant de parvenir au fœtus. Cela ne l'empêche nullement de prêter une oreille attentive aux stimuli sonores qu'il perçoit. Il parvient même à en reconnaître certains : la voix de papa qui lui a raconté les progrès de son équipe de rugby favorite durant des mois est reconnue parmi d'autres, dès la naissance. Il en est de même pour la chanson de Laurent Voulzy que maman a écoutée tous les jours : c'est cette chanson-là et pas une autre qui calmera bébé durant ses premières semaines parmi nous. Bébé réagit même de façon très nette aux sonorités de la langue parlée par ses parents. Si vous pensiez que c'étaient des vacances pour lui, détrompez-vous ! Peu d'entre nous peuvent se vanter d'en apprendre autant dans les quelques mois qui précèdent le bac.

Ça sent bon !

Le sens qui remporte le César sensoriel est celui de l'odorat. C'est le sens qui est le plus performant chez le nouveau-né. Tout se passe au niveau d'une glande située dans le nez : la glande olfactive nous informe sur les odeurs mais aussi sur le goût des aliments. Contrairement à ce que nous pourrions penser, ce n'est pas la langue qui détermine le goût : elle nous permet seulement de reconnaître les variations entre le sucré, le salé, l'acide et l'amer.

De nombreuses expériences ont démontré que le nourrisson reconnaît l'odeur de sa mère avec une grande précision. Il suffit d'assister à la réaction de bébés prématurés pour en être convaincu. Monique Haddad, orthophoniste en néonatalogie à l'hôpital d'Argenteuil, a mis en place un protocole de stimulation des nourrissons prématurés afin de leur permettre de s'alimenter au sein ou au biberon le plus rapidement et le plus efficacement possible. Ces bébés qui ne peuvent pas encore téter, qui ne sont pas encore « achevés », réagissent d'une façon étonnante lorsqu'on leur présente une odeur : la fraise les détend, le feu de bois les incommode et le concombre les rend perplexes.

Le goût

La bouche nous donne d'autres informations sur le goût d'un aliment comme sa saveur sucrée, salée, acide ou amère, mais elle est surtout très performante sur le plan tactile. Elle nous informe sur la consistance d'un aliment : s'il est solide ou liquide, gélatineux ou croustillant. Rappelez-vous ce cratère énorme qui vous a incité à aller voir votre dentiste : votre langue y retournait sans cesse comme pour vérifier que le trou créé par la carie n'avait pas doublé de volume. Eh bien il ne s'agissait que d'un petit trou de rien du tout. Mais votre langue est tellement sensible qu'elle détecte et vous informe des moindres modifications de la sphère buccale. Maintenant vous comprenez mieux pourquoi votre petit ange porte tout à la bouche : c'est son centre de décodage qui l'informe sur la texture, la consistance, la température, la taille, la forme et bien sûr le goût (avec l'assistance du nez) de tout ce qu'il y met.

Les portes d'entrée

La phase sensori-motrice. C'est ainsi que Piaget a nommé cette première étape dans le développement de l'enfant. C'est en effet ce qui la caractérise : le nouveau-né se familiarise avec son environnement par le truchement de son appareil sensoriel, il fait également d'énormes progrès sur le plan moteur. Ce qui nous donne ce que j'appelle des « portes d'entrée » pour proposer au nouveau-né des stimulations qui lui sont adaptées. Si c'est à l'aide de la vision, du toucher, de l'odorat, de l'audition et du mouvement que le tout-petit, votre petit ange, découvre et apprend, ces portes resteront votre fil conducteur dans les jeux et les échanges que je vous invite à partager avec lui dans cet ouvrage.

Bébé a faim !

Le sein ou le biberon ?

Voici une question qui a animé bien des débats. Au cours des siècles, la balance a penché d'un côté puis de l'autre pour ensuite revenir à son point de départ. Après une longue période durant laquelle le nourrisson était exclusivement nourri au sein (par sa mère ou par sa nourrice), les années 1950 ont vu apparaître l'ère du biberon et des laits maternisés.

Mes deux enfants sont nés au Canada à la fin des années 1980 et la tendance s'était complètement renversée à nouveau : donner le sein était le moyen d'offrir le meilleur départ possible à l'enfant. De nombreuses recherches venaient soutenir cette approche et le personnel préparant les parents à l'accouchement ainsi que les équipes hospitalières apportaient le soutien nécessaire pour que tout se passe sans anicroche.

Parce que anicroche, il y a. Produire du lait est une tâche pour laquelle les femmes sont programmées par la nature, mais cette activité entraîne une dépense d'énergie considérable, une attention toute particulière à son alimentation et l'absence totale de produits tels l'alcool ou les médicaments. Maman doit être disponible à tout moment du jour et de la nuit, ce qui n'est pas toujours évident après la reprise du travail ou lorsque le nouveau-né et/ou la maman sont hospitalisés.

Il est certain que le sein présente des avantages incontestables. Le lait maternel contient tous les nutriments nécessaires au bébé au fur et à mesure qu'il grandit. Le bébé gère la quantité selon ses besoins et obtient un lait à température adéquate. Le sein permet au bébé prématuré de téter fréquemment de petites quantités, comme s'il n'avait pas quitté le ventre de sa mère. La maman qui allaite son nouveau-né le place soit au sein gauche, soit au droit. Le tout-petit est donc sollicité à droite, puis à gauche. Les deux hémisphères sont ainsi stimulés alternativement. Alors que le bébé nourri au biberon est presque toujours placé à gauche, côté cœur. Que ses parents soient droitiers ou gauchers n'y change parfois rien.

Quand vous changez votre bébé nourri au biberon, alternez les positions dans lesquelles vous le placez. Ainsi, il bénéficie d'une stimulation des deux hémisphères du cerveau. Vous pouvez également le coucher dans son lit la tête à droite, puis à gauche la fois suivante. Il se tournera vers vous quand vous venez le chercher en se mobilisant d'un côté, puis de l'autre. Si vous êtes enclin à faire de la voiture régulièrement avec bébé, ne placez pas son siège-auto toujours du même côté : il se tournera pour observer ses jouets, ou regarder par la fenêtre soit à droite, soit à gauche.

En France, l'allaitement est de plus en plus préconisé. Il n'en demeure pas moins que le choix reste celui de la maman et que ce qui convient au bébé est ce qui met sa maman à l'aise. Pr Bernard Golse (pédopsychiatre à l'hôpital Necker) a récemment effectué des recherches sur les tout-petits et il démontre que le repas est le moment où ils parviennent à gérer toutes les stimulations, qu'elles soient visuelles, tactiles, olfactives ou auditives. Le nouveau-né au sein ou au biberon perçoit le visage de maman ou de papa, car il est précisément à 20 cm de ses yeux. Au-delà ou en deçà de 20 cm, le nouveau-né voit flou car la vision n'est pas encore au point.

Soyez disponible pour votre bébé au moment des repas : il vous regarde, il vous écoute, il apprécie le contact de votre peau contre la sienne et il baigne dans votre odeur et celle du lait. À d'autres moments de la journée, placez-vous à la même distance de votre bébé et il peut ainsi « accrocher » votre regard. Il apprend peu à peu à voir plus loin et il se retourne pour étendre son champ de vision.

Petits soucis au démarrage

Si votre nouveau-né ne se montre pas très efficace pendant la tétée et qu'il est lent, certaines adaptations s'imposent dans un premier temps. La façon dont le bébé est installé peut avoir un impact sur l'efficacité de sa succion.

Assurez-vous qu'il est installé confortablement avec les jambes, le dos et la tête soutenus. Maintenez son dos le plus droit possible avec sa tête dans le même alignement. Mais non, il ne s'agit pas d'une mission impossible ! Déjà, asseyez-vous confortablement, si nécessaire avec un coussin prévu à cet effet. Puis croisez vos jambes en laissant un espace pour y placer votre bébé. Il a ainsi les jambes et le dos bien calés. Maintenez sa tête droite en plaçant votre main sur sa nuque avec le pouce et l'index à la base du crâne. Le nouveau-né qui manque un peu de tonus (comme vous en fin de journée !) a du mal à tenir son dos droit et la courbe de ce dernier ne lui permet pas de remplir un estomac coincé dans un tout petit espace. Encore une fois, je vous engage à en faire l'essai !

Du moment que vous respectez le soutien, vous pouvez tout modifier à votre sauce !

Le choix de la tétine

J'ai découvert avec des bébés prématurés que chacun a sa façon unique de téter. Ainsi certains tètent vers l'avant de la bouche, d'autres au milieu et d'autres à l'arrière. Il faut donc une tétine adaptée à la succion de bébé : une fine et courte si bébé tète avec le bout de sa langue, une tétine physiologique s'il tète avec le milieu de la langue et une tétine plus longue s'il mobilise l'arrière de la langue.

Faites des essais avec des tétines différentes et n'hésitez pas à « tester » la succion de votre bébé à l'aide d'un instrument d'une grande précision : votre petit doigt soigneusement nettoyé. Essayez de sentir sur votre doigt où votre bébé applique le plus de pression avec sa langue lorsqu'il tète. Sélectionnez dans un premier temps les tétines en caoutchouc qui sont plus molles après plusieurs stérilisations.

On ferme !

Il se peut également que votre bébé ne tète pas efficacement car il ne maintient pas sa bouche hermétiquement fermée. Il ne peut pas avaler correctement : la bouche qui se ferme est la première étape du processus de la déglutition qui nous permet d'avaler. Vous pouvez tester ceci de vous-même : si vous tentez d'avaler une gorgée d'eau la bouche ouverte, comme ça se pratique avec les gourdes espagnoles, cela vous demande un effort supplémentaire. Pour y pallier, vous avez certainement serré les dents. Refaites maintenant une tentative en relâchant la mâchoire : la déglutition devient presque impossible. De plus, chaque gorgée ingurgitée par bébé est accompagnée d'air qui remplit peu à peu son estomac.

Vous pouvez aider bébé à mieux fermer sa bouche en plaçant un doigt de la main qui tient le biberon sous sa lèvre inférieure. Petit à petit, il apprendra à le faire seul.

Respirer et avaler

Les bébés naissent avec la capacité de boire et de respirer pendant la tétée. Mais si votre bébé s'essouffle et ne parvient pas à rythmer sa respiration et ses gorgées, il peut apprendre à se réguler, si vous lui montrez ce qu'il faut faire.

Laissez-le prendre trois gorgées et sortez la tétine (ou le mamelon) de sa bouche le temps d'une respiration. Puis recommencez. Bébé réglera rapidement son rythme en suivant celui-ci, puis en élaborant le sien.

La maman de Noé, âgé de 3 semaines et atteint d'une maladie génétique rare, me demande de l'aider pour alimenter son fils qui ne peut pas téter. Elle m'assure avoir tout essayé, car elle veut ramener Noé à la maison le plus rapidement possible. Il doit rester hospitalisé tant qu'il n'est pas capable de s'alimenter de façon satisfaisante pour l'équipe médicale. S'étant renseignée, elle a appris qu'un autre bébé atteint de la même maladie est resté quatre mois à l'hôpital avant de pouvoir rentrer chez lui. Elle est désespérée. Le soir, après avoir quitté la petite chambre dans laquelle elle a passé toute la journée, elle se demande si elle a bien eu un bébé. Le fait de ne pouvoir lui donner le sein ou le biberon la prive de son rôle de mère nourricière. De plus, elle a bien compris que ce qui importe au personnel hospitalier est la courbe de son poids et non son retour à la maison. Après avoir fait plusieurs suggestions, je m'aperçois qu'elle a effectivement essayé de faire tout ce qui tombait sous le sens. Quelques jours plus tard, après des conseils ciblés et à l'aide de matériel adapté, Noé arrive à prendre la totalité de ses biberons de la journée pour la première fois. Enfin installé à la maison, l'anxiété qui entoure la prise du biberon les premiers temps disparaît graduellement.

Comme cette maman, n'hésitez pas à faire appel à une orthophoniste si vous en avez besoin.

Du biberon à la cuillère

Selon la faim de votre rejeton et les conseils de votre médecin, de nouveaux aliments sont ajoutés au lait maternel ou au lait maternisé. En règle générale, les premières tentatives avec la cuillère ne sont pas couronnées de succès : le bébé tétouille la bouillie comme il le ferait avec le lait et la majeure partie ressort comme elle est entrée. Bébé découvre une autre saveur, souvent sucrée, ce qui excite ses papilles gustatives. Il fait donc de gros efforts pour parvenir à avaler ce nouvel aliment. Au bout de quelques jours, il y arrive mieux et les quantités proposées pourront être augmentées graduellement.

Mais il n'en est pas toujours ainsi. Le tout-petit peut très bien refuser ce nouveau mode d'alimentation, recracher systématiquement la bouillie ou tout simplement avoir des haut-le-cœur allant jusqu'à des vomissements.

En effet, certains enfants sont plus sensibles que d'autres et n'apprécient guère les changements qui leur sont proposés. Voici quelques exemples et des pistes pour aider votre tout-petit à s'habituer peu à peu aux demandes faites au moment des repas.

Genoux ou chaise haute ?

On associe facilement la cuillère à une position assise du tout-petit. Si, pour diverses raisons et avec l'accord du pédiatre, votre enfant démarre avant d'avoir acquis une position assise stable, il n'est pas possible de l'installer dans un siège. Ceux-ci sont conçus pour accompagner l'enfant jusqu'à l'âge de 2 ans, voire plus. Le tout-petit qui approche des 6 mois nage littéralement dans sa chaise qui paraît énorme, disproportionnée !

Commencez par donner la cuillère à bébé assis sur vos genoux. Il a encore besoin du support de vos bras et de vos genoux. Puis, installez-le dans sa belle chaise haute, comme un grand, avec un rembourrage dans le dos et les côtés. Le transat qui place bébé dans une position semi-couchée n'est pas adapté : faites donc l'essai d'avaler une gorgée ou une bouchée alors que vous êtes renversé en arrière sur votre siège. C'est la fausse route assurée : vous avalez de travers !

Bébé roquefort

Le lait maternel est sucré et le tout-petit est naturellement attiré par tout aliment sucré. Mais il se peut très bien que le vôtre ne le soit pas : certains apprécient plus le salé ou même des aliments au goût très marqué, tel le roquefort, car ils y ont été habitués pendant les semaines de gestation précédant l'accouchement. En effet, le liquide amniotique que le bébé boit est porteur des saveurs des aliments que la future maman mange.

Proposez-lui de « goûter » des saveurs différentes en plaçant un peu d'aliment semi-liquide sur sa lèvre inférieure. Assurez-vous préalablement de l'accord de votre médecin, car certains aliments ne sont pas recommandés à cet âge (allergies alimentaires ou peu digestes pour un petit estomac). Au Canada par exemple, un des premiers aliments du tout-petit est la patate douce pour son goût légèrement sucré et sa valeur nutritionnelle. En Irlande, la maman délaye un biscuit pour bébé dans un peu de lait.

Du liquide à la bouillie

Une texture trop liquide… ou trop épaisse ne convient peut-être pas à votre tout-petit. N'hésitez pas à la rendre plus liquide ou à l'épaissir un peu avant de la lui proposer. Ne vous fiez pas forcément à ce qui est vendu en magasin. La texture est alors choisie pour satisfaire les attentes des adultes et non les besoins des petits clients.

De plus, faites bien attention à laisser la cuillère plus longtemps dans sa bouche pour lui donner le temps de prendre de lui-même la bouillie. Nous avons en effet tendance à insérer la cuillère dans la bouche pour la vider immédiatement en la soulevant et en la sortant. Les mouvements de la langue de votre bébé vont donc sortir tout ce que vous y avez déposé.

Laissez la cuillère sur la langue quelques instants pour donner au bébé le temps de téter et d'avaler son contenu. Modifiez la texture des aliments d'une fois sur l'autre pour déterminer celle qui convient le mieux à bébé.

La boîte à outils

Il m'arrive fréquemment, lorsque j'anime des groupes de travail pour des parents de jeunes enfants, de leur demander de se donner à manger mutuellement. Je choisis alors avec soin des ustensiles qui leur posent de gros problèmes : ils sont trop creux, ils sont désagréables au toucher (couverts en bois ou métallisés), ils sont trop larges pour la taille de leur bouche, la forme ne convient pas... enfin, rien ne va ! Ces parents perçoivent alors différemment les ustensiles qu'ils utilisent avec leur chérubin qui a une bouche, somme toute, toute petite... quand il ne pleure pas !

Faites le tour des magasins spécialisés et cherchez de petits ustensiles, de matière souple et plats dans un premier temps. Gardez soigneusement ceux que vous avez déjà en votre possession : ils seront mieux adaptés plus tard.

Conservez également les petites cuillères plates et arrondies vendues avec certaines glaces en pots individuels. Ce sont les plus efficaces pour certains bébés.

L'art et la manière

Vous ne trouvez nulle part une description des approches que nous avons à notre disposition pour démarrer la cuillère avec le petit dernier. Il se peut très bien que tout se soit fort bien passé avec les aînés. Vous n'aviez même pas envisagé que cela puisse poser un problème. Mais le benjamin de la famille vous en fait voir de toutes les couleurs et n'accepte que son biberon. Vous y ajoutez des céréales et parfois de la soupe, mais il vous tarde de le voir passer à une nourriture qui convient à son âge.

Dans un premier temps, placez un peu de bouillie sur sa lèvre inférieure et il sucera ou léchera l'aliment. Vous verrez ainsi très vite ce qu'il aime et ce qu'il apprécie moins. Puis posez une petite cuillère plate et souple avec un peu de sa bouillie favorite sur sa lèvre inférieure, et attendez qu'il aille la chercher de lui-même. N'introduisez la cuillère dans sa bouche que lorsqu'il aura de lui-même amorcé le mouvement. S'il détourne la tête, attendez un moment avant de recommencer.

Bien que cela ne corresponde peut-être pas à votre façon de faire, donnez-lui l'opportunité de mettre sa main dans sa nourriture pour la porter à sa bouche et sucer ses doigts. « Mais il ne fait que jouer avec ! » me direz-vous. C'est vrai. Il joue ; il en met partout ; il en est couvert en fin de repas. Mais il se familiarise petit à petit avec cette nouvelle alimentation. Le simple fait que c'est lui qui la met dans sa bouche lui enlève toutes les réserves qu'il pouvait avoir.

Qui a raison ?

Il existe au Canada de nombreuses photos de nourrissons qui, après un premier échange avec la nourriture, en sont maculés. Ces photos attendrissent les Canadiens qui autorisent leurs enfants à s'alimenter eux-mêmes à table, dès leur plus jeune âge. Cette étape fait partie de la vie avec un tout-petit. Ils sont bien équipés : protection pour le sol, chaise haute adaptée pour un nettoyage facile et serviette XXL qui couvre la presque totalité du bambin. En France, c'est le parent qui « donne à manger » à son rejeton jusqu'à un âge avancé, de façon rapide, efficace et avec le moins de saletés ou de dégâts possibles.

Tentez de trouver des adaptations permettant au tout-petit de s'alimenter seul en alternance avec la cuillère.

Si votre enfant se montre très intéressé mais que sa langue persiste à faire ressortir sa compote ou sa purée de légumes, retournez la cuillère dans sa bouche de sorte que sa langue tète contre celle-ci et parvienne à aspirer la nourriture jusqu'au fond de la bouche où elle sera avalée. C'est seulement à ce moment que vous retirerez la cuillère.

Touché c'est gagné !

Certains enfants n'acceptent pas que l'on mette quoi que ce soit dans leur bouche (une cuillère, une brosse à dents, un doigt). Ce sont des petits qui, dès le plus jeune âge, montrent une hypersensibilité à ce que d'autres acceptent sans aucune difficulté. En tant que parents et avec le soutien de l'orthophoniste, si cela est nécessaire, vous pouvez l'aider à s'habituer progressivement à un toucher qu'il trouve presque insupportable au début. Associez les jeux suivants à des moments qui reviennent plusieurs fois par jour, afin de ne pas les oublier et de vous assurer, par leur répétition, du succès de votre action.

Massez le visage de bébé plusieurs fois par jour d'une pression ferme sur le front, les joues, la bouche et le menton. Associez vos massages à des jeux de marionnettes et à des comptines. Voici quelques suggestions. N'hésitez pas à inventer vos propres paroles sur des airs que vous connaissez bien. Le but du jeu est... de s'amuser !

PAN, PAN, QUI EST LÀ ?

Pan, pan !	(Frappez deux petits coups sur le front du bébé.)
Qui est là ?	(Tapotez le menton de l'index.)
C'est moi !	(Tapotez une joue de l'index.)
Entrez !	(Tapotez l'autre joue.)
Par où ?	(Tapotez le nez.)
Par là !	

(L'enfant ouvre la bouche et le parent y met le doigt. Il peut alors frotter les gencives, l'intérieur des joues, et la langue de bébé.)

MENTON ROND

(Massez chaque partie du visage mentionnée et terminez en tapotant les lèvres pour que bébé ouvre la bouche.)

Menton rond
Bouche d'argent
Nez cancan
Joue rôtie
Joue bouillie
Petit œillot
Grand œillot
Toc, toc, mailloc !

JE FAIS LE TOUR DE MON JARDIN

Je fais le tour de mon jardin	(De l'index, faites le tour du visage de bébé.)
Bonjour papa	(Fermez sa paupière droite.)
Bonjour maman	(Fermez sa paupière gauche.)
Je descends l'escalier	(Glissez le long de son nez.)
Je sonne à la porte : dring ! dring !	(Appuyez sur son nez.)
J'essuie mes pieds	(Tapotez la lèvre supérieure.)
Et j'entre !	(Entrez dans sa bouche.)

Une fois ces comptines familières à bébé, ajoutez une variation à l'aide d'une marionnette, d'un gant de toilette ou d'un doigté en silicone utilisé pour brosser les gencives de bébé. Plus il sera stimulé, plus il s'alimentera avec facilité.

Bébé se jette à l'eau

En règle générale, le bain est un moment agréable à passer avec votre bébé qui apprécie de se retrouver dans un élément liquide. Chacun fait selon ses goûts ou selon ce qui lui est familier : le bébé est soutenu par le bras de papa ou de maman, il est installé sur un petit hamac en éponge... ou il est invité à rejoindre l'un de ses parents dans la « grande » baignoire.

Il se peut néanmoins que certains bébés supportent difficilement tout ce qui a trait au bain quotidien : ils n'aiment pas être déshabillés, manipulés, mouillés, séchés... Du début jusqu'à la fin, ils expriment un réel désarroi en se contorsionnant, en grimaçant ou en pleurant. Loin d'être un moment agréable à partager, cette opération devient la hantise de la journée. Et puis il n'est pas vraiment sale, ce tout-petit. Il sent si bon. Il suffit de le débarbouiller et de le changer régulièrement et le tour est joué, non ?

Si bébé n'aime pas ?

Certaines adaptations peuvent aider bébé à prendre plaisir à cette activité du bain quotidien. Peut-être est-il très sensible à toute stimulation tactile, c'est-à-dire à tout ce qu'il touche ou ce qui le touche. Les suggestions suivantes vous donneront des pistes afin de trouver par vous-même les solutions.

Assurez-vous dans un premier temps que la température de la salle de bains et de l'eau est assez élevée pour éviter que votre chérubin ne se contracte en réaction au froid. Maintenez-le soutenu durant toute la procédure. Une main posée sur son ventre ou sur sa tête le réconforte et le rassure. Parlez-lui en plaçant votre visage devant le sien (à 20 cm dans les premières semaines) et récitez-lui des petites comptines alors que vous le massez au fur et à mesure que vous le déshabillez. Les pieds, les jambes, les mains, les bras et le ventre.

Laissez-le découvrir l'eau petit à petit en y glissant d'abord ses pieds, ses jambes puis le reste du corps. Regardez-le attentivement en lui racontant ce qui se passe. Il vous fera vite comprendre si vous pressez trop les opérations. Et s'il pleure, consolez-le en mettant des mots sur ce qu'il exprime : « Oui, c'est dur pour toi. Tu n'aimes pas que je te lave la tête. Voilà, c'est fini maintenant. »

À quelques mois, une fois habitué et sous votre surveillance, il peut s'ébattre seul dans un fond d'eau, allongé sur une serviette-éponge. Chacun de ses gestes provoquera des remous et du bruit, à son grand plaisir !

Après quelques mois, il n'aura plus besoin d'autant d'attention de votre part et il sera temps pour lui de changer sa routine et de faire de nouvelles expériences.

COMPTINES POUR MASSER ET MOBILISER LES JAMBES

Oh, hisse, oh, hisse
Jambes pliées,
Oh, hisse, oh, hisse
Jambes tendues
(Levez un pied après l'autre.)

Lève le pied Pitchounette,
Lève le pied comme il faut
Comme il faut et comme cela !
La, la, la, la rinette
Comme il faut et comme cela !
La, la, la, larira !

COMPTINES POUR ACCOMPAGNER LES MASSAGES

Cet orteil a acheté un poulet au marché	(Tirez doucement sur le gros orteil.)
Celui-ci l'a plumé	(Tirez sur le deuxième orteil.)
Celui-ci l'a fait cuire	(Tirez sur l'orteil suivant.)
Celui-ci l'a tout mangé	(Tirez sur l'orteil suivant.)
Et le petit riquiqui n'en a plus...	(Tirez sur le petit orteil.)
Alors il lèche le plat !	(Massez la plante de pied de bébé.)

Petits petons
Pieds cancan
Orteils d'argent
Petits talons
Cuisse dorée
Gratouillis, gratouillons
Petits lardons,
Guili, guilou
Chatouillis, chatouillons !

(Massez chaque partie du pied ou de la jambe au fur et à mesure de la comptine.)

Bébé se change

Un moment privilégié

Durant les six premiers mois de sa vie, votre nourrisson subit une réelle transformation. Au premier abord, les traits de son visage changent de semaine en semaine. Il mange plusieurs fois par jour et prend du poids avec parfois une poussée de croissance qui justifie les périodes de fringales. Il s'alimente le jour et la nuit jusqu'à ce que, comme par magie, il fasse ses nuits. Quelques-uns d'entre vous, les plus chanceux comme disent les Canadiens, voient cette prédiction se réaliser. Mais d'autres continuent de se lever la nuit pour la tétée suivie du change. Habituellement perçue comme une corvée, ce moment peut devenir un moment privilégié d'échanges entre bébé et l'un de ses parents. Vous êtes seuls tous les deux dans une pièce confortablement chauffée. Pas de téléphone. Personne d'autre n'a envie d'assister à la scène. Impossible de vous interrompre. Voyons ce qu'il est possible de créer pour vous permettre à tous les deux de passer un bon moment.

Au Canada, la table à langer fait partie de la panoplie de la nouvelle maman. Elle est habituellement calée contre un mur, à hauteur de l'adulte. Il est alors possible d'installer un miroir ou de positionner des jouets à sa portée sur le mur. Placer le bébé tantôt la tête à droite, tantôt la tête à gauche – pour l'encourager à regarder et à se mobiliser des deux côtés – est faisable.

En France, le bébé est parfois changé sur une planche calée sur la baignoire. Il est face à la personne qui le change et il est alors plus difficile de modifier sa position ou d'ajouter des éléments qui vont le stimuler. À vous de voir ce que vous pouvez faire pour reproduire ces changements d'orientation avec l'agencement dont vous disposez à la maison. Inutile de vous précipiter au magasin de puériculture le plus proche : je suis persuadée que vous trouverez un moyen.

Vous pouvez reprendre les comptines présentées dans la partie précédente si vous trouvez votre bébé plus détendu au moment du change ou s'il y prend vraiment plaisir. N'hésitez pas à les reproduire plusieurs fois par jour : votre bébé ne s'en lassera pas. Comme me l'a dit Gilles, le papa du petit Noé : « J'avais peur de "gagatiser" avec mon fils, mais quand je vois son plaisir, je n'hésite plus ! » Une petite chanson que Noé prenait plaisir à écouter est celle qui se termine par : « Prout ! Prout ! Cadet ! » Devinez quel a été l'un des premiers mots de Noé ? Et oui : PROUT ! Voici des comptines du même style qui permettent de proposer de la nouveauté à bébé. C'est vrai qu'il aime ce qui lui est familier, mais il apprécie aussi les surprises !

MASSER, MOBILISER, TONIFIER

Petits mollets	(Prenez les jambes de bébé et faites-le pédaler tout doucement. Il est passif au début et peu à peu, il tente de pédaler ou de bouger ses jambes de lui-même.)
Pattes de poulet Prêts ?	(À l'approche de ses 6 mois, il attend le mot qui donne le départ : « prêts ».)
Moulinet, moulinet ! Tourne, tourne petit moulin,	(Faites pédaler les jambes de bébé avec douceur.)
Tourne, tourne doucement,	(Allez tout doucement puis un peu plus vite. Bébé exprime très bien si vous êtes trop vif pour lui.)
Tourne, tourne bien vite	(Mais veillez à maintenir une grande douceur dans vos gestes.)
Aujourd'hui comme demain.	

De même, vous pouvez reprendre les comptines associées au massage du visage que nous avons vues précédemment.

Sophie, 5 mois, est allongée sur la table à langer alors que son papa s'apprête à la changer. Profitant du fait qu'il a encore les mains propres et sa fille pour lui tout seul, il reprend un jeu que tous deux apprécient beaucoup. Il commence par les comptines et les massages du visage avec un brossage des lèvres et de l'intérieur de la bouche (gencives, intérieur des joues, langue) à l'aide d'un petit doigté en silicone placé sur le petit doigt prévu pour le brossage des dents des tout-petits.
Puis, pendant qu'il s'acquitte de sa « corvée » du change, il tire la langue à sa fille qui lui répond après quelques instants. S'ensuit toute une série de grimaces qui font la joie de bébé… et de papa. Il s'émerveille des réactions d'étonnement de son bébé et des efforts qu'elle commence à faire pour l'imiter.

Bébé Musclor

Au cours des quelques minutes supplémentaires passées avec leur fille Sophie, ses parents stimulent de façon efficace les muscles du visage de leur bébé qui manque un peu de tonus. Ce manque de tonus, c'est-à-dire de force musculaire, se traduit par l'absence de sourire et d'expressions faciales. Elle ne peut donc pas exprimer ses émotions par un froncement des sourcils ou en faisant la moue. De plus, Sophie ne produit que très peu de sons et ne babille pas comme le font les bébés de son âge. Elle est lente à prendre ses biberons et se fatigue vite, car cela lui demande un gros effort.

Les massages (tapotements, pressions et petits pincements le long du trajet des muscles) permettent d'abord à Sophie d'affiner les sensations qu'elle reçoit de cette zone. En réaction à ces massages, les muscles se contractent et se renforcent peu à peu, non pas comme ceux d'un sportif en salle… mais presque ! Ces grands tas de muscles suivent en fait le même régime que nos bouts de chou : ils reproduisent les mêmes mouvements plusieurs fois de suite, tous les jours. Sauf que pour toute compagnie, ils n'ont que leur reflet dans le miroir !

Je sais que vous ne voulez pas faire de votre bébé un « Musclor » en herbe. Moi non plus. Il suffit tout simplement de lui permettre de mobiliser de façon efficace ses muscles pour s'alimenter, exprimer ses émotions et jouer avec les sons qu'il a à sa disposition.

Les jeux qui éveillent bébé

À quoi ça sert de jouer ?

Le jeu est le travail de l'enfant. C'est ainsi qu'il découvre le monde qui l'entoure. C'est une activité tout aussi vitale pour lui que de s'alimenter ou d'établir des liens avec ses proches. Le jeu accompagne l'enfant dans tout son développement et va se modifier en fonction des capacités de celui-ci. Jouer ne nécessite pas d'avoir des jouets à sa disposition, malgré les nombreuses publicités qui vous assurent de la valeur « pédagogique » de tel ou tel jouet qui inonde le marché. Nous savons tous que c'est plus souvent l'emballage qui fascine le tout-petit pendant de longs moments... et non le jouet qui est à l'intérieur. Il regarde les rayons de soleil qui animent les feuilles des arbres... et ne jette pas un regard à son mobile hypersophistiqué. Or vous voulez lui proposer ce qu'il y a de mieux et vous ne savez pas ce qu'il faut choisir dans les magasins de jouets.

Jouer, pour le petit ange, comme cela est clairement défini par le terme de Piaget : « phase sensori-motrice », signifie découvrir le monde à l'aide de ses sens. Nous avons vu que certains sens sont actifs avant la naissance. Le nouveau-né va engranger des informations nouvelles à une vitesse vertigineuse à travers l'odorat, l'audition, le toucher et la vision. Deux autres sens que nous ne connaissons pas aussi bien jouent un rôle dans cet apprentissage.

Le sens vestibulaire

Situé dans l'oreille interne, reconnu comme le sens de l'équilibre, le sens vestibulaire nous donne des informations sur l'endroit où nous nous situons dans l'espace. Ainsi, même dans l'obscurité la plus totale, nous sentons si nous sommes la tête en bas, si nous sommes penchés sur le côté, si nous nous déplaçons. Le nourrisson qui aime être bercé est à la recherche d'une stimulation vestibulaire. Plus tard, les roulades dans l'herbe, la balançoire et les tourniquets répondront au même besoin.

La proprioception

La proprioception est un sens qui nous fournit des informations par les capsules situées dans nos articulations et par les ligaments des muscles. Ils nous indiquent l'ampleur et la force des mouvements que nous devons élaborer pour obtenir un but précis. En cela, nous sommes dépendants d'une bonne coordination avec les informations visuelles reçues. Ceci nous permet de pousser sur une porte pour l'ouvrir avec la force requise ou d'envoyer une miette de pain d'une pichenette.

La plasticité cérébrale

La rapidité de cet apprentissage est liée à la plasticité cérébrale. En effet, le cerveau du nouveau-né a déjà un capital de milliards de neurones. Ces neurones peuvent très bien rester dormants, s'ils ne sont pas stimulés par des connexions qui s'installent au fil des activités de l'enfant. Au fur et à mesure que le nouveau-né reçoit des données sensorielles, il les compare à ce qu'il a déjà mémorisé et il établit ainsi des liens. Cette recherche crée des connexions au niveau du cortex et il développe de nouveaux schèmes neuronaux. Ces schèmes neuronaux, ou réseaux entre différentes parties du cerveau (qui gèrent les informations visuelles, auditives, olfactives, vestibulaires et proprioceptives), facilitent la tâche au moment où le bébé est confronté aux mêmes stimuli. Ainsi, chez le bébé prématuré à qui l'orthophoniste présente différentes odeurs (fraise, feu de bois, concombre), il y a une première interrogation de sa part et, au cours des prochaines présentations de ces odeurs, il se familiarise et réagit différemment. La moue disparaît, la tension se relâche. Bien sûr, il ne peut pas encore associer l'odeur du concombre à son croquant sous la dent, à sa fraîcheur, à son aspect, à sa couleur ou à un moment particulier de sa vie. Mais une partie de l'information est déjà intégrée. Il est certain que ce n'est qu'en présentant ces stimuli à plusieurs reprises que l'enfant mémorise réellement les données et les liens entre elles. La madeleine de Proust a été dégustée à plusieurs reprises avant de rester imprégnée dans sa mémoire. C'est ce qui va faire que vous trouverez votre bébé tourné dans votre direction, quand vous allez le chercher après la sieste. Il a reconnu votre pas dans l'escalier, a senti les vibrations du plancher et a compris que maman vient pour le prendre dans ses bras. À force de recevoir les mêmes informations, il leur donne un sens et développe sa compréhension de chaque situation.

À quoi on joue ?

Les jeux adaptés au bébé de 0 à 6 mois sont donc ceux qui sont axés sur des activités sensorielles ou motrices. Que bébé soit allongé dans son lit, assis dans un transat dans le salon, installé dans son siège-auto ou en train de tirer sur la chaîne en or de mamie, il joue. Il enfourne ses orteils dans sa bouche et tout ce qui est à sa portée, même le nez ou le menton pointu de maman ! Il écoute papa qui lui chante une chanson. Il glousse de plaisir lorsque sa sœur lui fait des grimaces et le berce avec force dans la poussette. Il pousse de toutes ses forces sur ses bras pour soulever sa tête bien trop lourde.

Pour vérifier le succès d'un jeu (avec ou sans jouet), il nous faut donc nous assurer que tous les sens sont stimulés. Mais non ! Pas tous en même temps ! À ce jeune âge, il est préférable de lui proposer une chose à la fois. Peu à peu, au cours des premiers mois, il apprendra à en gérer plusieurs en même temps.

Les jeux de visage

Nous l'avons déjà vu, le nouveau-né ne perçoit que ce qui est à 20 cm de son visage. Il est attiré par la lumière mais ce qui le fascine, c'est votre visage. Il fixe tous les visages qui se trouvent à portée de vue. Il fixe notamment les yeux et on dit alors qu'il « accroche » le regard. Cette attitude est à encourager en s'assurant que bébé est confortablement installé. Vous pouvez le placer en position semi-assise sur vos genoux, en lui maintenant le dos et la tête. N'hésitez pas à varier les positions : allongez-vous face à lui alors qu'il est sur le côté ou sur le dos ; couchez-le comme le font les mamans irlandaises dans une couverture tendue entre vos jambes, comme un hamac. Lorsqu'il commence à faire des efforts pour soulever sa tête, il a grand plaisir à tirer la barbe de papa sur lequel il est allongé. Plus vous variez les positions de bébé, plus il apprend. Un bébé qui passe de son lit aux bras n'a pas cette richesse d'expériences.

De l'observation du visage, bébé passe vite à ceux représentés sous des formes variées. Dessinez sur une assiette en carton un portrait stylisé. Le contraste noir et blanc lui permet de mieux percevoir les traits de cette figure et l'encourage à la fixer. Nul besoin d'être un Michel-Ange. Ne lui présentez tout de même pas des œuvres à la Salvador Dali, car il ne s'y retrouverait pas ! Dessinez en toute simplicité, cela lui conviendra tout à fait.

Du tapis d'éveil à la couverture de survie

De même, variez les surfaces sur lesquelles vous le placez. Les tapis d'éveil sont adaptés aux tout-petits. Je me suis aperçue qu'une couverture de survie qui brille et qui fait du bruit a un grand succès auprès des bébés. De même, les « papiers bulles » utilisés pour protéger du matériel emballé étonnent et attirent les tout-petits. Attention ! Ne les laissez jamais seuls sur ces surfaces.

Tout ce qui brille

Bébé est aussi séduit par tout ce qui brille, par les objets colorés et par la nouveauté. Il a vite fait le tour de son mobile qui lui est maintenant familier. Il est content de le retrouver dans son lit. Mais il apprécie aussi les surprises. Occasionnellement, prenez le temps de lui confectionner un petit mobile « maison » avec des objets hétéroclites glanés ici et là dans votre domicile. Accrochez à l'aide d'épingles sur un cintre ou tout autre support des objets tels que des décorations de Noël, du ruban, une éponge bicolore, un petit miroir, du papier métallisé, du bolduc, etc. Ainsi, il est possible de changer fréquemment d'objet et de l'étonner à chaque fois. Ajoutez des plumes, des feuilles, de la laine à portée de sa vue... mais pas de ses mains ! Tout ce qu'il attrape va à la bouche et alors il vaut mieux se tenir aux jouets testés à cet effet.

Petit à petit, incitez bébé à suivre un objet des yeux. Montrez-lui son doudou ou un jouet qu'il affectionne et déplacez-le doucement vers la droite, puis vers la gauche. Encouragez-le de la voix et en secouant légèrement l'objet. Puis allez vers le haut et vers le bas en revenant vers bébé dès qu'il lâche l'objet du regard. Ce jeu stimule une capacité qui s'appelle la « poursuite oculaire ». Le bébé peut alors tenter de suivre les déplacements des membres de la famille dans la cuisine ou observer les mouvements du chien dans l'entrée !

Bébé découvre ses mains et ses pieds

Les massages que vous faites au moment du bain et du change ont éveillé les sens de bébé. Il prend peu à peu conscience de son corps au cours de petits moments très agréables pour lui.

En plaçant des moufles, sur lesquelles vous avez attaché un grelot, sur l'une de ses mains ou les deux, chacun de ses mouvements provoque un son. Cela encourage bébé à regarder de plus près ses mains et à les bouger. Vous pouvez faire de même avec des chaussettes.

Vous pouvez aussi lui confectionner un bracelet à l'aide de boutons colorés sur un fil de laine ou un ruban. Ceux-ci provoquent un son en s'entrechoquant et attirent rapidement le regard de bébé. S'il ne peut soulever ses bras de lui-même, asseyez-le face à vous sur vos genoux et soutenez-le dans le haut du dos. Gardez un œil sur lui tant qu'il porte le bracelet, soit à gauche, soit à droite. Ce jouet n'a pas été testé et ne respecte pas les normes de sécurité. Il n'est donc pas à laisser à portée des petites mains.

Hochets de luxe et hochets « faits main »

Dès que vous placez votre doigt dans la paume de bébé, il referme la main. Proposez-lui des hochets qu'il peut facilement manipuler : petits, légers et adaptés à la forme de sa menotte.

Si vous avez la fibre bricoleuse, confectionnez-lui des hochets selon votre imagination. Ainsi, placez une perle ou du riz dans une boîte de pellicule photo, collez le couvercle et insérez la boîte fermement dans un anneau de rideau en bois ou en plastique. Bébé peut le tenir et le secouer sans difficulté. De même, vous pouvez placer des graines de toutes sortes dans une gaine de fil électrique et assembler les deux extrémités à l'aide d'un ruban adhésif solide. Proposez-lui ces jouets en votre présence, alors que vous le changez ou quand vous partagez un moment avec lui.

Un joujou qui bouge

Attachez un petit écheveau de laine à l'aide d'un ruban au mobile que vous avez confectionné (objets divers maintenus sur un cintre à l'aide de pinces à linge). Placez l'écheveau dans la main de bébé : chacun de ses mouvements fait virevolter les objets attachés au mobile, pour sa plus grande joie. Il réalise peu à peu que c'est bien lui qui provoque la vague de mouvements au-dessus de lui. Une fois qu'il aura compris, il testera la réaction des objets à ses différents mouvements.

Un jeu favori de bébé consiste à donner des coups dans un mobile laissé à portée de ses pieds. C'est encore plus rigolo lorsque le coup de pied produit du bruit. Ajoutez donc des objets bruyants lorsqu'ils s'entrechoquent. Je vous suggère des capsules de boissons gazeuses, des coquilles vides d'escargots (de Bourgogne bien sûr !), des coquillages, des boutons, des boîtes de pellicules photo remplies de ce que vous avez sous la main, des grelots, des petites cuillères métalliques, etc. Bébé reproduit alors les mouvements que vous avez encouragés au moment du bain ou du change. C'est lui qui mène la danse et cette activité lui apportera un début de maîtrise de soi.

Les comptines

Les comptines accompagnées de gestes sont très appréciées par le tout-petit, même s'il lui faut plusieurs mois et de nombreuses tentatives pour les imiter.

DANSEZ, DANSEZ BELLES MAINS

Dansez, dansez belles mains
Vous aurez du gâteau demain.
Ah ! La belle main, la menette,
Ah ! La belle main que j'ai !
(Mouvements des mains en l'air.)

TAPE, TAPE, PETITES MAINS

Tape, tape, petites mains,
Tourne, tourne, petit moulin,
Vogue, vogue, petit bateau,
Vole, vole, petit oiseau,
Il a bien volé,
Il est fatigué.
(Mimez chacune des actions.)

Le monde sonore de bébé

Le nouveau-né est déjà attiré par la voix et aussi par les sonorités de sa langue maternelle auxquelles il est plus sensible. Il apprécie les voix chantantes avec des intonations variées. C'est pour cela que, spontanément, nous lui parlons d'une voix plus aiguë avec des grandes variations d'intonations. Il est vrai que certains adultes restent bloqués dans ce mode de communication. Mais avec un nouveau-né, c'est tout à fait adapté. N'oubliez pas néanmoins de modifier le ton de votre voix au fur et à mesure qu'il grandit : votre grand garçon de 18 ans risque de ne pas trop apprécier vos minauderies.

Bébé regarde et écoute

Encouragez bébé à vous chercher du regard lorsque vous lui parlez, en vous plaçant devant lui dans un premier temps puis en vous déplaçant dans la pièce. Complimentez-le pour ses efforts lorsqu'il y parvient.

Tout près de lui au début, agrandissez la distance entre vous et placez-vous ensuite derrière lui, de sorte qu'il tourne la tête pour vous trouver. Il commence alors à s'intéresser à d'autres voix et à d'autres sons familiers. Il cherche du regard le chien qui aboie. Il regarde vers la porte lorsqu'il entend frapper. Il sourit et gigote sur son tapis lorsqu'il perçoit le rire du grand frère.

Bébé peut très bien réagir à un son inconnu en interrompant son activité et en écoutant attentivement. Prenez alors le temps de lui montrer d'où vient le bruit. Cela lui permet de donner un sens à ce qu'il entend. Nommez chaque son : « c'est le téléphone » ; « écoute le gros camion » ; « où est le petit chat ? ». Cette information est peu à peu retenue par bébé qui approche de ses 6 mois. Il donne un sens à certains sons mais aussi à certains mots qu'il entend régulièrement. Ainsi, il commence à reconnaître son prénom, le diminutif ou le mot sucré dont vous vous servez pour l'interpeller.

Les mots pour lui dire

Utilisez des mots simples, liés à ce que vous faites ensemble. Il s'agit de lui donner un bain de langage... et non pas de l'inonder d'un flot de mots abstraits qui n'ont aucun sens pour lui ! Inutile de simplifier les mots : il n'est pas nécessaire d'appeler un cheval un « dada » ou de lui dire « caca » à la place de sale. Il est tout petit, alors choisissez des mots à sa portée, liés à ce qu'il vit au quotidien et formulez de toutes petites phrases. Mais de grâce, n'écorchez pas les mots ! Une fois que vous avez pris l'habitude de le faire, il est très difficile de s'en défaire.

Bébé gym

Vous encouragez déjà bébé à bouger et à mobiliser ses mains, ses pieds, et à tourner la tête vers la source du son qu'il entend. De plus, vous lui donnez la liberté de bouger en l'installant par terre sur des surfaces qui vont le surprendre et l'encourager à gigoter. Dans le bain, il peut en faire de même, allongé sur une serviette-éponge dans un fond d'eau.

Dès qu'il parviendra à se tourner ou à essayer d'attraper des objets hors de sa portée, vous pourrez arrêter d'anticiper ses moindres besoins. Son jouet est trop loin pour qu'il l'atteigne ? Ne le lui tendez pas systématiquement. Donnez-lui au contraire l'opportunité de l'attraper par lui-même. Il n'y arrivera peut-être pas immédiatement mais après quelques roulades, le fameux jouet sera à sa portée... ou coincé sous son dos !

Avant de le prendre dans vos bras s'il chouine, attendez qu'il arque son dos ou qu'il vous tende les bras. Ceci lui permet d'affiner ses mouvements mais aussi d'apprendre à demander. Mais non ! Il ne s'agit pas de le torturer mais d'attendre un peu pour lui donner l'occasion de se mobiliser, donc d'apprendre.

Sur le ventre

Bébé n'aime pas toujours être allongé sur le ventre. C'est bien difficile pour lui : pour voir ce qui se passe, il doit s'appuyer sur les coudes et soulever sa tête. Or, s'il n'a pas l'opportunité de le faire, il ne peut muscler son dos et son cou. Ce détail est important pour assurer sa stabilité en position assise ou pour passer au quatre pattes. S'il n'aime pas trop, cela se comprend. Alors profitez-en pour jouer avec lui les quelques instants où il est dans cette position. Il apprendra vite à l'apprécier.

Vous pouvez également l'aider en l'allongeant latéralement sur le ventre, sur vos jambes croisées. Laissez sa tête dépasser légèrement et placez des objets à portée de ses mains. C'est une activité qui le garde occupé pendant de longs moments alors qu'il découvre le contenu de votre sac dans la salle d'attente du médecin par exemple !

À dada

Tout mouvement que vous exercez sur lui pendant les berceuses ou les « trotteuses » lui plaît énormément. Installez bébé sur vos genoux face à vous et soutenez-lui le dos alors que vous le faites « trotter » tout doucement. Prenez garde à ne pas le secouer et à conserver une grande douceur dans vos mouvements. Votre bébé ne sait pas bien tenir sa tête et il peut se faire très mal si les secousses sont trop fortes pour lui.

Voici des « trotteuses » très simples que j'ai écrites pour les tout-petits, qui changeront de celles plus anciennes que vous connaissez déjà (*À Paris*, *Bateau sur l' eau*, *À dada sur mon bidet*, etc.).

TIC TAC

Tic Tac Tic Tac
Fait la montre de papa.

Flic Floc Flic Floc
Font les gouttes sur le toit.

Pataclop Pataclop
Fait le cheval derrière toi.

Tip Top Tip Top
Tombent... tous les petits pois !

(Bébé « tombe » entre vos genoux comme les petits pois. Il apprécie le mouvement et la sonorité des mots qui les accompagnent. Peu à peu, il attend les derniers mots et anticipe la fin en se retenant ou en riant.)

TROTTENT LES ANIMAUX

Doucement, doucement,
Glisse le serpent.

Calmement, calmement,
Roule l'éléphant.

Tout petit, tout petit,
Trotte la souris.

Lentement, lentement,
Tombe l'enfant !

(Balancez vos genoux de gauche à droite en variant l'ampleur et le rythme du mouvement. À la fin, faites glisser votre enfant entre vos genoux. Si vous le désirez, changez le mot « enfant » par le prénom de celui qui est assis sur vos genoux.)

Le doudou complice

Votre bébé fait le choix de son doudou favori. Il l'accompagne lorsqu'il va se coucher, lorsqu'il rend visite au médecin, lorsqu'il a un gros chagrin. Il est judicieux d'en acheter plusieurs exemplaires pour pallier les pertes, les nettoyages réguliers ou la destruction du doudou qui mène une vie très active auprès de votre bébé. Avez-vous déjà eu l'occasion de voir sur la caisse enregistreuse du supermarché de pauvres doudous abandonnés ? Ils sont délavés, fripés, recousus, éborgnés. À chaque fois que j'en vois un, j'imagine aisément les recherches entreprises par les pauvres parents qui savent pertinemment que leur nuit de sommeil est compromise, que la séparation du matin à la porte de la crèche sera houleuse et que bébé mettra plus longtemps à se calmer. C'est pour cela que je vous conseille vivement de faire l'achat de plusieurs exemplaires, dès que vous savez sur lequel bébé a jeté son dévolu. Cela vous évitera bien des drames.

10 questions sur l'âge de l'ange

1. Mon bébé est prématuré. Pourrais-je lui donner le sein ?

Rien n'empêche un bébé prématuré de téter le sein si cela est votre désir, à moins d'une contre-indication médicale. Il vous faut néanmoins avoir l'aide et l'adhésion de l'équipe qui s'en occupe. En effet, le nouveau-né nourri par sonde (un tube qui permet de l'alimenter) ne prend pas un biberon mais ingurgite sa première alimentation orale à l'aide d'une tasse remplie de lait maternel que vous tirez.

Sachez qu'il vous faudra être disponible pour votre bébé qui, au départ, tète de petites quantités très souvent. Un orthophoniste attaché au service ou à l'hôpital peut vous fournir les informations nécessaires.

2. Notre bébé est hospitalisé depuis sa naissance, il y a quatre semaines. Que pouvons-nous faire pour établir un lien avec lui, pour qu'il nous reconnaisse ?

Votre bébé connaît déjà votre voix, votre odeur. Tentez de passer le plus de temps possible avec lui, de le prendre dans vos bras malgré les différentes perfusions et les sondes auxquelles il est attaché.

Reportez-vous aux activités décrites dans ce premier chapitre, car elles vont l'aider à échanger avec vous. Marquez votre présence par des contacts physiques, par des massages, par des comptines et des berceuses, par vos paroles, par des tête-à-tête tout simplement.

Au moment du départ, laissez-lui un foulard imprégné de votre odeur et une cassette sur laquelle vous avez enregistré vos musiques préférées (celles que vous écoutiez pendant votre grossesse), vos paroles, des berceuses. De plus en plus, en néonatalogie, le personnel hospitalier fait attention à ce genre de détails.

N'hésitez pas à solliciter leur aide ou bien celle des kinésithérapeutes, des psychomotriciens et des orthophonistes qui seront heureux de vous montrer les progrès faits par votre tout-petit. Il suffit parfois du regard de l'autre pour que, tout d'un coup, vous puissiez vous aussi voir tous ces petits détails annonciateurs de progrès.

3. Notre fille est hospitalisée depuis sa naissance car elle ne peut téter toute seule. Elle est nourrie par un tube. Pouvons-nous faire quelque chose pour elle ?

Tout d'abord, laissez-moi vous dire que vous êtes bien les personnes les mieux placées pour aider votre bébé. Il s'agit de votre enfant et même si sa présence à l'hôpital est indispensable, soyez auprès d'elle le plus souvent possible. Vous avez donc la motivation et le temps de la stimuler à l'aide des massages et des jeux proposés dans ce chapitre.

Faites-vous aider par un orthophoniste attaché à l'hôpital ou un orthophoniste en cabinet libéral. Depuis juillet 2002, il n'y a pas d'âge minimal de prise en charge orthophonique, ce qui signifie que, contrairement à ce que l'on peut penser, il ou elle peut intervenir dès la naissance et non à partir d'un âge plus avancé. Il s'agit alors d'« éducation précoce » et d'« accompagnement parental ». Il vous faudra très probablement insister un peu, car cette modification n'est pas toujours connue de tout le personnel médical.

Des associations de parents d'enfants avec les mêmes difficultés que votre petite informent et soutiennent les nouvelles familles. Entrez en contact avec l'une d'entre elles dès que cela vous sera possible !

4. Nous nous posons des questions sur l'audition de notre bébé. Son frère est sourd et nous voulons savoir si elle entend bien.

Avec un frère qui présente un problème d'audition, vous avez raison de vous poser cette question pour votre fille. Un premier examen peut en effet être fait dès la naissance. Il peut être organisé par le médecin de la maternité si elle est encore à l'hôpital ou par votre pédiatre. Vous pouvez également vous adresser au médecin ORL (oto-rhino-laryngologiste) qui suit déjà votre fils. Votre observation des réactions de votre bébé à des sons est néanmoins très importante. Est-ce bien à des sons qu'elle réagit ou à un mouvement qu'elle a perçu ? Est-ce votre parfum qui lui a annoncé votre approche derrière elle ou le son de vos pas ? Se tourne-t-elle vers vous dans son lit à votre arrivée car elle a senti des vibrations ou bien vous a-t-elle entendu ? Bien des questions auxquelles il vous faudra plusieurs mois pour répondre.

5. Notre bébé est porteur d'une maladie qui provoque un retard de la communication et des apprentissages. Nous désirons l'aider de notre mieux. Est-ce possible ?

Oui, bien sûr. Sans pour autant devenir des éducateurs ou des thérapeutes, vous pouvez apporter énormément à votre bébé. C'est avec vous qu'il passe sa journée, c'est avec vous qu'il a envie d'échanger et de jouer. N'oubliez surtout pas tout ce que vous avez déjà appris auprès de vos autres enfants, si vous en avez.

Pour vous accompagner dans votre démarche auprès de votre tout-petit, faites appel à des professionnels, soit dans une structure tel un CAMSP (centre d'accueil médico-social-psychologique) ou dans un SESSAD (service de soins à domicile). Des professionnels en libéral peuvent également répondre à vos besoins et à ceux de votre enfant. C'est à vous de prendre le temps de rencontrer les différents partenaires et de faire votre choix. Cette remarque est importante car vous devez sentir que vous pouvez travailler avec ces personnes et qu'elles sont prêtes à fonctionner en équipe. Votre médecin ou l'association de parents d'enfants porteurs de la même maladie que votre bébé seront de bon conseil.

6. Je suis dyslexique. Est-ce que mon bébé risque de souffrir du même trouble ?

En effet, il existe des familles où des troubles telle la dyslexie sont transmis de génération en génération. C'est peut-être le cas dans votre famille, d'où votre question. Vous savez alors que tous les enfants d'une même fratrie ne sont pas nécessairement concernés. La génétique est un univers très complexe que nous ne faisons que découvrir grâce à la recherche scientifique.

Il est bien trop tôt pour savoir si votre enfant est dyslexique. Sachez que les enfants qui présentent ce trouble éprouvent des difficultés à développer la parole et le langage bien avant que le diagnostic ne soit posé. Il faut donc être vigilant et d'après moi, encourager la communication avec tous les moyens dont vous disposez : les échanges au cours d'activités quotidiennes ou autour d'un livre, les jeux variés, ainsi que les activités artistiques, musicales et motrices. Vous pouvez aussi suivre son développement à l'aide des échelles qui sont à votre disposition en annexe. Si un retard apparaît dans l'un des domaines et qu'il perdure, faites appel à un orthophoniste.

7. Nous parlons deux langues à la maison. Dois-je parler à mon bébé dans ma langue maternelle ou en français ?

Votre langue maternelle véhicule des mots mais c'est aussi celle qui transmet votre amour à votre nourrisson, votre culture et aussi tout ce que vous avez vécu avec vos propres parents. Elle est donc très importante pour vous et votre bébé. Il n'est pas nécessaire de lui parler dans une autre langue. Si vous suivez certaines règles de base, votre enfant s'adaptera très bien à son environnement bilingue.

Jusqu'à l'âge de 2 ans, il ne fait pas la différence entre les deux langues. Établissez donc des limites claires : une langue à la maison et une langue à l'extérieur (crèche ou garderie) ; une langue parlée par papa et l'autre par maman. Une fois que vous aurez imposé un choix, restez-y fidèles. Évitez de mélanger deux langues quand vous lui parlez. Même si bébé vous dit un mot qu'il a appris dans sa deuxième langue à la maison, redonnez-lui ce mot dans votre langue.

8. Notre bébé est né avec une fente labio-palatine bilatérale. Mon mari et moi ne nous y attendions pas et nous avons reçu un choc à sa naissance. Restera-t-il marqué toute sa vie ? Pourra-t-il parler normalement ?

Il est vrai que l'apparence de votre bébé ne correspond pas à celle que vous attendiez. Malgré la présence de ce que l'on appelle communément un « bec-de-lièvre », les séquelles ne sont plus les mêmes que chez les adultes qui, petits, n'ont pas pu bénéficier de la prise en charge chirurgicale et orthophonique qui existe de nos jours. Il s'agit tout simplement d'un défaut de fusion entre les deux plaques qui forment le palais entre la septième et la neuvième semaine de vie embryonnaire.

La prise en charge démarre dès la naissance afin de favoriser la prise de poids et la croissance du tout-petit. Il s'agit alors de proposer du matériel adapté pour une bonne succion (tétines souples de forme spécifique, utilisation d'une plaque palatine, etc.). En règle générale, les interventions chirurgicales démarrent à l'âge de 3 mois, en fonction des éléments à reconstruire. Ceci est suivi d'une rééducation orthophonique suivant les besoins de l'enfant.

Je vous conseille vivement de rencontrer des enfants nés avec une fente palatine plus âgés que votre bébé ainsi que leurs familles qui sauront répondre à vos interrogations plus personnelles. Ces parents peuvent vous soutenir et vous donner des informations pratiques que vous ne trouverez pas forcément auprès des professionnels qui vous accompagnent dans votre démarche.

9. Sans pouvoir exprimer pourquoi, je suis inquiète au sujet de notre bébé de 4 mois. Elle ne réagit pas comme ses frères et sœurs depuis sa naissance. Je sais bien qu'elle est peut-être différente des autres. Mais voilà le problème : elle est bien trop différente. Je ne sais pas comment m'occuper d'elle ou pourquoi elle réagit si peu à ce qui se passe autour d'elle. J'ai l'impression qu'elle n'est pas vraiment présente. Que puis-je faire pour savoir s'il existe réellement un problème ou si elle est tout à fait normale ?

Comme beaucoup de professionnels de la petite enfance, j'ai eu l'occasion de rencontrer de nombreux parents qui avaient pressenti très tôt les difficultés de leur enfant. Tout comme vous, ils ne savaient pas formuler ce qui, plus tard, a été confirmé par un diagnostic.

Je vous suggère donc de vous adresser à un médecin spécialisé prêt à vous écouter et à prendre en compte vos observations. N'hésitez pas à noter tous les petits détails sur sa façon de s'alimenter, de jouer, d'entrer en contact avec les membres de la famille. Les échelles à la fin du livre peuvent vous guider dans cette démarche.

10. Pourquoi stimuler de la sorte des enfants qui se portent bien ? Ne faut-il pas au contraire les laisser se développer à leur rythme, en toute liberté ? N'est-ce pas une sorte de forcing que de chercher à les stimuler à chaque moment de la journée ?

Je comprends tout à fait votre inquiétude : chercher à transmettre quelque chose au tout-petit, tenter de lui faire faire des apprentissages pour lesquels il n'est pas prêt est destructeur à long terme.

Or, les activités que je propose ici ne sont pas liées à des apprentissages mais plutôt à un enrichissement des moments passés avec le bébé. De plus, ces informations permettent aux parents de mieux comprendre certains des besoins de leur tout-petit et donnent un sens à des réactions qui ne sont pas toujours faciles à décrypter. Il n'y a pas de forcing, car les parents sont encouragés à observer leur enfant pour lui proposer des activités à sa portée. Les moments partagés en famille sont l'occasion d'échanges ludiques et communicatifs entre les parents et leur petit ange. S'il n'y a pas l'élément de plaisir, chez l'un comme chez l'autre, il n'est pas question de poursuivre. Ainsi, lorsque certains parents me disent qu'ils n'aiment pas jouer, je ne les culpabilise pas. Les contraindre à participer à un jeu qui n'a aucun intérêt pour eux ôte tout son intérêt pour l'enfant. Il s'agit alors de les encourager à faire participer leur petit bout aux activités quotidiennes, ce qui passe beaucoup mieux.

De même, lorsque c'est l'enfant qui refuse, il n'est pas question de le forcer mais d'essayer de déterminer pourquoi il y a un refus et de retenter l'expérience une autre fois. Nous ne sommes donc pas ici dans une dynamique de forcing mais de stimulation précoce.

LE SITTING BULL DE 6 À 14 MOIS

À 6 mois, bébé prend beaucoup plus de place dans la famille. Il sourit, rit et « chouine » selon son humeur. Il ne laisse aucun doute sur ce qu'il peut ressentir. Son corps entier se mobilise pour nous faire savoir qu'il est content... ou pas. Il gesticule, se détourne, repousse l'objet ou la personne rejetée, fait la moue et accompagne le tout de sons divers et variés. L'intonation est présente et vous sentez bien ses refus. Il sait aussi être charmeur ; il sourit aux visages familiers et aux étrangers. Il rit à l'occasion de jeux qu'il connaît bien ; il perçoit à votre voix que vous jouez et il sait quand les chatouilles arrivent. Il réagit aux sons de la maison et se retourne quand vous le nommez par son prénom... ou lorsque vous grondez le chien. Il comprend le mot « non », même s'il n'en tient pas toujours compte !

Il se déplace selon une technique qui lui est propre : soit à l'« indienne », allongé sur le ventre, soit sur le dos en poussant avec ses jambes. Il ressemble parfois à une grosse chenille, levant les fesses en s'appuyant sur ses jambes et se jetant ensuite vers l'avant. Il grappille ainsi quelques centimètres. Chacun sa technique, pourvu qu'elle permette d'atteindre l'objet désiré. Parfois, il roule de droite à gauche en pivotant sur lui-même. Il arrive à ses fins et attrape tout ce qui est à sa portée pour en découvrir la saveur, la consistance, la température... Il découvre ainsi l'anatomie du chien qui dort sagement dans son coin ou bien il goûte le magazine que papa a oublié par terre. Tant pis pour papa : le papier, bébé adore ! Le saisir, le froisser, le secouer, le déchirer et bien sûr, le mettre à la bouche. C'est plein de couleurs, ça fait du bruit et c'est rigolo ! Alors pourquoi s'en priver ?

Bébé évolue vite

Il découvre la position assise qu'il apprécie tout particulièrement. C'est un peu bancal au départ et maman se précipite pour le rattraper alors qu'il chute d'un bloc, les quatre fers en l'air. Il ne craint rien, car elle a pris le soin de placer des coussins pour amortir les retours soudains à la position couchée. Après une seconde d'étonnement, bébé réalise que le monde est à lui et il s'empresse de repartir en vadrouille, nullement échaudé par son expérience. S'il se retrouve coincé, il tente de se libérer. Les larmes et les cris viennent très vite et alertent papa et maman de sa mésaventure. Il est ainsi « sauvé » des eaux plusieurs fois par jour.

Il a pris son rythme de croisière, alternant les moments de sommeil, les repas et l'éveil. Parfois, il lui arrive de prendre la nuit pour le jour et il baragouine ses « histoires » avec des sons qu'il a découverts. Puis il se débarrasse de ses jouets en les glissant à travers les barreaux du lit. Et lorsqu'il se retrouve seul, il appelle au secours, encore une fois. Il ne veut tout simplement pas concevoir que vous, la nuit, vous dormez... Il est en pleine forme, ne comprenant pas pourquoi il ne peut pas jouer comme il l'entend. Papa est beaucoup moins drôle à 4 heures du matin...

Ses repas sont plus copieux et ils se calent peu à peu sur ceux de la famille. Mais il ne peut se nourrir seul et exige une attention constante. C'est pour cela qu'il est nourri avant le reste de la famille : c'est une question de tranquillité !

Bébé est toujours dans une phase sensori-motrice. Au cours des six mois à venir, la position assise et la découverte de la station verticale vont avoir un impact très important sur sa vision du monde. Sa manipulation se fait de plus en plus fine, de plus en plus précise. Il commence peu à peu à réfléchir avant d'agir. Ainsi, il regarde longuement la ficelle attachée au jouet qu'il désire attraper avant de tirer sur celle-ci. De même, les jouets qui lui échappent ne sont pas immédiatement oubliés : il cherche toujours à les récupérer.

Les premiers mots

À ces bouleversements moteurs viennent s'ajouter les premiers mots. Bébé baragouine de vagues « mama » et devant la mine réjouie de sa mère et les bravos de la famille entière, il décide de répéter son exploit. Les mots qui apparaissent peu à peu sont comme « façonnés » par l'entourage du tout-petit. Les mots qui ont un sens pour la famille sont répétés et mémorisés. Ceux qui n'obtiennent aucune réaction sont tout bonnement évacués. C'est le même processus qui est mis en évidence plus tard lorsque, en revenant de l'école, le jeune enfant teste les nouveaux mots qu'il y a entendus. S'il s'agit d'un « gros mot », l'effroi de maman est immédiat. Tant et si bien que, vous l'avez déjà compris, ce même mot est destiné à être mémorisé ! Mais nous n'en sommes pas encore là.

Revenons à notre bébé de 6 mois. Bien avant l'apparition des mots, bébé met en place les fondations d'une structure sur laquelle vont prendre place ces fameux mots que nous attendons tous. Cette partie du développement de la parole et du langage est souvent inconnue du grand public. Tout se passe tellement vite durant ces six mois que nous n'y prêtons guère attention. Le tout-petit, programmé pour accéder au langage, se débrouille tout seul dans son environnement familial. C'est seulement quand il y a une cassure dans ce processus que nous nous penchons de plus près sur ces éléments précurseurs sans lesquels l'accès à la parole et au langage ne se ferait pas. De quelles fondations s'agit-il ?

La compréhension

Eh bien tout d'abord, il y a les mécanismes de **compréhension**. Ils permettent de déchiffrer les mots qui forment la phrase. Pour que vous puissiez voir l'importance de cet aspect isolé, je vous demande de participer à un petit exercice. Si je vous dis « pienichehautcaillenichebasoùnichelhibou », votre première réaction sera de me répondre qu'il ne s'agit pas d'une phrase française. Eh bien si ! Les petites modifications qui y sont apportées altèrent complètement votre **compréhension** de cette suite de sons. Si vous répétez cette phrase à d'autres personnes, il se peut que celles-ci vous demandent de mimer, de séparer les mots, d'utiliser des gestes, d'accentuer l'intonation, de ralentir avant de pouvoir saisir que *la pie niche haut, la caille niche bas mais où donc niche le hibou ?* Cette situation se reproduit lorsque, en voyage à l'étranger, il vous faut une bonne semaine, sinon plus, avant d'accoucher des premiers mots !

L'intention

Un des autres éléments est **le message** que nous voulons transmettre. S'il n'y a pas **d'intention,** de **besoin** ou de **désir** d'échanger, les mots ne sont pas au rendez-vous. Imaginez-vous entouré d'une cour qui devance vos moindres besoins, vos moindres désirs. Il vous suffit alors de claquer des doigts pour que tout le monde accoure. L'enfant, lui, ne peut pas claquer des doigts... alors, il montre du doigt ! Cette vilaine manière est d'une grande efficacité. Quand l'objet désiré n'arrive pas assez vite, il lance un cri et le tour est joué ! Nul besoin de parler !

L'articulation

L'articulation ou la capacité de prononcer les mots est également nécessaire. Nous avons vu que c'est l'entourage qui détermine les premiers mots prononcés par l'enfant. Si l'enfant ne peut mobiliser les **articulateurs,** il n'obtient que peu de retours positifs. Même si ses parents saisissent tant bien que mal ce qu'il baragouine, les personnes extérieures à la maison vont avoir du mal à le comprendre et l'enfant parlera de moins en moins. À quoi bon ? Il n'est pas compris...

La formulation

Finalement, l'enfant doit **mémoriser** les mots, développer son **vocabulaire** et **élaborer** ce qu'il veut dire. Il lui faut donc comprendre que le mot « vache » représente l'image de son livre, l'animal en plastique qu'il essaye de faire entrer dans la ferme mais aussi la grosse bête qui veut absolument coller son nez mouillé sur son visage et qui dépose des masses fumantes dans le pré du voisin.

Sa Majesté Bébé

Des éléments de la progression de bébé passent souvent inaperçus ; ce sont néanmoins des fondations d'une grande importance pour l'avenir du bébé « parleur » mais aussi du bébé « lecteur ». Une lacune dans l'un de ces domaines peut générer des difficultés à venir. Néanmoins, ne vous alarmez pas trop vite ! Il suffit parfois de réajuster la trajectoire prise par bébé pour combler ses lacunes, pour renforcer ses fondations. Bébé vous semble bien paresseux et il se fait servir par tout le monde ? Changez vos attentes et demandez-lui de participer un peu plus aux activités familiales. Il veut être dans vos bras toute la journée ? Encouragez-le à jouer près de vous, mais seul, pendant quelques instants. Aidez-le à grandir en l'incitant à faire ce qui est à sa portée.

Même s'il s'agit de votre petit dernier, pensez déjà à son autonomie. C'est bien trop tôt me direz-vous. Je ne sais pas. Il m'est arrivé de voir des enfants littéralement « scotchés » à leur mère à l'âge de 3 ans. Ils refusaient de jouer seuls, pleuraient dès que leur mère quittait la pièce, ne s'endormaient qu'avec papa ou maman allongé près d'eux. Bref, l'histoire se termine par papa qui ronfle jusqu'à 10 heures du soir près du grand bébé et le dîner servi à 11 heures. Le bébé qui fait la java jusqu'à tomber de sommeil à minuit après avoir réveillé frères et sœurs n'est pas rare. Entre 6 mois et 1 an, bébé fait un bond en avant monumental dans tous les domaines. Mais il cherche aussi ses limites et il en a réellement besoin pour grandir. Ce n'est pas un roi, vous n'êtes pas là pour le servir et, même s'il pleure, il ne fait qu'exprimer sa frustration. C'est normal. Sa vie est remplie de frustrations, car il n'a pas encore les moyens de faire **tout** ce qu'il veut. Vous êtes là pour l'aimer, l'accompagner, l'encourager à aller de l'avant et reconnaître que parfois la vie est dure.

Dans cette deuxième partie, je vous propose des activités liées au quotidien pour vous permettre justement de renforcer les **prérequis** à la parole et au langage, c'est-à-dire ce qui doit paraître avant les premiers mots, et d'éviter les écueils que beaucoup de parents avec lesquels j'ai travaillé ont rencontrés.

À chacun son tour !

Le change n'est guère apprécié par l'ensemble des parents. Tout est fait pour que cette corvée se déroule le plus rapidement et le plus efficacement possible. Mais bébé n'aime guère être arraché à ses jeux pour se retrouver coincé sur une table à langer. Il gigote, tente de se tourner sur le côté, attrape tout ce qui est à sa portée et crie son désarroi. Pas facile de le déshabiller, de le nettoyer et de lui mettre une couche propre dans ces conditions.

À l'approche de son premier anniversaire, les choses se compliquent car son alimentation s'est diversifiée avec des résultats étonnants sur le plan de la digestion. De plus, il est plus grand et les pieds atteignent l'adulte alors que l'enfant se débat. Il est également pris par une envie débordante d'être debout tout le temps ! Que ce soit sur la table à langer, dans son lit et même dans sa chaise haute, bébé veut maîtriser le monde qui l'entoure.

Voyons les choses sous un autre angle. Imaginons qu'il s'agit d'un moment privilégié de tête-à-tête entre bébé et l'un de ses parents. Les autres enfants ne désirent pas participer au change et vous avez une paix royale, ce qui est bien rare car il y en a toujours un pour vous suivre... même aux toilettes ! Adaptez donc ce bref moment de tranquillité pour en profiter réellement.

Les comptines

Il faut donc le captiver, l'occuper pendant cette activité particulière qui revient à plusieurs reprises dans la journée. Bien sûr, il n'est pas toujours envisageable de prendre son temps, mais dès que vous le pouvez, faites-le. Les comptines qui captent l'attention de bébé en vous laissant les mains libres sont les bienvenues. Vous pouvez reprendre celles qui lui sont familières ou le surprendre en innovant. Voici quelques idées. À vous de les utiliser selon vos goûts personnels. Peut-être réveilleront-elles d'anciennes comptines enfouies dans votre mémoire.

DANS MON JARDIN

Dans mon jardin	(Caressez le ventre de bébé.)
Y'a un bassin	(Dessinez un cercle sur le ventre de bébé.)
Dans ce bassin	(Dessinez à nouveau un cercle.)
Y'a une p'tite bête	(De l'index, montrez le centre du cercle.)
Qui monte, qui monte, qui monte	(Grimpez le long du corps de bébé, chatouillez-le dans le cou.)

JE SECOUE MA PAILLASSE

Je secoue ma paillasse	(Secouez doucement la main ou la jambe de bébé.)
Je fais mon petit lit	(Caressez la main de bébé.)
Qu'est-ce que je vois ?	(Prenez l'air étonné.)
Une petite souris	(Chatouillez la paume de la main de bébé.)
Qui monte, qui monte, qui monte...	
Guili, guili, guili...	

LE JARDIN

Le jardin	(Le tour de la tête)
Le trottoir	(Le front)
Les lumières	(Les yeux)
Les gouttières	(Le nez)
Le grand four	(La bouche)
Les baguettes	(Les bras)
Le tambour	(Le ventre)
Boum, boum, boum !	(Tapotez le ventre de bébé.)

Les deux mains sur le joujou

Bébé n'aime pas être distrait de son jeu, mais il est tout content de trouver d'autres occupations au moment du change. Il est dans une position où il a l'occasion de manipuler certains objets plus longuement et plus en détail. C'est donc le moment de lui préparer des « casse-tête » à sa portée.

Donnez-lui de petites boîtes transparentes dans lesquelles vous avez soigneusement enfermé des objets variés tels des billes, une petite voiture ou un petit personnage, des graines variées trouvées dans les placards de la cuisine, des grelots, etc. J'utilise surtout des boîtes de pellicules photo transparentes ou des pots de confiture minuscules, ainsi que des bouteilles de shampooing ou de savon fournies dans les hôtels. Assurez-vous néanmoins que bébé ne peut pas les ouvrir, quitte à mettre un point de colle. De plus, réservez ces jeux au change car vous êtes alors à même de le surveiller. Il n'est pas envisageable de laisser ce type de jeu à sa portée à d'autres moments.

La bouche pleine

Bébé a pris l'habitude de vos massages et des jeux pour stimuler la bouche lors du change. Vous pouvez donc laisser à sa portée un gant de toilette/marionnette, une brosse à dents, un anneau de dentition que vous avez préalablement refroidi au réfrigérateur. Il prendra plaisir à goûter, à mordiller, à sucer ce qu'il place dans sa bouche. Par la même occasion, il mobilisera ses lèvres, sa langue et ses joues. Le résultat direct de cette forme de jeu sera une plus grande variété de sons produits par bébé. Il commencera par élaborer des sons isolés que l'on appelle **babillage exploratoire**. Mais, entre 7 et 9 mois, bébé passe de ces vocalisations où il explore toutes les fréquences à ce que l'on appelle du **jasis.** C'est une étape durant laquelle bébé commence à s'écouter et à contrôler les sons qu'il reproduit. Il reste dans les fréquences de la parole avec une voix moins aiguë. Il tente de répéter des associations entre des consonnes et des voyelles, ce qui se traduit par des « amaaa » ou des « bababa ». Il aime vous entendre répéter ce qu'il dit ; il vous regarde alors avec beaucoup d'attention et il écoute toutes les nouveautés que vous lui renvoyez : « abou », « mèmèmè ». S'ensuit un va-et-vient entre bébé et vous qui ressemble fort à un dialogue. Il s'agit bien des premiers échanges verbaux de bébé.

Bébé perroquet

Bébé apprend beaucoup de choses en vous **imitant**. Il lui est plus facile dans un premier temps d'imiter vos gestes et vos actions que vos sons et vos mots. Il doit passer par un stade **d'imitation motrice** avant d'accéder à une **imitation verbale**. Un stade intermédiaire est l'imitation de tous les bruits qu'on peut produire avec la bouche. Ainsi, si vous lui proposez différents instruments dans lesquels il peut souffler ou parler, il s'en donnera à cœur joie.

Les instruments telles les flûtes ne sont pas adaptés aux petites mains... et surtout aux petits bras ! En revanche, il existe en magasin de petits objets pour attirer les oiseaux : les appeaux. Ils se trouvent dans les magasins de chasse, de jouets ou en vente par correspondance. Je vous conseille vivement de les tester avant de les acheter : certains demandent un souffle ou un maniement qui n'est pas à la portée de bébé.

Vous avez également de petits instruments à vent que bébé manie avec plaisir. Pour l'aider à faire la différence entre le souffle et la voix, travail important pour l'enfant qui est sourd, proposez-lui un instrument qui s'appelle un **kazoo**. C'est un objet facile à reproduire à la maison, si vous voulez que tous les membres de la famille en possèdent un. Prenez un morceau de tuyau d'arrosage (assez fin pour la bouche de bébé) ; pratiquez un petit trou sur ce tuyau et recouvrez-le d'un morceau de papier plastique assez fin. Maintenez-le en place à l'aide d'un ruban adhésif. Testez votre œuvre d'art en « parlant » dedans. Puis c'est à bébé de deviner comment s'y prendre. Il souffle, fait ses vocalises, change de rythme, vous tonne dans les oreilles. Si vous pouvez en réaliser deux exemplaires, c'est l'occasion de jouer en duo. Bébé découvre alors les règles des échanges entre deux personnes : l'un démarre et l'autre reprend ; les deux s'époumonent en même temps ; ils se font écho.

Encore une fois, laissez ces jouets à portée de bébé exclusivement au moment du change car il se peut bien qu'ils deviennent de vrais cauchemars si votre bébé se met à en jouer toute la journée... ou pire encore, la nuit ! Imaginez le son du clairon à 2 heures du matin ! Pas une bonne idée !

La position debout

Bien évidemment, l'industrie des couches a réfléchi au problème du bébé qui s'entraîne inlassablement à faire ses premiers pas et qui ne veut, sous aucun prétexte, accepter la position allongée. Ils ont donc imaginé une couche à enfiler, que bébé soit debout ou sur le dos. Profitez-en !

Bébé nageur

Bébé passe du petit bain au grand bain, ce qui nécessite l'achat d'un équipement qui lui permettra de rester assis sans glisser. Il n'est pas possible pour l'adulte de le maintenir alors qu'il est tout savonneux. Et bébé ne veut plus rester sagement allongé sur son petit hamac de tissu éponge. D'ailleurs, il lui suffit bientôt d'un bon coup de rein pour s'en éjecter ! Mieux vaut ne pas prendre de risque.

Choisissez un soutien qui n'emprisonne pas bébé et qui lui permette de se pencher pour saisir ses jouets.

Sécurité d'abord

Si vous offrez une certaine liberté à votre enfant, il faut néanmoins déjà la restreindre. Par exemple, je vous déconseille fortement de soutenir bébé dans ses tentatives pour se mettre debout dans le bain. C'est vrai qu'il est chou et qu'il a l'air tellement content ! Mais le voulez-vous debout dans la baignoire à l'âge de 1 ou 2 ans ? Non ? C'est bien trop dangereux ! Alors pensez-y maintenant car j'entends d'ici ses cris lorsqu'il se retrouvera assis de force dans la baignoire alors qu'il avait pris l'habitude de batifoler à sa guise dans cet univers aquatique.

L'heure sacrée du bain

Le bain n'a pas pour seul but de nettoyer bébé des pieds à la tête. C'est aussi un moment de détente et une récréation aquatique. L'enfant bénéficie de toute l'attention de papa ou de maman car il ne peut rester sans surveillance. Même la sonnerie insistante du téléphone ne doit pas vous déloger de votre poste. Dans la mesure du possible, choisissez un moment où vous êtes disponible pour donner le bain à votre chérubin. Peut-être qu'il n'aimera pas toujours y aller, mais une fois qu'il y sera, il ne voudra plus en sortir ! Pourquoi pas le matin entre le réveil et la première sieste ? C'est à vous de voir. Y a-t-il un décret « heure du bain » ? Non.

La séance de torture ?

Jouer, oui. Mais encore faut-il que bébé arrête de crier comme si vous le torturiez ! Peut-être se sent-il perdu dans le grand bain et que, même assis dans un siège adapté, il est quand même assez branlant et mal à l'aise. « Pas grave », penserez-vous. Sachez que cette posture est très difficile à gérer pour bébé. Il perd l'équilibre et ne peut rien faire d'autre que se mobiliser pour ne pas tomber. Essayez donc de vous asseoir sur un gros ballon (ballon de psychomotricité) et de poser vos pieds sur un autre ballon (ballon de basket). Il vous faudra du temps pour vous stabiliser. Mais dès que vous tenterez de saisir un objet à votre portée, tout s'écroulera et la chute sera inévitable !

Si bébé n'est pas encore très performant dans cette nouvelle position, il est préférable de le laisser allongé sur une serviette-éponge ou un tapis à ventouses. Il peut alors se débattre dans tous les sens dans le fond d'eau que vous lui avez préparé. Je dis bien un fond d'eau : le niveau ne doit pas dépasser les oreilles de bébé allongé. N'oubliez pas que la noyade est possible dans quelques centimètres d'eau.

En bateau !

Vous pensez que les pleurs de bébé sont plutôt liés à sa peur des espaces trop grands ? Habituez-le en le plaçant assis dans son petit bain… dans la baignoire. Adélaïde, maman de Claire, m'a aussi fait part de son « truc » : comme Claire ne pouvait rester assise seule et qu'elle était trop grande pour revenir au petit bain, elle la plaçait dans la baignoire bien calée dans un petit bateau gonflable rempli d'eau. Pourquoi pas ?

Plouf ! Plouf !

Le fait d'être assis change l'horizon de bébé. Il se mobilise pour tenter de saisir les jouets qui flottent à sa portée. Il perçoit mieux les détails ; sa vision s'améliore avec la maturation du système visuel. Il peut donc voir ce qui se trouve par terre (ou dans l'eau) devant lui et légèrement sur les côtés. Mais les jouets qui flottent plus loin sont oubliés. Peu à peu, il manipule les petits poissons, les bateaux et les divers objets qu'il trouve de façon variée : il attrape, regarde, secoue, lâche, goûte, les tape l'un contre l'autre. Il sort le plongeur de la bouche du méchant requin. Il essaye de les encastrer en les forçant à rentrer dans le bateau. À l'approche de 12 mois, il commence à tester les lois de la physique en vidant, remplissant, transvasant sans relâche.

Bébé chercheur

Vous lui avez acheté des « jeux d'eau » dans un magasin de jouets. Gardez néanmoins un œil vigilant sur d'autres objets qui font partie de votre quotidien et avec lesquels bébé peut continuer ses investigations. Il est vrai qu'il aime retrouver ses jouets préférés à l'heure du bain. Mais il s'en lasse vite et recherche tout ce qui est nouveau : il aime les surprises. Que lui proposer ? Tout ce qui peut l'encourager à encastrer, empiler, vider, remplir. Collectionnez les boîtes de pellicules photo, les barquettes vides, les bouteilles diverses, les louches et les passoires, les récipients avec ou sans manche... Surprenez-le et donnez-lui l'occasion de chercher de manière autonome : comment ouvrir le bouchon de la bouteille en plastique que vous avez remplie d'eau ? Ne lui montrez surtout pas, vous le priveriez de précieux moments durant lesquels il va élaborer une stratégie pour trouver la solution. S'il n'y arrive pas aujourd'hui, ce sera demain ou après. Peu importe ! Son plaisir à lui, c'est de chercher. Si vous le faites pour lui... c'est comme si votre ami vous racontait la fin du film que vous vous prépariez à aller voir. Pas sympa !

Ne l'inondez pas d'objets hétéroclites : faites une sélection de deux ou trois jouets et établissez une rotation avec les autres. En effet, s'il est encerclé d'objets flottants, bébé ne sait plus où donner de la tête. À peine a-t-il saisi quelque chose que son regard en capte un autre. Alors il ne prend même pas le temps de profiter du premier jouet. Il le lâche pour s'emparer du suivant. De plus, tout lui devient trop familier et il ne s'y intéresse plus. Alors que s'il n'a pas vu les joujoux pendant quelques jours, il les redécouvre à nouveau. C'est votre façon de jouer avec lui qui enrichira sa capacité à manipuler les objets. Faites couler l'eau sur son pied, il vous tendra son bras pour que vous en fassiez de même. Puis ce sera à lui de manipuler cet étrange objet pour vous mouiller la main... ou le sol ! Mais là, c'est interdit ! L'eau doit rester dans le bain !

Chantons sous la douche

Bébé est sagement assis dans son bain et vous êtes plus ou moins confortablement installé près de lui. C'est un moment privilégié pour s'occuper à faire ce que tout le monde fait dans la salle de bains. Mais non, vous n'y êtes pas ! Que fait-on sous la douche ? On chante dans le pommeau de la douche ! Rassurez-vous, ce n'est pas *À la recherche de la nouvelle star* : bébé vous choisit parmi toutes les voix qu'il connaît. C'est bien votre voix qu'il veut entendre, même si vous la jugez exécrable. J'ai rarement entendu des parents dire qu'ils chantaient juste. Certains s'interdisent de chanter pour cette raison. Sachez que votre enfant se fiche bien de savoir si vous chantez juste (ou faux comme une casserole). Il suffit de mémoriser le rythme ou les paroles. Allez-y sans relâche ! Reprenez une rengaine qui vous trotte par la tête et chantez ce qui vous plaît. « Voici comment je lave tes pieds, lave tes pieds, lave tes pieds » sur l'air de *Savez-vous planter les choux ?* passe très bien. Accrochez votre sens du ridicule à la patère et lancez-vous sans arrière-pensée. Il se peut que votre conjoint ou vos autres enfants vous fassent de petits commentaires, mais il vous suffit alors de les mettre au défi.

Pour changer de *Bateau sur l'eau*, voici une comptine à découvrir avec bébé.

CROCODILE, QUE FAIS-TU ?

Crocodile, que fais-tu ?
Je mange le pied de Mathilde.

Crocodile, que fais-tu ?
Je lèche la jambe de Mathilde.

Crocodile, que fais-tu ?
Je goûte le ventre de Mathilde.

Crocodile, que fais-tu ?
Je chatouille le cou de Mathilde.

(Mimez les actions du crocodile représenté par le gant de toilette. N'hésitez pas à inventer vos propres mots et à mentionner d'autres parties du corps. Utilisez le prénom de votre enfant à la place de celui de Mathilde, pour qui j'avais écrit cette comptine.
Donnez l'occasion à bébé de participer en lui laissant choisir quelle partie du corps le monstre à dents pointues va croquer !)

Les jeux de bouche

Bébé découvre aussi des sons et vous pouvez très bien les enrichir en associant différents objets ou actions à un son particulier qui sera répété à plusieurs reprises.

Le bateau (chez moi) fait **« b »**, **« b »**, **« b »**.

L'eau qui coule fait **« shhhhhhh »**.

Le poisson fait des bulles **« p »**, **« p »**, **« p »**.

Le méchant crocodile ouvre grand la bouche et fait **« k »**, **« k »**, **« k »**.

Bon, je sais ! Votre bateau ne fait pas le même son que le mien. Pas grave ! À vous de choisir et de sélectionner des sons qui vous plaisent pour accompagner vos gestes quotidiens. Choisissez principalement ce que l'on appelle des sons « isolés », car ils sont produits tout seuls et sont donc plus faciles à imiter pour bébé. Mettez-vous d'accord en famille quand même ! Lorsque l'on sait qu'un coq français fait « cocorico », que l'anglais fait « cockedoodledoo », que l'italien fait « kikiriki » et que le coq haïtien fait « koukouloukou »... il y a de quoi en perdre la tête ! Voici quelques idées de sons isolés. À vous d'en inventer d'autres suivant votre langue maternelle ou l'idée du jour.

Mimez chacun des animaux et accompagnez les sons de gestes de la main : le doigt posé devant la bouche pour « sh », les dents bien en vue pour le « f ». Bien sûr, ne vous attendez pas à ce que bébé répète la comptine ou les sons. Au cours des mois qui vont suivre, il va néanmoins tenter de vous imiter. Il fera la bouche ronde pour le poisson, reprendra la voix de Coco et fera des tentatives en mordant sa lèvre inférieure pour le « f ». Mine de rien, il affine ainsi les mouvements qui lui permettent finalement de reproduire les sons de sa langue maternelle. Peu à peu, certains apparaissent au bon moment et bébé est tout content de participer. Demandez-lui de choisir dans son livre quel animal fait du bruit. À sa façon, il vous dira celui qu'il veut entendre. L'abeille est un geste de la main ou le son « z » ou même un vague « babè ». À vous d'interpréter ! Vous n'avez pas de décodeur intégré. Ne vous inquiétez pas si vous vous trompez, bébé aura vite fait de remettre les pendules à l'heure. C'est

CHUT !

C'est le poisson rouge
qui ouvre grand la bouche :
« b », « b », « b », « b ».
Va-t'en, poisson rouge !

C'est la petite poule
qui picore la semoule :
« t », « t », « t », « t ».
Va-t'en, petite poule !

C'est le perroquet
qui parle avec son bec.
« co », « co », « co », « co ».
Va-t'en, perroquet !

C'est le lapin blanc
qui montre ses belles dents.
« f f f f f f f f » ;
Va-t'en lapin blanc !

C'est un gros serpent,
qui glisse lentement.
« sssssssss » ;
Va-t'en, gros serpent !

C'est la p'tite abeille
qui bourdonne à l'oreille.
« zzzzzzzzzz »
Va-t'en, petite abeille !

Mes paupières se ferment.
mes yeux sont pleins de rêves :
« shhhhhhh »
Allez-vous-en ! Chut !

la réaction de son entourage qui fait que bébé affine peu à peu son accès au langage. C'est votre sourire ébahi et votre extase lorsqu'il baragouine un vague « mama » qui l'encouragent à continuer sur cette voie. C'est le même mécanisme quelques années plus tard, lorsque vous êtes offusqué des gros mots qu'il a appris en cour de récréation : il mémorise ces mots-là en priorité !

Bébé se met à table

Vous commencez tout juste à nourrir bébé à la cuillère. Il est vrai qu'aujourd'hui, les médecins préfèrent attendre pour diversifier l'alimentation du tout-petit. Leur argumentation est principalement liée au fait que certains aliments présentés trop tôt peuvent déclencher une réaction allergique. Il convient donc d'introduire chaque aliment nouveau de façon isolée, pendant une période de temps déterminée, afin de déchiffrer les réactions de bébé.

Petits pots ou petits plats ?

Les petits pots sont bien pratiques... et tellement bons ! Je connais même des adultes qui retrouvent avec délice leurs petits pots favoris... Souvenirs d'enfance.

Mais sont-ils réellement adaptés à nos chérubins ? Ils sont surveillés de très près et leur contenu ainsi que les quantités sont contrôlés. En revanche, comme toute alimentation préparée de cette manière, cette nourriture contient beaucoup plus de sel que dans celle que vous cuisinez à la maison.

Les petits pots ne posent pas problème tant que vous les alternez avec des aliments que vous préparez vous-même. En effet, le tout-petit s'habitue rapidement non seulement au goût mais aussi à la texture et à la présentation. Il est ensuite difficile de changer ses habitudes. Un enfant qui mange exclusivement des petits pots a du mal à passer à la nourriture familiale. D'autant plus que cette industrie propose des repas tout prêts à des enfants plus âgés (de 2 ans, voire plus). J'ai connu des enfants qui, à l'âge de 2 ans, refusaient la cuisine de maman, ce qui déclenche un vrai problème lorsqu'ils mangent à l'extérieur : à la crèche, à la garderie et ensuite, à la maternelle. Donc, pensez-y dès aujourd'hui.

Bébé cracheur

À cette période du développement de bébé, évitez de mélanger des morceaux, aussi petits soient-ils, à sa purée. De nombreuses actions publicitaires vantent les mérites de plats « comme ceux des grands » alors qu'à cet âge, l'enfant n'a pas la capacité de (di)gérer ce type d'alimentation. En effet, le tout-petit commence toujours par observer ce qu'il y a dans son assiette, une bonne façon de s'informer sur ce qu'il doit faire une fois que l'aliment est dans sa bouche. Il le gère différemment selon qu'il est liquide, mouliné ou solide. Si vous lui présentez une purée avec de petits morceaux, vous perturbez ses automatismes alimentaires encore fragiles. Souvent, il recrache sa bouchée. C'est la seule solution qu'il connaît pour éviter le problème qui se pose. Il risque alors de réagir à l'identique chaque fois qu'il doutera. Ne créez donc pas de surprises et vous éviterez le bébé « cracheur ». Il n'est pas prêt à mastiquer des morceaux à cet âge ; il avale « tout rond », c'est-à-dire sans mâcher. La salive et la mastication ne préparent donc pas les aliments à être digérés et ils « sortent » dans le même état qu'à l'« entrée ». Bébé n'a pas digéré ces morceaux et il n'en tire aucun bénéfice sur le plan alimentaire. Alors, à quoi bon ? Mieux vaut attendre et bien le préparer à la mastication.

Le goût du tout-petit se forme non seulement lorsqu'il ingère des aliments variés mais aussi lorsqu'il observe ce que mangent les autres membres de la famille. Tout ce qui lui est familier visuellement sera accepté plus facilement que s'il se retrouve devant des aliments inconnus. Il est certain que vous n'allez pas lui proposer de la moutarde dans sa première année, mais des pommes de terre ou des fruits, oui.

Bébé cuistot

Souvent, les enfants sont tenus à l'écart de la cuisine qui est un lieu dangereux et où bon nombre d'accidents domestiques se produisent. Avec certaines adaptations, vous pouvez permettre à bébé de vous observer lorsque vous préparez les repas. Quand je demande à des enfants plus âgés comment on prépare une purée, ils me répondent sans l'ombre d'une hésitation que la purée vient... des flocons dans la boîte. Si par hasard je tente de leur faire comprendre qu'une purée est à base de pommes de terre, ils me regardent d'un air horrifié ! Peut-être que la présence du tout-petit dans la cuisine lui permettra de s'accoutumer à la variété des aliments : la carotte ne sera plus seulement une image sur l'imagier. C'est un aliment que l'on sort du réfrigérateur, qui est sale avant d'être lavé à grandes eaux, que l'on épluche, que l'on cuit de façons différentes ou que l'on râpe, qui est dur sous les premières dents, qui est légèrement sucré et qui laisse des traces orange sur les mains.

Si vous installez votre assistant cuisinier dans sa chaise haute, à l'abri des dangers potentiels, il sera tout heureux de vous observer, d'échanger avec vous et de découvrir ces drôles d'objets que vous utilisez : couverts, boîtes plastifiées, aliments divers. Manipuler est à l'ordre du jour. Alors pourquoi ne pas explorer la cuisine ? De la brosse pour nettoyer les bouteilles en passant par les gants de vaisselle, tout l'intéresse. Encore une fois, à vous de voir ces objets d'un œil nouveau. Pour vous, ce ne sont que des outils de travail. Pour bébé, c'est un monde vierge à découvrir.

S'il n'aime pas rester assis trop longtemps dans sa chaise haute, installez-le dans sa petite baignoire. Il peut ainsi avoir un soutien au niveau du dos tout en partant à l'aventure. Si vous avez un petit bateau pneumatique, il fera très bien l'affaire. Sinon, je vous propose un panier à linge en plastique : c'est l'idéal pour soutenir bébé et lui donner un espace de jeu sans toutefois l'exposer à un danger potentiel.

J'imagine très bien que vous préférerez probablement faire la cuisine en solo, sans avoir le petit dernier dans les pattes. Mais si vous l'invitez à vous rendre visite, même si c'est seulement le week-end ou pour la préparation du dîner, la participation de bébé lui permettra de passer de l'observation à l'apprentissage. Bébé apprendra peu à peu à **jouer seul** sans être en permanence dans vos bras. Il intégrera **les règles** de sécurité à respecter ; il entendra les mêmes **mots** répétés régulièrement et qui prendront dès alors un sens : « chaud », « froid », « sale », « pomme », « couper », « dans la casserole », etc. Il assimilera la suite des événements et comprendra progressivement les situations. Lorsque vous mettez la table, c'est l'heure de manger, même s'il ne mange pas nécessairement avec la famille. Pour lui, cela signifie peut-être que c'est l'heure du coucher. Il acquiert ainsi un sens de l'anticipation de la situation suivante. Ce sont les bases de la compréhension verbale (comprendre ce qui est dit) et le début de la construction du concept de temps. Il ne saisit pas les notions de « maintenant », « après » ou « tout à l'heure » mais il perçoit à l'approche de sa première année qu'il existe des séquences dans les actions. Plus tard, vers l'âge de 18 mois, il les reproduira en jouant avec ses poupées et encore plus tard, ces séquences réapparaîtront dans son langage sous la forme « et pis » (pour « et puis ») ou « après ».

Bébé gastronome

Une fois que bébé s'est bien habitué à la cuillère et qu'il passe à une bouillie plus épaisse (entre 9 et 12 mois), il peut commencer à « travailler » un peu plus. Ce travail l'encourage à mobiliser ses lèvres et sa langue. Vous pouvez ainsi mettre en place les mouvements qui favorisent la mastication.

Commencez par présenter la cuillère de côté et non plus par devant, comme vous avez coutume de le faire. Bébé va chercher la cuillère avec ses lèvres et commence à faire des mouvements latéraux de la langue (mouvements de côté) pour prendre sa bouchée.

Puis, à l'aide d'une toute petite cuillère, introduisez la purée épaisse dans la joue du tout-petit, entre les gencives (ou les dents) et la joue. Que fait bébé après un premier moment d'étonnement ? Eh bien il récupère sa bouchée en « serrant » les joues, en déplaçant la langue sur le côté et en faisant des mouvements de la mâchoire. C'est le début de la mastication.

Continuez plus tard en plaçant dans la joue droite ou dans la joue gauche un petit morceau d'aliment qui fond très rapidement au contact de la salive. Les boudoirs et les fruits ou légumes très cuits feront très bien l'affaire. Nul besoin d'une cuillère à ce stade : votre index propre suffira. Habitué à cette sensation, bébé comprendra tout de suite ce qu'il doit faire et il mâchera à grand renfort de bruitages ! Il vous suffit alors de varier peu à peu les morceaux que vous lui proposez. Il placera lui-même la nourriture au bon endroit. De même, il prendra plaisir à mordre la brosse à dents que vous laissez traîner entre ses molaires naissantes.

Pour parler, nous utilisons les mêmes mouvements des lèvres, de la langue et du voile du palais (la partie souple du palais, la luette). Donc, plus vous « jouez » avec la nourriture, plus votre bébé mobilisera les « praxies buccales » ou les mouvements qui permettent de s'alimenter et de parler. C'est tout bénéfice pour bébé !

Le confort de bébé

Même si bébé ne mange pas avec le reste de la famille, le repas est un moment convivial. Bien sûr, si le but du repas est d'enfourner le maximum d'aliments dans le gouffre béant de la bouche de bébé à une vitesse record, la conversation est inexistante. C'est parfois l'enfant qui instaure ce rythme effréné car il a très faim au début du repas. Il avale « tout rond » sans prendre le temps de savourer sa bouchée. Il se peut aussi que ce soit l'adulte qui, dans un souci de bien nourrir son enfant, remplisse une cuillerée après l'autre de peur que, une fois la première fringale passée, le bébé refuse de finir son assiette.

Avec les groupes de parents que j'anime, nous avons découvert ce qui se passe lorsque c'est quelqu'un d'autre qui manipule la cuillère. Je demande aux parents de jouer le rôle de l'adulte nourrisseur et du bébé et de se nourrir mutuellement. Je corse un peu le travail en les asseyant sur des chaises inadaptées à leur taille, en leur donnant des couverts démesurément grands ou trop petits, des flûtes à champagne pour boire et des aliments coupés en portions énormes. Les rires fusent. Les « parents » sont critiqués par les « bébés ». Les « bébés » s'en donnent à cœur joie et ne sont pas sages du tout. Les commentaires qui suivent sont néanmoins pleins de bon sens et les parents appréhendent naturellement ce qui ne convient pas. Voici un échantillon de leurs conseils.

La position assise

L'installation du tout-petit est primordiale : un bébé qui vacille et qui recherche son équilibre ne peut se concentrer sur son repas. Il se fatigue très vite et refuse rapidement de s'alimenter. Assurez-vous qu'il est soutenu au niveau du dos, des jambes et des pieds.

Les couverts

Les adultes ont testé des couverts en bois et en argent de formes très variées. Ils en ont conclu que le type de couvert utilisé a son importance : il doit être adapté à la bouche du tout-petit et recouvert de plastique si possible. N'hésitez pas à tester différentes cuillères, quitte à démarrer avec une toute petite.

Le rythme des cuillerées

Cette activité a suscité de nombreux débats chez les adultes du groupe de travail. Certains se plaignaient d'un rythme trop lent alors que pour d'autres, c'était bien trop rapide. Il s'agit en effet d'un choix très personnel. Respectez la demande de bébé qui se tourne vers vous pour la bouchée suivante au lieu d'anticiper sa demande. Un papa a ajouté qu'il avait faim et voulait manger la banane proposée. C'est la vitesse trop importante de la « maman » qui l'a littéralement dégoûté. Il n'en voulait plus.

La taille de la bouchée

Encore une fois, des bouchées trop grosses étaient difficiles à gérer par les adultes et le repas improvisé a vite été interrompu. N'oubliez pas que bébé est tout petit et qu'il ne sait pas encore comment s'y prendre. Si les aliments arrivent trop vite dans sa gorge, il est perdu, il panique. Il se peut qu'il s'habitue en laissant tout simplement glisser les aliments au fur et à mesure que vous les enfournez. Le résultat du repas est mitigé car, ayant ingéré une bonne quantité, les aliments ne sont pas passés par la case « départ mise en bouche », phase durant laquelle la salive joue son rôle dans le processus de la digestion. La nourriture n'est donc pas bien digérée et bébé n'en profite pas. Proposez alors des bouchées en rapport avec la taille et l'âge de bébé.

La température et la texture des aliments

Voilà un sujet qui a été soulevé par les parents, malgré le fait qu'il ne s'agit pas de quelque chose dont ils ont « souffert » au cours de notre activité « découverte ». En effet, en tant qu'adultes, nous sommes habitués à des températures allant du très froid, comme pour les glaces, au très chaud, comme pour certaines boissons. Or, le tout-petit ne trouve au menu que des aliments souvent tièdes et de la même texture. Pour certains d'entre eux, il faut alors qu'il exécute un réel travail pour s'habituer aux variations d'un mets à un autre. Il est préférable de commencer relativement tôt (autour du premier anniversaire) à introduire de petites variations. La compote du dessert est servie plus froide que la purée et la nourriture doit être de moins en moins moulinée. Si la soupe est trop chaude, bébé la testera du bout des lèvres, après l'adulte, bien sûr !

Le goût

Il en est de même pour le goût : une purée dans laquelle vous avez tout mixé ne sera guère différente d'un repas à l'autre. Il est certain que bébé risque moins de refuser certains aliments car il ne fait pas encore la différence. Mais il n'a pas l'occasion de développer ses propres goûts. D'autant plus qu'un enfant doit pouvoir tester un aliment une bonne dizaine de fois avant de l'accepter. Alors, si vous abandonnez dès le deuxième refus, vous n'avez aucune chance de succès ! Les industries qui s'occupent des repas des tout-petits ont d'ailleurs trouvé la solution : ils ajoutent un aliment plus fade pour atténuer la saveur relevée d'un autre. Par exemple, ils proposent à bébé des haricots-pommes de terre pour faciliter cette période de découverte.

Si vous avez pris l'habitude d'inviter bébé dans la cuisine, il fera également un lien entre les petits bâtons verts avec lesquels il a joué et les mêmes bâtons verts que vous écrasez dans son assiette.

Bébé dialogue

Au cours du repas, il **demande** (il se tourne vers vous, ouvre grand la bouche), il **refuse** (il se détourne, repousse la cuillère, fait la moue, dit « an ! »), il **commente** (il souffle avec ferveur sur son plat encore trop chaud), il **choisit** (il montre du doigt son dessert qui est déjà sur la table) tel un convive invité au repas du dimanche. S'ensuit un échange entre l'adulte et bébé avec une grande part d'interprétation de la part du premier. Ces échanges, tout d'abord non verbaux, sont de plus en plus accompagnés de sons et puis de petits mots. L'un des premiers à paraître est souvent le « non ! » des interdits. Est-ce parce que c'est celui que l'enfant entend le plus souvent ?

Bébé aide-ménagère

Bébé ne veut pas vous quitter. Faire le ménage, la lessive, les courses et le reste des tâches quotidiennes pendant ses heures de sommeil n'est pas toujours possible. D'autant plus que votre petit chérubin adore vous regarder faire... s'il est occupé lui aussi. C'est là le hic ! Bébé ne supporte pas que vous restiez trop longtemps sur la même tâche : c'est vrai que c'est lassant ! Vous le savez bien vous aussi, car toute excuse est bonne pour éviter ces corvées.

La lessive

Et si on regardait ces corvées sous un autre angle ? Que désire bébé ? Il veut être avec vous, confortablement installé, avec la possibilité de découvrir son environnement. Il veut aussi manipuler les mêmes objets que vous : ces trucs colorés, grands et petits, que l'on peut entasser, déboutonner, mélanger. Des vêtements. La grosse boîte blanche est aussi très intéressante : elle clignote, fait du bruit et vibre. Des objets tournent dans un sens puis dans l'autre derrière le hublot. Pour bébé, c'est une activité d'une grande valeur éducative. Regardez comment les fabricants de jouets ont copié la réalité : ils ont parfaitement compris ce qui plaît à l'enfant et dès le premier âge.

Voyons comment vous pouvez vous organiser. Pas question de laisser bébé libre de vaquer à ses occupations alors que vous êtes occupé avec le linge à laver : c'est bien trop dangereux. C'est là qu'un panier à lessive en plus peut vous être utile. Installez bébé dans son panier (son ancienne baignoire ou son petit bateau pneumatique), donnez-lui des pinces à linge, des bouchons propres et divers objets à votre portée ou bien mettez-lui des chaussettes sur une main... ou sur la tête ! Il se concentrera automatiquement sur ce matériel éducatif de grande valeur.

Plus tard, lorsqu'il voudra **absolument** se mettre debout, il s'appuiera sur le hublot de la machine à laver et introduira avec soin les vêtements dans celle-ci... pour les ressortir immédiatement.

Pendant qu'il vous regarde et participe à cette activité, il est tout ouïe : c'est un moment durant lequel bébé intègre un vocabulaire neuf et commence à faire des liens entre les objets qu'il manipule. Bébé réfléchit, cherche à comprendre, mémorise, vérifie ses hypothèses. Que peut-il bien apprendre auprès de cet appareil électroménager ? Au début, des mots très simples que l'on peut catégoriser de la façon suivante :

Noms d'objets familiers
Chaussette
Pantalon
Pyjama
Manteau
Culotte, etc.

Mots d'action
Laver
Allumer
Éteindre
Mettre
Enlever
Entrer
Sortir, etc.

Adjectifs
Sale
Propre
Petit
Grand, etc.

Bébé commence aussi à distinguer les vêtements appartenant à papa ou à son frère. Il organise ainsi ce qu'il voit au quotidien.

De même, il intègre petit à petit qu'il y a une séquence d'événements qui se suivent toujours dans le même ordre. Il peut alors anticiper l'action suivante de l'adulte. C'est alors l'occasion pour lui de se structurer dans le temps. Il entend les mots **maintenant, après, tout à l'heure** alors que l'adulte commente ce qui se passe. Cela ne veut pas dire qu'il en comprend la signification et encore moins qu'ils font partie de son vocabulaire. Mais en y étant exposé régulièrement, en y associant une action et une expérience vécues, ces séquences verbales prennent un sens pour lui. L'adulte qui lui dit « **maintenant** tu peux » (« mettre la chaussette dans la machine ») aide l'enfant à se faire une idée sur l'utilisation de ce mot. Ce n'est qu'après de très nombreuses répétitions du même geste associé aux mêmes mots que l'édifice prend forme.

Nourrir les fauves

Que vous possédiez un animal familier ou non, le loisir d'observer et de s'occuper d'une petite créature fascinera votre zoologue en herbe. Si vous avez un animal à pattes, à plumes ou à bulles à la maison, c'est une source intarissable de stimulation pour le tout-petit. Nul besoin de vous précipiter à l'animalerie du quartier pour en faire l'acquisition, si vous n'en avez pas sous la main. Le pré du voisin, la ferme d'à côté, le bout de jardin ou le jardin public regorgent de bestioles en tout genre. Bébé n'a pas besoin de dauphin ou de poney pour s'extasier : un gros matou ou un papillon font très bien l'affaire.

Bébé découvre les noms de ces créatures qu'il côtoie quotidiennement : le premier mot de mon fils aîné n'a pas été « maman » ou « papa » mais « oiseau » ou plutôt *bird*, bien plus facile d'accès pour un enfant exposé à deux langues (le bébé élevé dans un environnement bilingue choisit indifféremment ses premiers mots dans une langue ou dans l'autre). Il faut vous dire que Ringo, notre canari, prenait beaucoup de place à la maison. Non pas que sa cage était énorme. Il nous envahissait de ses trilles et de ses chants continuels.

Les animaux bougent, s'expriment et font beaucoup de choses que nous autres humains faisons aussi : ils dorment, mangent, vident leur vessie et produisent des sons, des informations qui intéressent bébé. Il y trouve une stimulation de tous les instants. Il est même déçu si le cochon d'Inde fait la sieste, car plus rien ne se passe. C'est l'occasion de décrire tout ce qu'ils font avec des mots simples que bébé comprend. Mais faites bien attention à ce que vous dites !

Karine, 13 mois, répète toute la journée son nouveau mot, « eule », dont personne ne connaît la signification. Le papa annonce fièrement à sa propre mère que sa petite puce commence à parler et qu'elle a une nouvelle expression. C'est la grand-mère qui finit par comprendre ce qui se passe : dès que les chiens aboient, la petite reprend ses « eule, « eule ». Juste à ce moment, le papa surgit et crie aux chiens : « Ta ...eule ! » Karine imite tout simplement l'interjection de son père à chaque fois qu'elle entend les chiens ! Elle a tiré ses propres conclusions, et voilà le résultat !

Le tout-petit prend plaisir à nourrir ses amis les bêtes. Donner des croquettes au chien ou au chat est un privilège. Répandre les miettes du repas pour les moineaux et les observer alors qu'ils picorent le tout est fascinant. Les canards du parc lui font peur mais l'attirent inexorablement. Il surmonte sa peur pour leur jeter des bouts de pain d'une distance respectable, bien à l'abri dans les bras de l'adulte.

L'aspect répétitif de cette activité permet de revoir et de répéter les mots qui sont présentés à cette occasion. Les consignes sont quasiment toujours les mêmes : « donne aux poules », « donne un petit peu », « c'est trop gros », « donne-lui un petit bout ». Les actions des animaux sont à décrire : ils mangent et ils boivent ; ils vont et ils viennent ; ils demandent ou ils refusent ; ils aiment ou ils n'aiment pas. Ce sont ces répétitions de mots identiques qui aident l'enfant à « digérer » les informations qu'il tire de cette activité.

Les jeux d'éveil

Bien calé sur ses fesses, qu'il soit soutenu ou en totale autonomie, bébé a tout le loisir de manipuler ses jouets. Pour ce faire, il lui faut des objets variés à sa disposition : certains que l'on met à la bouche (anneau de dentition, jouet en plastique), d'autres dans lesquels il faut souffler (appeaux, pailles), d'autres encore sur lesquels il faut appuyer pour obtenir un son ou une action (petit piano, train actionné par un bouton), des jouets qu'il faut bouger d'une torsion du poignet (la boîte qui fait « meuh »), ceux qu'il faut jeter (sacs à sons qui accompagnent les repas pour les enfants en restauration rapide), etc.

La ronde des jouets

Au lieu de tout laisser à sa portée, je vous conseille d'en retirer, de les mettre hors de vue de bébé et de les ressortir une ou deux semaines plus tard. Bébé retrouvera avec plaisir ces jouets comme s'ils étaient neufs. À part les doudous, il est préférable d'instaurer ce système d'alternance qui encourage le tout-petit à s'investir réellement avec les jouets à disposition au lieu de s'en désintéresser à force de les voir.

Il en est de même avec les « favoris ». Un enfant qui ne joue qu'avec un type de jouet et qui ignore les autres ne fait pas de découvertes.

Sonia, 9 mois, porte tout à la bouche. Elle n'est bien que lorsqu'elle y a mis un jouet. Puis elle bave abondamment. Après un moment, elle le retire pour le remplacer par un autre jouet. Si la couche qui lui sert de doudou est à sa portée, elle l'enfonce le plus loin possible dans sa bouche et il fait alors fonction de « bouchon » : il n'en sort plus et elle le garde tant que l'adulte ne le lui enlève pas. Elle

se désintéresse alors des autres jouets et reste passive un long moment, tenant le tissu entre ses doigts.

Cet exemple peut très bien être le cas pour de nombreux autres jouets selon les choix des enfants : pour tel enfant, c'est un petit train ; pour un autre, c'est le piano électrique.

Il est alors préférable de ne laisser ce jouet à la disposition de bébé qu'à des moments précis de la journée. Il a ainsi tout le loisir de faire la découverte des autres jouets abandonnés.

La tétine reste au lit

De même, le tout-petit qui passe sa journée avec la « tototte » entre les lèvres se prive de stimulations diverses. C'est comme s'il avait un bouchon en permanence dans la bouche.

Il vaut mieux restreindre l'utilisation de la « sucette » à des moments de la journée où il en a réellement besoin : pour l'endormissement ou pour le consoler d'un gros chagrin. Parfois, il nous arrive de devancer la demande de l'enfant et de lui donner sa tétine d'un geste quasi automatique. De quoi avons-nous peur ? Que l'enfant pleure ? Oui, il pleure. C'est normal. Que l'enfant crie et fasse ses vocalises ? Oui, il teste sa capacité pulmonaire et sa voix. Il appelle, ronchonne et donne des ordres. C'est dans l'ordre des choses. Je sais que c'est fatigant et que la journée est longue. Mais lui mettriez-vous un bout de papier adhésif sur la bouche pour le faire taire ? Non. Même si cela vous démange parfois... Alors rangez la « tototte » dans son lit et qu'elle y reste. Cela évite qu'elle se salisse, qu'elle soit perdue pendant vos déplacements et qu'elle devienne indispensable à l'enfant qui grandit. Je vois trop souvent des enfants de 3, 4, 5 ans arriver en maternelle avec un véritable arsenal de doudous en tout genre : la tototte dans la bouche, la couche ou autre chiffon dans une main et le nounours dans l'autre. Comment voulez-vous que cet enfant participe aux activités de la classe ? Est-ce pour cela que vous envoyez vos enfants à l'école ? Je ne pense pas. Je milite donc pour la libération de la bouche et des mains.

Maintenant que vous avez libéré la bouche et les mains de bébé, voyons de plus près ce qu'il peut en faire.

Bébé démolisseur

Bébé commence par détruire la tour que vous construisez. C'est un véritable bulldozer, au grand désespoir des aînés qui retrouvent leur travail soigné détruit par la petite terreur : les Legos sont éparpillés à travers la pièce, la maison de poupée a subi l'assaut d'une tornade. Il prend donc un plaisir évident à balayer d'un coup les constructions à sa portée. Tant et si bien qu'un jour, alors que vous n'êtes pas assez rapide pour reconstruire, il tente de lui-même de replacer un cube sur un autre. C'est plutôt branlant, mais le geste s'affine peu à peu. Résistez à la tentation de « corriger » ; si l'édifice tombe, il respecte les lois de la gravité. Bébé deviendra progressivement plus délicat et soigneux pour améliorer le résultat. Tout sera alors bon à empiler : les casseroles, les boîtes en tout genre, les livres, etc.

Bébé encastre

C'est en faisant des tentatives pour empiler que bébé s'aperçoit que certains objets s'encastrent les uns dans les autres. Si cela est possible, réservez dès à présent un placard dans la cuisine ou une autre pièce, dans lequel vous laissez des récipients et ustensiles variés à sa disposition (panier à salade, casseroles, boîtes en plastique, boîtes vides en fer-blanc). Choisissez ces objets soigneusement en vous assurant qu'il n'y a pas d'angles ou de surfaces coupantes qui pourraient le blesser.

Il existe toutes sortes de jeux d'encastrement vendus dans le commerce. Mais sachez que bébé a soif de nouveauté et qu'il apprécie les défis. D'une part, il apprend peu à peu à chercher le mode d'emploi sans abandonner à la première défaite et, d'autre part, il développe des stratégies pour trouver des solutions. Ces stratégies lui permettent de renforcer sa logique. Au lieu de dévaliser le magasin de jouets le plus proche, faites donc une petite visite à la ludothèque de votre région. Au lieu d'emprunter des livres comme à la bibliothèque, vous avez la possibilité d'y emprunter des jouets. Certaines ludothèques sont fixes alors que d'autres se promènent d'une ville à une autre. Vous serez conseillé par des professionnels et ceux-ci vous aideront à choisir des jeux d'encastrement en fonction de l'âge, des goûts et des attirances de bébé. Il en est de même pour tous les jouets !

Si bébé n'est pas prêt pour tel ou tel jouet, même s'il a été soigneusement choisi, ne désespérez pas. Rangez-le ou rendez-le à la ludothèque, s'il vous a été prêté, et attendez quelques semaines avant de le proposer à nouveau à bébé. Continuez ainsi jusqu'à ce qu'il le choisisse de sa propre initiative. S'il n'y fait toujours pas attention, c'est tout simplement qu'il personnalise ses choix. Il exprime déjà ses préférences.

Bébé fait le vide

Votre rejeton adore vider : les tiroirs, le panier de linge fraîchement repassé, l'eau du verre laissé à sa portée… Dans le bain, comme nous l'avons vu, il aime vider les récipients que vous remplissez : c'est l'occasion d'instaurer un tour de rôle. Il vide la tasse et vous la tend pour la remplir à nouveau. Vous attendez un moment et il vous intime l'ordre de mettre de l'eau dans la tasse en utilisant les moyens de communication dont il dispose : il montre du doigt, place la tasse dans votre main, mime le geste à accomplir, tente d'imiter les « encore » que vous lui donnez comme modèle. Autant d'occasions pour lui de progresser dans sa façon de s'exprimer. Nous sommes bien loin du « Je voudrais de l'eau, s'il te plaît maman » que vous attendez avec une certaine impatience, mais nous y arrivons ! Chaque chose en son temps !

En dehors des jeux d'eau, bébé apprécie beaucoup de remplir et vider des graines. C'est une activité qui se fait souvent en crèche et en maternelle mais que vous préférez éviter à la maison. Pourquoi ? Eh bien tout simplement parce qu'automatiquement, une vision de graines étalées sur le sol du salon vous vient à l'esprit. Certes, c'est un risque très réel et un argument sérieux contre ce type d'activité. Puis-je néanmoins vous proposer quelques adaptations testées par des parents dévoués, pour éviter toute catastrophe ? S'il fait beau, pourquoi ne pas installer bébé dehors ? Le bac à sable n'est pas une bonne idée pour le tout-petit qui ingère alors de grosses quantités de sable d'une propreté plus que douteuse... De la semoule, du riz, des lentilles et autres petites graines fascinent les petits et les grands par leur texture. Placez les ingrédients dans ce que vous avez à portée de main : un bac à sable vide, l'ancienne baignoire de bébé, le bateau pneumatique... Assis dans un fond de semoule, des outils à disposition, bébé remplit, vide, transvase à cœur joie. Bien sûr, il va en mettre à la bouche, mais cela ne présente pas un danger pour lui, si vous avez évité toute graine plus grosse qui pourrait se coincer dans sa gorge (haricot sec par exemple). C'est l'occasion de poser les premiers interdits : c'est pour jouer, pas pour manger.

Par temps plus hivernal, je déplace tout simplement le bac à l'intérieur de la maison. Si bébé est particulièrement actif et qu'il ne peut vraiment pas s'empêcher de vider... à l'extérieur du bac, je l'installe dans la baignoire... vide bien sûr ! Hors de question de mélanger la semoule à de l'eau ! Imaginez la tête du plombier qui retrouve un amalgame de graines dans votre plomberie... Après avoir ramassé le plus gros des graines, le jet de la douche vient à bout des restes et le tour est joué.

Tirer et pousser

Petit à petit, bébé réalise qu'il peut tirer un objet vers lui. Il se penche, saisit l'objet et le ramène à sa portée. Puis il fait des tentatives avec des jouets placés sur un support ou attachés à une ficelle : le joujou posé sur un coussin est hors d'atteinte. Bébé saisit le tissu et tire le coussin vers lui pour s'emparer de l'objet convoité. Il fait de même avec la ficelle. Montrez lui l'exemple, il vous regardera faire et puis tentera de vous imiter. Parfois, il lève le bras tellement vivement qu'il fait voler le jouet en question. À d'autres moments, il ne tire pas assez fort : ça coince quelque part ! Mais bientôt, il jauge son geste avec précision et parvient à ses fins.

Ce type de jeu marque une étape importante dans la capacité de réflexion de l'enfant au cours de sa première année. Le tout-petit mémorise les résultats de ses actions et s'organise pour les reproduire. Petit à petit, entre 9 et 12 mois, « l'enfant distingue le but de l'action et les moyens d'y parvenir »[1].

C'est aussi l'époque où bébé commence à échanger en repoussant le petit ballon que vous faites rouler vers lui. Tant bien que mal, il vous le renvoie d'une main. Puis il coordonne ses deux mains, regarde au loin et fait un effort qui ne produit pas toujours l'effet désiré. Ce n'est pas sa dextérité manuelle qui importe, c'est surtout le fait qu'entre 6 et 9 mois, le tout-petit devient de plus en plus attentif aux activités ludiques. Vous êtes tous deux rivés sur ce ballon qui va et vient entre vous. Votre but est le même et vous prenez un plaisir évident à cet échange. Vous établissez ce que l'on appelle **une attention conjointe.** Cette étape est nécessaire pour effectuer une transmission d'informations nouvelles. C'est donc une étape de grande importance pour bébé, un stade de son développement qui lui ouvre les portes d'un apprentissage différent : ce n'est plus une découverte qu'il fait de lui-même mais qui lui est transmise par une autre personne.

---

1. Bernard Azéma et Patricia Chapuy *in* « De la sensorialité à la personnalité », n° 10 revue *ACFOS*.

Bébé magicien

Tout le monde a vu que bébé adore jouer à « coucou c'est moi ». Il aime aussi voir son doudou favori disparaître derrière le canapé et réapparaître aussitôt. Ce que vous ignorez peut-être, c'est que bébé se prépare à comprendre un concept qui va révolutionner sa vie. Voici de quoi il s'agit. Jusqu'à l'âge de 8-9 mois, tout objet (ou créature vivante) qui sort de son champ de vision n'existe plus. Petit à petit, avec vos encouragements, bébé va commencer à chercher des yeux la cuillère tombée par terre. Comme vous l'avez compris, c'est une période durant laquelle bébé vous envoie ramasser les joujoux qu'il laisse tomber en vous traitant comme un chien d'arrêt ! « Va chercher, papa ! » Papa s'y prête gentiment une fois, puis deux... et après la dixième, rien ne va plus ! Alors bébé rallonge la donne et c'est la nourriture qui fait un vol plané à travers la cuisine ou l'assiette qui se crashe au sol. Mais que voulez-vous, c'est un divertissement sans pareil pour bébé de voir la débâcle qu'il a provoquée.

Il est où ?

Donc entre 9 et 18 mois, bébé comprend qu'un objet disparu **existe** toujours et qu'il est **identique** à chaque fois. Vous pouvez l'aider en l'encourageant à jouer avec vous. N'oubliez pas que vos idées sont bien meilleures que les miennes ! C'est au contact de nombreux parents et de leurs enfants que j'ai « trouvé » les activités que je vous propose. Je me rappelle d'une maman que j'avais surnommée « Mac Gyver » car, comme le héros télévisé, elle avait une imagination telle qu'elle inventait des jeux sur-le-champ avec trois bouts de ficelle. Pour aider son fils à mieux communiquer, il n'a fallu qu'une confirmation de ma part pour que cette maman donne libre cours à son inventivité.

Pimentez le coucou traditionnel alors que vous cachez votre visage derrière vos mains ou les pieds de votre bébé allongé. Prenez d'autres objets à votre portée pour vous cacher. J'ai eu beaucoup de succès avec des passoires sur la tête et des bacs en plastique. L'enfant vous discerne par les trous ou en transparence et ça l'intrigue.

Il en va de même lorsque vous placez un foulard transparent sur votre tête, vous n'êtes pas complètement visible et lorsque vous faites glisser le tissu, bébé vous retrouve. Il tente alors de tirer sur le voile transparent qui change votre apparence. Il attend le « coucou ! » qui surgit en même temps et les rires que vous partagez ensemble. Il est temps ensuite de passer à un foulard un peu plus opaque. Bébé a compris que vous êtes bien là et il saisit votre nez à pleine main pour retirer votre drôle de couvre-chef.

Le doudou favori de bébé peut ensuite prendre la place sous le tissu, le papier transparent du fleuriste ou le tapis de sol sur lequel bébé est assis. Il est fort possible que, vous ayant regardé cacher le doudou, bébé s'en désintéresse pour jouer avec le papier ou le tissu en question. Vous devez alors sélectionner un objet qui éveille sa curiosité et qui va maintenir son attention le temps des retrouvailles. Un jouet sonore fait souvent l'affaire.

Rien ne vous empêche de jouer à cache-cache pendant vos activités quotidiennes. Cachez les petits poissons dans le gant de toilette (ou sous la mousse), son doudou sous son pull ou la petite voiture dans sa poche. Il vous regarde d'un air horrifié et s'empresse de se tortiller dans tous les sens pour récupérer son bien.

Il existe aussi beaucoup de livres en librairie ou dans votre bibliothèque municipale qui permettent à l'enfant de dénicher l'animal « caché ». D'autres lui proposent différents endroits où il peut placer un petit personnage et le « cacher » (derrière l'arbre, sous le rideau de la douche, etc.). Choisissez avec soin ses livres, car les petites mains ont vite fait d'arracher les volets en carton. Peut-être est-il préférable de ne sortir ces livres qu'au moment de la « lecture ». Il est vrai que nous n'avons pas pour habitude de lire un livre à un tout-petit de cet âge. Pourtant, dès 6 mois, le bébé s'intéresse aux images et apprécie cet instant privilégié durant lequel il partage un livre avec un de ses parents. Des éditeurs se sont attachés à proposer ce type de livres à des tout-petits ; ils sont alors en tissu ou de grande taille pour devenir des « livres de sol ». Bébé peut ainsi jouer et échanger, confortablement assis par terre, avec l'adulte ou un autre enfant. Les nombreux volets qui cachent des miroirs et des visages d'autres bébés ainsi que les trous qui laissent entrevoir le doigt de maman ou une partie de son visage consolident peu à peu sa notion de **permanence de l'objet**.

Bébé se met debout

Entre l'âge de 6 et 14 mois, bébé passe de la position couchée à la station debout. C'est-à-dire qu'en l'espace de quelques mois, il fait plusieurs apprentissages avec une rapidité fabuleuse. Quand tout se passe normalement, nous ne prêtons que peu d'attention à ces exploits. Ce n'est que lorsqu'il fait ses premiers pas, aboutissement de tout le travail consommé, que nous réalisons les prouesses accomplies. En revanche, bébé peut rester comme « bloqué » à un certain moment, et les parents sont désarmés face à cette difficulté.

Riwan, 7 mois, refuse la position assise et se déplace selon la technique « commando ». C'est ainsi qu'il joue allongé sur le ventre, ce qui n'est pas l'idéal pour pouvoir libérer ses bras et ses mains à des fins de manipulation.

Clarisse, 9 mois, ne fait preuve d'aucune envie de se mouvoir et n'a pas appris à passer de la position assise à une autre position et vice-versa. Elle ne se déplace donc pas et reste ancrée sur ses fesses jusqu'à l'intervention d'un adulte. Quand sa nounou l'encourage à se pencher sur le côté pour prendre appui sur une main, Clarisse se contracte et refuse de bouger. Elle n'est visiblement pas à l'aise dans ses déplacements.

Il est bien connu que chaque enfant apprend à son rythme. J'ai pris l'habitude au cours de mes années de consultation de classer les tout-petits en deux catégories. Non pas les « filles » et les « garçons », mais plutôt les « actifs » et les « observateurs ».

La première catégorie d'enfants représente ceux qui sont toujours dans l'action motrice. Sitôt réveillés, ils tentent de se déplacer, de toucher, d'attraper ce qui est à leur portée. C'est le type d'enfant sur lequel il faut toujours garder un œil, car on ne sait jamais ce qu'il va inventer. Il a découvert les croquettes du chat et, après les avoir soigneusement goûtées, il les répand sur le sol de la cuisine sous le regard nonchalant du matou.

La deuxième catégorie est celle des enfants qui répondent à la formule « sage comme une image ». En effet, ils sont plus calmes et le choix des jeux est bien différent. Ils sont attirés par les livres, les petites voitures, les peluches et petits personnages avec lesquels ils occupent de longs moments de solitude.

Et bien sûr, il y a des enfants qui passent d'un comportement à un autre suivant le lieu où ils se trouvent ou la personne qui les accompagne. Tel enfant est une véritable tornade avec sa mère alors qu'avec son papa, il est « grand » et réfléchi.

Si vous avez un doute sur le développement moteur de votre enfant ou si vous le sentez mal à l'aise ou craintif, il est toujours possible de l'encourager en le faisant participer à des activités ludiques. Même si vous le sentez plutôt observateur, ménagez-lui des moments durant lesquels il a l'opportunité de se dépenser un peu plus. À lui de saisir cette occasion ou de la laisser passer. Ce conseil est important car, sachant par exemple que votre dernier-né n'aime pas être livré à lui-même sur son tapis d'éveil, vous pouvez l'installer dans un siège adapté ou dans vos bras...

Le « quatre pattes »

Prenez l'habitude, dès son plus jeune âge, de placer votre petit bout sur des surfaces variées dans la maison. La tentation est grande pour la famille de se passer le bébé d'une paire de bras à une autre. D'autant plus si bébé ressemble à un château branlant et vous regarde comme une petite chose perdue. Allongez-vous à ses côtés pendant un moment, histoire de lui faire comprendre qu'il ne s'agit pas d'un abandon mais d'un changement de perspective. Prenez le temps de jouer avec lui et il sera vite rassuré. Il se rendra compte peu à peu que la vie au ras du sol n'est pas si inconfortable. Plus confiant, il pourra alors partir à la découverte d'autres horizons, tout en gardant un œil sur papa ou maman. Résistez à la tentation de manipuler bébé afin de changer sa position. Ainsi, s'il passe de longs moments à jouer sur le dos ou sur le ventre, ne le forcez pas à se mettre à quatre pattes. Accompagnez son mouvement de redressement afin qu'il puisse sentir les appuis à prendre, qu'il découvre de lui-même la séquence des mouvements pour atteindre son but. De même, inutile d'asseoir bébé en l'entourant d'un mur de coussins protecteurs, s'il n'est pas prêt à assumer cette posture. Si bébé roule sur le côté alors qu'il est allongé, il trouve de lui-même les appuis sur les mains et les genoux qui lui permettent de se déplacer à quatre pattes.

Les **propriocepteurs** situés dans les articulations (des genoux, des hanches, des poignets, des coudes...) l'informent sur sa position. Il est également aidé par sa vision avec un point de vue très différent de l'adulte et par son système vestibulaire qui lui dit où il se situe dans l'espace. Bébé coordonne toutes ces informations et cherche à savoir ce qu'il peut en faire. Il tend un bras et s'écroule d'un coup, comme une masse.

— Première leçon : il faut garder ses appuis. Puis il se balance d'avant en arrière ou il raidit ses jambes et lève les fesses.

— Deuxième leçon : les informations qu'il reçoit se différencient. Il pousse sur ses bras, plus costauds que les jambes, et il recule.

— Troisième leçon : il se déplace. Bien sûr, il lui faut plusieurs tentatives pour parvenir à faire machine avant au lieu de faire machine arrière, à son grand désarroi ! Mais lorsqu'il parvient à bouger, quelle joie ! C'est une ouverture vers un monde nouveau, encore inexploré. Quelles merveilles bébé va-t-il découvrir ?

Bébé a fait le tour du salon jusqu'à en user ses couches ou ses pantalons. Oui, même si c'est une fille, mieux vaut qu'elle se déplace dans le confort... Certains bébés crapahutent tellement qu'ils en ont les genoux tout rouges. Je vous suggère alors de protéger sa peau fragile en ajoutant une couche de tissu épais. Nul besoin de faire des achats : coupez le haut de vieilles chaussettes de sport qui sont plus épaisses et enfilez le « tuyau » ainsi obtenu sur ou sous le pantalon, suivant la taille.

Yann ne reconnaît plus le salon après sa sieste. Sa maman a enlevé les coussins du canapé et lui a inventé un parcours d'obstacles. Elle lui fait coucou de l'autre côté du « tunnel » (deux coussins posés l'un contre l'autre) et l'encourage ainsi à le traverser. Il se retrouve ensuite face à une pente vertigineuse qu'il grimpe après de gros efforts. Il lui faut ensuite gérer la falaise pour redescendre. Il préfère présenter ses fesses et maman l'aide à contrôler son demi-tour. Il s'agrippe et glisse le long de la falaise. Une fois au sol, il est sur un terrain familier et il part à toute vitesse pour découvrir la structure sous un autre angle. C'est la première fois depuis plusieurs jours qu'il n'a pas fait de « bêtises » : il est bien trop occupé à grimper !

Yann apprécie cette nouveauté qui lui permet de se confronter à des difficultés jusqu'alors inconnues. La présence de sa maman en assistance technique le rassure. Très vite, il découvre sans appréhension ce jeu qui est détruit et reconstruit en prenant des formes différentes à chaque fois. Il refait inlassablement les mêmes mouvements et « invente » parfois d'autres façons de faire. Il lui a suffi d'en avoir la possibilité pour effectuer des progrès étonnants.

Pendant la journée, dès qu'il en a l'occasion, bébé s'agrippe à vos mains et tente de se mettre debout. C'est la position qu'il préfère... même au moment du change, comme nous l'avons déjà évoqué. Certains enfants semblent vouloir passer directement de la position assise à la marche. Faut-il respecter leur désir et les aider à acquérir la marche à l'aide d'un trotteur ?

La phase du quatre pattes est là pour de nombreuses raisons. Je ne vais en citer que deux. Tout d'abord, nous avons vu que c'est une phase « fitness » durant laquelle bébé s'exerce beaucoup. Il muscle ainsi son dos. Ses hanches supportent peu à peu le poids du haut du corps. Il contrôle le passage d'une position à une autre, car il se hisse lui-même en position verticale lorsqu'il en a la possibilité. Il n'en va pas de même quand l'enfant est assisté par un adulte. Il ne contrôle rien et se contracte pour maintenir son corps dans cette position. Dans un trotteur, il ne muscle rien du tout et mobilise la pointe des pieds pour avancer ou reculer, mouvement qui ne s'intègre nullement dans la marche, sauf si vous voulez en faire un danseur étoile. Quel désespoir lorsqu'il faut abandonner le trotteur pour se déplacer seul : rien n'a été préparé et bébé est frustré de retomber à chaque tentative.

D'autre part (et c'est l'orthophoniste qui vous parle), lorsque l'enfant se déplace à quatre pattes, il se prépare... pour la lecture ! Mais je ne vois pas le rapport, me direz-vous. Sachez que les bases de la lecture que nous appelons les **pré-requis** démarrent très tôt, comme c'est le cas pour de nombreux apprentissages. Le bébé qui pose une main puis l'autre sur le sol suit sa progression du regard. Il passe donc de la droite à la gauche pour revenir à la droite et ainsi de suite. De temps à autre, il lève les yeux pour fixer son objectif et il revient à ses mains. Celles-ci sont à la même distance de ses yeux que le livre qu'il va lire plus tard ou que la page sur laquelle il écrira. Ses yeux feront le même mouvement pour lire la page : il s'agit d'un balayage. Encore une fois, ces parcours, ou schèmes neuronaux, s'inscrivent dans son cerveau et seront utilisés lorsqu'il en aura besoin, bien des années plus tard.

Tout ceci pour vous dire que le fait de « sauter une étape » comme on « saute une classe » n'est pas toujours ce qu'il y a de mieux. Chaque séquence, aussi insignifiante soit-elle, a son importance.

Les premiers pas

Pour faire ses premiers pas en « solo », bébé choisit des objets pour « ancrer » son corps et le soutenir. Ainsi, il fait ses premiers pas en serrant une grosse peluche dans ses bras. Il saisit une chaise et la pousse à travers la pièce, tout fier de son exploit. Il ne sait pas comment se dépêtrer lorsqu'il est coincé et il appelle à l'aide. Si vous le laissez se débrouiller seul, il se peut fort bien qu'il s'en sorte sans votre aide. Sinon, il se laisse choir sur le sol et reprend son petit bonhomme de chemin. Ou bien il quitte momentanément le meuble sur lequel il prend appui pour faire les quelques pas qui le séparent d'un autre support, ou des bras de maman. Il est tellement admiré et encouragé qu'il continue à s'entraîner. Mais la motivation principale ne dépend pas de la réaction de l'entourage. Elle est **intrinsèque**, c'est-à-dire qu'elle vient de l'enfant. Quel que soit l'encouragement reçu, le tout-petit apprend à marcher si on lui en donne la possibilité.

Anissa a 14 mois et je la vois pour un retard de l'apparition des premiers mots. Elle n'a pas encore fait ses premiers pas et passe son temps assise dans la poussette ou dans les bras de ses parents. Durant le travail d'accompagnement parental, les parents d'Anissa ont tenté de ne pas anticiper les besoins de leur petite fille. Ils l'ont encouragée à exprimer ses demandes à l'aide des moyens à sa disposition.

Trois semaines plus tard, je suis émerveillée de la voir... marcher ! Elle ne parle pas encore, mais elle marche ! Les parents m'expliquent qu'ils ont réellement arrêté de devancer ses moindres désirs et qu'Anissa a commencé à se déplacer par ses propres moyens jusqu'à ses premiers pas. Elle était prête pour franchir le cap, mais n'en avait tout simplement pas eu l'occasion !

Fais dodo !

Un bébé âgé de 6 mois fait deux siestes dans la journée. Puis il en abandonne une, celle du matin ou celle de l'après-midi, suivant les horaires de la famille. Si les parents partent tôt le matin, bébé arrive probablement aux aurores chez la nounou ou à la crèche. Il a donc besoin d'un somme matinal pour récupérer. Sinon, la sieste durant la digestion sera celle qui sera choisie.

Trafic nocturne

En règle générale, bébé réagit mieux à la sieste ou au coucher du soir lorsque ces séparations s'inscrivent dans la routine quotidienne. Il comprend vite les petits gestes du quotidien qui le préparent à aller se coucher. Ce n'est guère le moment de jouer à l'avion avec lui ou de le faire rire aux éclats. Il a besoin d'apprendre à s'endormir seul durant les mois à venir. Il babille dans son lit, joue avec ses doudous et s'assoupit tranquillement. Résistez à la tentation d'attendre qu'il soit endormi dans votre lit, sur le canapé ou dans vos bras avant de le poser dans son lit. Il n'a pas l'occasion d'apprendre de lui-même à trouver le sommeil. En effet, cette fonction ne s'installe pas automatiquement, contrairement à ce que vous pourriez penser. Certains petits prennent vite l'habitude d'avoir papa ou maman à portée de main au moment de l'endormissement. Cela rassure l'enfant et il s'assoupit tranquillement. Mais à un moment, il faut qu'il apprenne à gérer son endormissement de sa propre initiative. Passé un stade – stade qui varie d'un enfant à un autre –, le tout-petit lutte contre le sommeil pour s'assurer que le parent est bien présent à ses côtés. Au moindre mouvement, il se réveille à nouveau pour piéger l'adulte qui tente de faire une sortie discrète. Ou lorsqu'il quitte son lit à barreaux, il retrouve au radar le lit de papa et maman et s'y glisse pour finir sa nuit. Je connais des familles dans lesquelles il y a un trafic nocturne permanent.

> Les parents de Killiam, Arthur-Ewan et Brendan me racontent leurs nuits plus que mouvementées avec leurs trois enfants. Il y a en effet un trafic constant d'un lit à un autre : papa remet le plus petit dans son lit au milieu de la nuit. En chemin, il rencontre Brendan, l'aîné, qui s'était endormi dans le lit d'un de ses frères et qui réintègre sa chambre. Profitant de l'absence momentanée du père dans le grand lit, Arthur-Ewan s'y glisse près de sa mère. Trouvant sa place occupée, le papa n'a plus qu'à chercher un lit vide pour se rendormir. Plus tard, c'est maman qui se lève pour recoucher Arthur-Ewan. Mais où va-t-elle l'allonger ? Vous êtes perdu ? Moi aussi.

Voilà une situation commune à beaucoup de familles. Cela illustre l'importance de choisir avec soin le cadre dans lequel l'enfant trouvera ses repères. Même si une approche vous paraît judicieuse, car elle vous facilite la vie, essayez d'imaginer si elle sera encore adaptée au fur et à mesure que l'enfant grandit. Peut-être est-il préférable de prendre de bonnes habitudes avant que n'arrive l'âge du « refusnik » (celui de la contestation) qui démarre entre 18 et 24 mois.

Le rituel du coucher

Les bonnes habitudes sont rapidement prises si l'entourage de bébé prend soin de suivre les mêmes routines ou de respecter les éléments du rituel. Ceux-ci sont personnalisés et basés sur ce que les parents ont eux-mêmes vécu ou sur les codes de conduite qu'ils élaborent peu à peu avec leur bébé.

> Yann est déjà en pyjama avec sa turbulette, petit sac de couchage dans lequel il dort car il se découvre la nuit. Il dit bonsoir à son papa mais aussi à ses objets favoris à qui il envoie des bisous. Il choisit ensuite les doudous qui vont « dormir » avec lui et écoute une petite musique de nuit pendant que sa maman le berce dans

ses bras. Puis elle le couche, lui envoie un dernier bisou et lui souhaite de passer une bonne nuit à l'aide d'une comptine qu'elle a inventée pour cette occasion.

Sandra préfère boire son dernier biberon sur les genoux d'un de ses parents, bercée sur la chaise à bascule. Puis elle attend l'« histoire » racontée à partir d'un livre pour les tout-petits. Elle y retrouve de nombreux visages de bébés qui l'intéressent fort. Elle écoute la mélodie de la voix de l'adulte qui accompagne les différentes photos de bébés en pleine action. Elle ne comprend pas tous les mots mais reprend les gestes et les exclamations de l'adulte. Peu à peu, elle se familiarise avec le livre et sait déjà ce qui se cache derrière les volets. Elle peut alors participer de façon active à cette « lecture » en reproduisant les sons et les gestes qu'elle a mémorisés. Son grand plaisir est de découvrir son visage dans le miroir à la fin du livre.

Ces habitudes peuvent être maintenues dans la mesure du possible, si bébé ne dort pas dans un environnement familier. En vacances, par exemple. Elles permettent à l'enfant de garder des éléments de son environnement familier et de se sentir en sécurité, où qu'il soit.

Il existe néanmoins des enfants qui s'adaptent sans difficulté au changement, que ce soit pour les horaires, les lieux où ils s'endorment ou l'entourage. Chaque enfant a sa propre personnalité, un fonctionnement très individuel et donc des besoins différents. C'est aux parents de déterminer comment y répondre au mieux, en s'adaptant à l'enfant.

La lecture du soir

Comme nous l'avons vu avec Sandra, le tout-petit apprécie ce moment privilégié de la lecture du soir. Un livre à cet âge ? Pourquoi pas ? Certains bébés sont fascinés par l'image à partir de l'âge de 4 mois. Je ne parle pas de lui **faire la lecture** comme pour un enfant plus âgé. Inutile de lire des contes ou les fables de La Fontaine à votre petit bout : cela n'a pas de sens, vous n'en ferez pas un prix Goncourt et il se lassera vite. En revanche, certains éditeurs se sont penchés sur la question et ont créé des livres adaptés aux enfants de moins de 1 an. Il y a bien sûr toute la gamme des livres en tissu mais aussi de petits livres cartonnés d'une grande simplicité, très contrastés avec des photos ou des images qui attirent les bébés.

Nous avions vu que le nouveau-né est attiré par les visages et cette attirance perdure car l'enfant s'intéresse vivement à toute représentation d'un autre enfant.

Il aime aussi se regarder dans un miroir. Cet intérêt pour le reflet de son image correspond au stade que Lacan a nommé le « stade du miroir ». Il démarre autour de 6-9 mois et dure jusqu'à environ 18 mois. Le tout-petit apprend peu à peu que l'image qu'il prend tout d'abord pour un autre enfant est en fait son propre reflet.

Le tout-petit écoute avec attention les mots de l'adulte qui, associés à l'intonation, au ton de la voix, aux expressions du visage du lecteur, acquièrent peu à peu un sens pour lui. Il reprend avec joie la mine effarée de maman qui porte la main à la bouche et lâche un « oh » suraigu en regardant la photo de bébé couvert de fromage frais. Les deux rient en chœur avant de tourner la page. Il est fort probable que ce même enfant étonnera son entourage en riant aux éclats lorsque... papa renversera du vin rouge sur la belle nappe toute propre !

La berceuse

Si vous ne vous souvenez pas des chansons de votre enfance, vous avez des bribes de berceuses stockées dans votre mémoire que vous pouvez fredonner. Il vous suffit de parcourir brièvement des ouvrages sur ce sujet ou d'écouter des enregistrements de comptines et berceuses pour qu'elles refassent surface. Ce n'est peut-être pas parfait. Mais quelle importance ? Faut-il prendre des cours de chant avant de devenir parent ? Non ! Lorsque vous chantez une berceuse à l'enfant, le but principal est de le calmer, de lui apporter détente et réconfort afin qu'il accepte de s'assoupir. Nul besoin d'un chant élaboré : bébé écoute le rythme et va caler sa respiration sur ce tempo ; il retrouve le timbre de la voix qu'il connaît bien ; il lâche prise à chaque silence ; la mélopée lui est familière.

Retrouvez les berceuses de votre enfance ou celles d'autrefois ; c'est une bonne façon d'entrer en résonance émotionnelle avec votre enfant. Voici quelques suggestions sur lesquelles vous pouvez vous baser pour inventer votre propre berceuse. Je sais qu'elle sera la favorite de votre rejeton et qu'il vous la demandera encore lorsqu'il aura 4 ans ou plus !

Voici une berceuse que j'ai écrite pour le petit Noé avec qui j'ai commencé à travailler à l'âge de 3 semaines. C'est tôt pour mettre en place une prise en charge orthophonique. Si c'est votre première réaction, sachez que c'est aussi l'avis de la grande majorité, y compris des médecins qui ont une vision restreinte de cette profession. Saviez-vous qu'il n'y a pas d'âge minimal pour un suivi en orthophonie ? C'est une profession où le professionnel intervient dès la naissance et accompagne les personnes âgées jusqu'à la fin. Alors, quel est le rôle d'une orthophoniste face à un bébé ? Voyons le cas de Noé.

Il ne pouvait s'alimenter seul et, pour survivre, il a été nourri par une sonde qui faisait transiter son alimentation jusqu'à l'estomac (sonde naso-gastrique). Sa sortie de l'hôpital dépendait de sa capacité à prendre la totalité de ses biberons. Grâce à cet « accompagnement », les parents de Noé ont très vite appris à se débrouiller seuls avec lui et l'ont ramené à la maison. C'était leur désir le plus cher et leur premier geste en famille a été de promener Noé en poussette dans son village. Une parade triomphaliste tout à fait naturelle après l'épreuve qu'ils ont subie.

DEMAIN

Refrain

Fais dodo mon poussinet
Fais dodo dans ton p'tit nid douillet
Fais dodo petit Noé
Fais dodo dans ton p'tit lit douillet.

Demain papa t'habillera
Pour sauter dans les flaques d'eau
Faire flotter ton petit bateau
Et jouer avec les canards
Dans la mare.

Refrain

Demain papa t'emmènera
Attraper tous les crocodiles
Dans ta baignoire pleine de joujoux
Regarde ! Leurs yeux qui brillent
Dans la mousse.

Refrain

Demain papa te promènera
Regarder toutes les autos
Une rouge, une bleue ! Il y en a trop
Allons donc chercher du pain chaud
Tu veux du gâteau ?

Refrain

PETITE ÉTOILE DANS LE CIEL

(À chanter sur l'air de *Quand trois poules vont au champ*.)

Petite étoile
Dans le ciel
Comme ce soir
Tu m'émerveilles

Dans la nuit
Tu me surveilles
Sans un bruit
Dans mon sommeil

Petite étoile
Dans le ciel
Comme ce soir,
Tu m'émerveilles.

Les séparations

Bébé apprend peu à peu à se séparer de ses parents et, si ce n'est déjà fait, il quitte la famille pour aller chez la nounou ou à la crèche. Avant l'âge de 8 mois, toute personne bienveillante est acceptée d'emblée par les tout-petits et ils prennent rapidement leurs repères avec une nouvelle personne ou dans un nouveau lieu.

C'est vers 8 mois que l'enfant qui a mémorisé le visage de sa mère repère plus facilement celui de l'étranger. Bébé refuse alors le contact et s'accroche à sa mère. Il lui faut toujours un temps d'adaptation pour évacuer sa crainte de l'inconnu. Les puéricultrices proposent donc à l'enfant de s'habituer progressivement à elles, selon une approche clairement définie.

Il se peut aussi que bébé passe un moment chez ses grands-parents ou chez d'autres personnes choisies par les parents. Il n'est pas toujours facile d'expliquer à bébé où il va et avec qui il va passer la journée. Bien sûr, il part avec son doudou, son sac bien rempli de ses affaires et de ses joujoux favoris. Mais cela ne réduit pas son anxiété.

L'album photo

Prenez des photos des personnes familières chez qui votre enfant est gardé et placez-les dans un petit album photo que vous laissez à sa disposition. Vous pouvez également prendre des clichés de l'endroit où il fait sa sieste, où il mange, où il joue. S'il y a d'autres enfants, et avec l'autorisation des parents, ils trouveront leur place dans le même « livre ». Ceci vous permet, avec des mots simples, de dire à l'enfant où il va et avec qui. Il peut alors anticiper sa journée avec plaisir et ce subterfuge rend la séparation moins difficile. S'il peut mettre un nom sur chaque visage, sur les objets qu'il utilise à l'extérieur de la maison, l'enfant s'adaptera plus vite. N'oubliez pas d'y ajouter les membres de la famille, car il est tout aussi important pour la nounou de lui parler de vous !

Petits mots de passage

Les mots écrits dans le cahier qui fait l'aller-retour entre le domicile et le lieu de garde de l'enfant ont aussi leur importance. La séparation se fait d'autant mieux s'il existe une certaine cohérence et une communication entre les différentes personnes qui font partie de l'entourage du petit bout.

Bébé se socialise

Chez lui, au parc, chez la nounou ou à la crèche, bébé adore rencontrer des petits bambins de son âge. Il aime les voir en photo, mais c'est encore mieux lorsqu'il y a l'image et le son.

Il observe avec grand sérieux l'autre bébé, le touche, tente de le « goûter » et fait différentes tentatives pour tester ses réactions. Oh non ! Il n'a pas de mauvaise intention. Il découvre simplement une personne nouvelle qui lui montre le même intérêt et il le fait à sa façon. Ce n'est pas nécessairement au goût de tous d'être agrippé par ses vêtements, tiré violemment jusqu'à en tomber ! Les pleurs éclatent, au grand étonnement de l'instigateur de l'échange.

Petit à petit, au cours de plusieurs scènes de ce type, bébé apprend qu'il y a l'art et la manière d'aborder l'autre. Mais ce n'est pas pour tout de suite ! Il ne peut pas contrôler sa brusquerie, malgré les interdictions que vous lui répétez souvent. Ça viendra plus tard. Alors, même s'il tire les cheveux, mord, attrape les vêtements et envoie des coups désordonnés, il n'est pas méchant pour autant.

Poser les interdits

Olivier vient me voir avec ses parents et je me baisse à son niveau pour lui dire bonjour. Aussitôt, il m'agrippe par le cou et je le prends dans mes bras. Il attrape soudain deux touffes de cheveux à pleines mains et tire de toutes ses forces. Après un moment d'étonnement et de vive douleur, je m'aperçois que, le tenant dans mes bras, je ne peux lui faire lâcher prise... Je jette un œil vers les parents, m'attendant à être secourue. Que nenni ! Ils me regardent tous deux d'un œil attendri : qu'il est mignon le petit Olivier qui fait un câlin à l'orthophoniste ! Je parviens néanmoins à me dépêtrer toute seule

de la prise et je commence l'entretien en faisant un énorme effort pour oublier mes cheveux tombés à mes pieds…
J'ai tout le loisir d'observer qu'Olivier fait subir le même traitement à ses parents qui, eux, ne bronchent pas. Il a moins de prise sur les cheveux de papa coupés en brosse mais se venge sur son nez. Quand je soulève ce problème avec les parents, ils ne se sentent guère concernés. Je tente alors de leur faire comprendre qu'un tel comportement ne sera pas accepté en crèche. Mais rien n'y fait. Je travaille donc avec Olivier, me gardant bien de mettre ma tête à sa portée.

Quelques mois plus tard, j'apprends que l'entrée en crèche du « tireur de cheveux » a échoué après de multiples plaintes des parents des autres chérubins. C'est seulement à ce moment que nous avons pu commencer à travailler sur ce comportement qui, malheureusement, était bien ancré…

Vous avez laissé bébé découvrir votre visage, vos lunettes, votre nez et votre bouche à sa guise jusqu'à présent. Commencez à poser certains interdits en retenant son geste et en lui disant « non ». Il comprend ainsi peu à peu ce qu'il peut et ne peut pas faire et cela lui facilitera le contact avec les autres bambins de son âge.

Le jeu en parallèle

Même en situation de groupe, le bébé entre 6 et 12 mois joue surtout **à côté** de l'autre sans toutefois jouer **avec** l'autre. Les deux vont s'observer de temps à autre, s'imiter parfois, mais chacun élabore son jeu séparément. Il prend l'objet qu'il convoite, même s'il est entre les mains d'un autre enfant. Il est tout entier à son exploration. Il peut très bien l'abandonner aussitôt pour un autre joujou.

Les jeux d'imitation

Bébé s'observe dans le miroir et il perçoit un **autre** bébé. Il ne sait pas encore qu'il s'agit de son propre reflet. Il tend la main pour toucher la surface du miroir. Il regarde attentivement sa main touchant son reflet. Il imite les mouvements du bébé en face qui l'imite aussitôt. Il aura un comportement similaire avec d'autres enfants. Il les observe et copie leurs gestes, leurs postures et leurs expressions faciales. Il le fait dans l'immédiat mais parfois, il mémorise ce qu'il a vu et le reproduit un peu plus tard : c'est une **imitation différée.** Si vous voulez voir le comportement de maman au téléphone, il vous suffit de donner à son rejeton le combiné du téléphone. Tout est reproduit à la perfection : les mouvements de la tête, la façon dont elle joue avec ses cheveux en parlant, les yeux dans le vague, la mélodie de la voix. C'est d'une grande précision ! Il s'agit bien ici d'une imitation différée.

C'est ainsi que bébé découvre d'autres façons de faire et de nouveaux jeux. Il entre dans l'apprentissage en imitant les autres.

Bébé est de sortie

Les sorties sont l'occasion pour bébé d'entrer en contact avec la société. Il se peut qu'il soit un peu « sauvage », car il n'apprécie pas du tout la grosse voix du boucher ou la façon un peu brusque de le manipuler de la concierge. Bébé prend tout « au premier degré » et interprète les réactions des autres en les comparant à son vécu. Papa a une grosse voix quand il n'est pas content. Le boucher est-il en colère ? Maman a des gestes d'une grande douceur, et la brusquerie un peu envahissante de la concierge l'inquiète.

Les premiers contacts

Il ne vous est pas toujours possible de faire des commentaires à ces personnes, mais il est tout à fait envisageable d'accompagner bébé pour qu'il s'habitue graduellement à eux. De toute manière, il va bien falloir qu'il s'habitue et qu'il apprenne à interpréter correctement les messages reçus. Mais comment faire ?

Les parents « thermomètres »

Bébé va vous utiliser comme un « thermomètre » pour déterminer comment réagir à ces brefs contacts avec des personnes inconnues. Voici quelques suggestions pour l'aider à s'adapter, à mettre en place selon votre choix.

Jouez différents rôles avec bébé afin de le familiariser avec des voix qui n'ont aucun lien avec votre façon de parler. Les doudous ou les marionnettes sont bien pratiques pour ces jeux de rôles. Vous pouvez alors y associer des comportements qui suscitent une certaine anxiété ou même la peur chez bébé.

Ciblez les éléments qui déstabilisent le plus votre bébé. Est-ce la voix grave ou trop forte ? Est-ce la voix perçante ? Ou bien est-ce plutôt la gestuelle un peu brute et les bisous forcés de la dame à la moustache ? Chahutez légèrement bébé pour qu'il apprenne à ériger une barrière entre lui et les envahisseurs. Qu'il apprenne à repousser vos élans ou ceux des voisins en les évitant d'un geste ou en détournant la tête. Il se fait ainsi clairement comprendre et il établit les limites de son territoire personnel.

Maman, j'ai peur !

J'ai aussi eu l'occasion de voir chez certains tout-petits une peur panique de certains jouets tels des ballons gonflables, des jouets télécommandés, des animaux ou véhicules qui fonctionnent à l'aide de piles. Comme l'enfant sent bien qu'il ne maîtrise rien, il prend peur et se réfugie dans les jupes de sa maman. Si l'adulte, percevant la peur de l'enfant, éloigne tout de suite l'objet et évite de le présenter à nouveau, cela ne fait que confirmer qu'il s'agit bien d'un objet à éviter.

Il vaut mieux rassurer le bambin en lui montrant que l'objet qu'il rejette est une source de jeux et suscite des rires et non des pleurs. Nul besoin de nier sa peur car elle est bien réelle. Au contraire, donnez-lui les mots simples qui lui permettent d'exprimer ses sentiments : « Tu as **peur** ! » « Tu n'aimes pas le **bruit** ! » « Le train **roule vite** ! » Accompagnez vos paroles de gestes, d'expressions du visage et d'une intonation qui illustrent bien le message. Vous acceptez sa peur tout en lui montrant par votre exemple que tout va bien.

Il en est de même avec les personnes qu'il côtoie au bac à sable par exemple. Une première réaction négative disparaît rapidement lorsque bébé vous sent serein dans les liens établis avec celles-ci. Il voit votre sourire, vous entend rire et observe les échanges avec des personnes qu'il n'a pas appréciées au premier abord.

Accompagner bébé dans ses rencontres

Si vous attendez une réaction vive de bébé et que vous tentez de l'éviter en le tenant à l'écart, en le protégeant de la vieille dame qui donne à manger aux pigeons et qui insiste pour chatouiller bébé de ses doigts crochus, votre tension est tout de suite ressentie par bébé, conforté dans son malaise. Vous seul pouvez lire les réactions de votre bébé et respecter ce qu'il ressent. Ne laissez personne le manipuler à sa guise comme un objet tout en donnant l'opportunité au petit être de rencontrer son entourage en toute sécurité.

10 questions sur le Sitting Bull

1. Depuis plusieurs mois, je tente de donner la cuillère à mon fils de 12 mois. Mais dès que j'approche de sa bouche, dès que je le touche, il a un haut-le-cœur. Il a faim, mais il ne supporte pas la cuillère placée dans sa bouche. Si j'insiste, il vomit la totalité de son repas. Je suis donc obligée de tout lui donner dans son biberon. Mon mari dit qu'il faut lui supprimer son biberon et qu'il mangera lorsqu'il aura assez faim. Est-ce que c'est la solution ?

Il est vrai que certains tout-petits s'obstinent à boire au biberon et il est alors grand temps de les encourager à passer à la cuillère. Le biberon « disparaît » durant la journée pour faire une apparition au coucher ou le matin. Mais dans le cas de votre fils, je retrouve plusieurs signes du comportement « hypernauséeux ». Il s'agit de la même réaction que vous pourriez provoquer si vous placiez votre doigt au fond de votre gorge : le haut-le-cœur est immédiat et peut être suivi de vomissements, si vous insistez. Chez votre enfant, cette réaction se déclenche dès que vous touchez ses lèvres, sa langue ou ses gencives. Il ne contrôle pas cette réaction puisqu'il s'agit d'un réflexe présent chez nous tous mais exacerbé chez certains.

Inutile d'insister avant d'avoir fait un « stage de désensibilisation » avec bébé. Le but du jeu est de l'habituer progressivement au toucher du visage, des lèvres, des gencives, de la langue et de l'intérieur des joues. Pour qu'il puisse intégrer ces nouvelles stimulations, il doit impérativement les ressentir plusieurs fois par jour. Ce phénomène est dû au fonctionnement du cerveau. Un nouveau-né possède déjà les neurones dont il a besoin, mais il lui faut créer de nouvelles connexions intersynaptiques pour faire une « mise en route » de ceux-ci. Pour établir de nouveaux « circuits » ou schèmes neuronaux, il est impératif de les stimuler **plusieurs fois par jour.** Alors, comment faire ?

Prenez l'habitude de stimuler votre enfant à des moments clés de la journée : le change, les repas, le bain... Puis massez, tapotez, « pincez » et brossez le visage, les lèvres, les gencives, la langue et l'intérieur des joues de bébé en jouant (avec des marionnettes par exemple), en chantant (voir les comptines proposées dans les deux premières parties de l'ouvrage) ou en le faisant participer à des activités quotidiennes (se laver le visage, se brosser les dents).

Comment bébé réagit-il ? Au début, ce ne sera guère facile pour lui car il n'appréciera pas vos incitations. Il vous fera vite comprendre quand il faudra arrêter. Mais à force, il finira par accepter plus facilement ces moments qui sont ludiques et qu'il passe en tête-à-tête avec vous.

N'hésitez pas à reprendre ensuite tous les conseils donnés pour la mise en place de l'alimentation à la cuillère.

2. Les premières dents de notre bébé ont percé : il n'aime pas que je les brosse. Est-ce trop tôt pour commencer le brossage des dents ?

Dès l'apparition des premières dents (plus ou moins tôt suivant l'enfant, ce qui est normal), il est important de mettre en place une bonne hygiène dentaire. L'utilisation du dentifrice n'est pas obligatoire mais il faut les nettoyer.

Cette activité est rapidement intégrée dans le quotidien du bébé et il l'accepte mieux qu'un début de brossage à un âge plus avancé.

La santé de votre enfant peut être altérée par des pathologies dentaires. Mieux vaut prévenir les caries et les problèmes de gencive que d'avoir recours dès le plus jeune âge à des soins dentaires.

Il existe aujourd'hui des outils adaptés à l'hygiène dentaire des tout-petits. Cela va du doigté en silicone pour brosser les gencives à toute une panoplie de brosses à dents premier âge. Vous n'avez que l'embarras du choix !

3. Mon bébé de 7 mois ne tient pas assis et nous sommes inquiets. Est-il en retard ?

Chaque enfant avance à son rythme et atteint les étapes du développement moteur lorsqu'il est prêt à le faire.

Néanmoins, assurez-vous qu'il a l'occasion de bouger librement et de développer ses capacités motrices durant la journée. Il se peut fort bien que chez vous, en fin de journée, il soit surtout à la recherche d'un contact privilégié avec ses parents. Vous pouvez quand même l'installer sur le sol, couché à vos côtés, sans pour autant le garder dans vos bras. De même, pendant la journée, faites en sorte qu'il passe un moment en liberté sur le sol. Il en a réellement besoin pour évoluer. Tous les professionnels s'accordent pour affirmer qu'un enfant qui en a l'opportunité parvient à la position assise à son rythme. Néanmoins, si vous n'observez aucune progression, un bilan auprès d'un kinésithérapeute ou d'un psychomotricien pourra vous rassurer.

4. Mon garçon a marché à 14 mois mais il tombe très souvent. Cela inquiète ma femme qui insiste pour lui prendre la main dès qu'il veut faire quelques pas. Est-ce une bonne idée ?

Les premiers pas se font à cet âge, mais il faut un long moment à bébé pour parfaire sa technique. Il commence généralement par se déplacer en écartant bien les jambes : il baisse ainsi son centre de gravité et cela l'aide à maintenir son équilibre. Puis bébé tente de modifier son trajet en ligne droite mais il bouge d'un bloc et ne sait pas encore dissocier le haut du corps du bas. Il doit également être très attentif, sinon la chute est inévitable.

Pour le déstabiliser encore plus, il y a aussi des surfaces irrégulières ou des marches qui apparaissent de nulle part. Les obstacles ne sont pas toujours faciles à gérer et bébé ne prévoit pas toujours ce qu'il faut faire **avant** de les heurter.

Autant de raisons de tomber à plusieurs reprises dans la journée et de se retrouver avec des bosses impressionnantes sur la tête. C'est le lot des apprentis marcheurs et, bien qu'horrifiés au départ, bon nombre de parents s'y résignent.

Se précipiter pour donner la main à bébé n'est pas la solution car alors, il s'appuie sur la main de l'adulte et ne trouve pas son propre équilibre. Il a donc besoin de faire des tentatives multiples, dans des situations variées, pour accéder à l'équilibre et à une certaine aisance dans ses déplacements. Si vous êtes affolé par les chutes, il vous est toujours possible d'acheter des protections en mousse vendues dans les boutiques de sport. Cela permet de réduire l'impact des chocs. N'oubliez pas que bébé apprend aussi à tomber sans se faire trop mal ou qu'il évalue peu à peu la difficulté de certains trajets qu'il poursuit à quatre pattes ! Il tombera à quelques reprises mais il finira par faire attention à la difficulté qui le fait chuter.

Si néanmoins bébé ne semble avoir aucun équilibre après un moment marqué d'échecs successifs, un bilan de la fonction vestibulaire est peut-être nécessaire. Parlez-en à votre médecin traitant ou à un ORL.

5. Nous n'avons toujours pas entendu les premiers mots de notre fils de 14 mois. Quand il veut quelque chose, il le montre du doigt et pousse des petits cris. S'il ne l'obtient pas dans la minute, nous avons droit à un regard noir. Les pleurs ne sont jamais très loin... Il s'énerve très vite et ne fait aucun effort pour dire les mots que nous lui demandons de répéter.

N'oubliez pas tout d'abord que les premiers mots de bébé ne seront pas toujours d'une grande clarté. C'est à force d'entendre la même combinaison de sons dans la même situation que nous comprenons soudainement son sens. Ainsi, Élisa a claironné plusieurs fois le mot « botogan » avant que sa mère ne comprenne qu'il s'agissait du toboggan du parc voisin. Alors ouvrez les oreilles en grand et faites un gros effort d'interprétation sauvage. Une bonne dose d'imagination et d'humour vous sera nécessaire pour arriver à vos fins.

Le message que vous donnez à votre bébé est important pour lui : vous l'écoutez, vous répétez son jargon et vous lui donnez un sens. Ceci lui permet de réaliser que les mots peuvent lui être **utiles**. Sinon, pourquoi se fatiguer ? Ces tyrans en herbe ont vite fait de comprendre que quelqu'un va bien finir par leur donner tout ce qu'ils demandent sans le moindre effort de leur part. Nul besoin de parler puisque tout est dû à bébé ! En revanche, s'il y a une attente de la part de l'entourage, il le percevra très rapidement et il fera des tentatives pour imiter les mouvements de la bouche et les sons qui en sortent. Mais une fois que c'est dit, c'est dit ! Pas la peine de lui faire répéter le même mot : il a obtenu ce qu'il voulait et il ne comprend vraiment pas pourquoi il le dirait à nouveau. Ils sont pleins de bon sens les bébés ! C'est pour cela qu'une orthophoniste canadienne, Ayala Manolson, raconte aux parents avec lesquels elle travaille une petite histoire qui illustre très bien ce point.

> Son fils aîné sautait sur place en montrant du doigt des gâteaux rangés en hauteur. Elle lui demanda alors : « Que veux-tu ? » et, tant bien que mal, il répondit : « paquet ». Elle prit alors le paquet, le vida et le tendit à son fils. Dépité, il reprit ses sautillements, le doigt pointé en l'air. Elle répéta sa question, et il lui répondit quelque chose qui ressemblait au mot « biscuit ». Elle lui donna six biscuits, répondant ainsi à six demandes successives. Il a compris ce jour-là l'impact des mots sur son entourage. Il a aussi appris à choisir ses mots ! Il s'est aperçu qu'il pouvait donner des ordres, exprimer ses demandes et ses refus, attirer l'attention de ses proches et faire des commentaires.

6. Nous avons pris la décision avec mon mari de ne pas changer notre mode de vie à l'arrivée de notre bébé il y a douze mois et de lui apprendre à s'adapter aux règles de la maison. Mais il fait « non » de la tête tout en commettant un acte qui lui est interdit, comme prendre les objets fragiles qu'il attrape sur la pointe des pieds. Nous passons la journée à le punir ou à le remettre dans son parc. Mais maintenant, il ne veut plus y rester et pleure à chaque fois que nous l'y enfermons. Nous ne savons plus quoi faire.

Votre approche part d'une bonne intention : habituer bébé très tôt à respecter certaines règles de base. Il est vrai que c'est important si vous voulez qu'il se comporte bien à un âge plus avancé. Mais à cet âge, bébé est bien trop impulsif pour contrôler ses envies : il sait que c'est interdit mais ne peut s'empêcher de toucher l'objet interdit en question. Que ce soient de vieilles boîtes ou votre collection de CD favoris lui importe peu : il est fasciné et passe un moment agréable à les ouvrir, sortir le contenu et à les refermer sans être parvenu à replacer le CD correctement…

D'autre part, au fur et à mesure qu'il apprend à se déplacer, des endroits qui étaient hors d'atteinte il y a peu encore sont maintenant à la portée de ses petites mains. Or, il n'est pas envisageable que bébé intègre les interdits avant un premier âge de raison. De plus, il vous est impossible de garder un œil sur lui à chaque moment de la journée. Pour couronner le tout, ayant goûté à la liberté des grands espaces, bébé refuse son parc qui est devenu une prison à ses yeux. Il ne vous reste qu'une solution : rendre son environnement sans danger et placer les objets fragiles hors de sa portée ou les mettre sous clé… en espérant qu'il n'aura pas l'idée saugrenue de garer ses voitures dans le magnétoscope ou de refaire le scénario du film en lui donnant à manger !

7. Notre fille de 12 mois continue à mettre tout ce qu'elle trouve à la bouche. Nous tentons de l'en empêcher, mais elle recommence sans cesse.

La bouche est une zone extrêmement sensible et celle qui est la première à donner des informations sensorielles au fœtus dès les quatre mois de gestation. Nous avons vu que porter un objet à la bouche est un mode de découverte efficace pour le bébé. Mais peu à peu, il commence à favoriser d'autres informations (visuelles, auditives, etc.).

Or certains enfants continuent à privilégier le stade oral plus longtemps que d'autres. J'ai donc émis l'hypothèse que ces enfants cherchaient ainsi à se stimuler et qu'ils n'avaient pas d'autres moyens de le faire. Je leur ai donc proposé une stimulation de la sphère buccale, ou de la bouche, assez importante pour les satisfaire. Paradoxalement, ils ont abandonné cette habitude et ont commencé à stimuler d'autres moyens tactiles. J'ai tout simplement conseillé aux parents de faire plusieurs séances de brossage par jour, non seulement des dents mais des lèvres, des bordures de la langue et de l'intérieur des joues.

Certains enfants ont même découvert l'utilisation d'une brosse à dents dite « électrique » dont ils ont apprécié les vibrations.

8. Mon petit garçon ne réagit pas toujours lorsque je l'appelle. Je me demande s'il entend bien. J'ai essayé de vérifier par moi-même en tapant dans mes mains derrière son dos, mais il ne réagit pas systématiquement.

Il est en effet très difficile de savoir si un petit de cet âge entend bien. Il en va de même pour les professionnels qui font plusieurs examens, non pas pour déterminer si l'enfant entend mais **ce qu'il entend.**

Nous réagissons à des sons de **fréquences** différentes (des sons aigus à graves) et **plus ou moins forts**. Le professionnel tente donc de déterminer les fréquences (graduées en hertz de 500 à 6 000) que l'enfant perçoit et le volume du son perçu (gradué en décibels de 0 à 110) à l'aide d'un **audiogramme**. Ce qui explique qu'un enfant réagisse à certains sons et pas à d'autres. Mais un autre élément intervient : le tout-petit a-t-il envie de se tourner vers le son alors qu'il n'en voit pas l'intérêt ? C'est la difficulté posée aux parents mais aussi aux professionnels. Il est alors nécessaire de faire plusieurs bilans auditifs.

Pour rendre les choses encore plus difficiles, certains problèmes d'audition sont liés à des otites séreuses qui ne sont signalées par aucune fièvre ou signe de douleur. Pas moyen pour les parents de savoir que leur tout-petit a une perte de 20 ou 30 db, qu'il n'entend pas la voix chuchotée ou la voix parlée dans un bruit ambiant. Une fois le problème résolu, l'audition redevient normale... pour un temps. Dès qu'une autre infection montre le bout de son nez, le cycle recommence. C'est pour cela que j'ai appris à accorder une attention toute particulière aux dires et aux observations des parents.

En réponse à vos inquiétudes, je vous incite donc à consulter un médecin ORL et à établir un bilan complet de l'audition de votre fils. Ce genre d'examen peut être effectué quel que soit son âge.

9. Notre bébé de 9 mois a un retard psychomoteur. Il ne peut pas faire les mêmes choses que les bébés de son âge. Il n'a pas encore d'orthophoniste mais il est suivi dans un centre. Que pouvons-nous faire pour l'aider ?

Sachez tout d'abord qu'il n'y a pas d'âge minimal à la prise en charge orthophonique. Que ce soit dans un cabinet libéral ou dans un centre, la Sécurité sociale rembourse les soins pour les tout-petits.

Dans le diagnostic que vous mentionnez, il y a le terme « retard ». En effet, votre bébé va suivre les mêmes étapes de développement que les autres bébés, mais avec un temps de retard. Les activités proposées dans cet ouvrage sont donc tout à fait adaptées à votre enfant. Ne vous attachez donc pas à l'âge associé à ces activités mais plutôt au niveau de votre tout-petit dans différents domaines (voir les grilles de développement en annexe). Ainsi, s'il commence à s'intéresser à la position assise, vous pouvez l'encourager en vous inspirant des idées exposées dans ce livre et qui s'approchent de votre façon de faire. Votre bébé vous fera comprendre à sa manière si cela **lui** convient ! N'hésitez pas néanmoins, au bout de quelques semaines, à lui proposer ce même jeu auquel il n'avait pas prêté attention auparavant. Vous serez surpris du changement qui s'opère en peu de temps. De plus, si vous ajoutez une touche personnelle, un grain de folie ou d'humour bien à vous, bébé se prendra au jeu plus rapidement.

10. Un examen de dépistage a été fait alors que notre bébé avait 2 jours. Les spécialistes avaient un doute sur son audition mais nous ne savons pas encore ce qu'elle peut ou ne peut pas entendre. Cette incertitude est difficile à vivre pour nous : faut-il lui parler si elle n'entend pas ? Y a-t-il quelque chose à faire à 7 mois ?

La période que vous vivez est en effet stressante. Les spécialistes ne peuvent encore vous confirmer avec exactitude l'étendue du problème mais vous souhaitez prendre une décision : qui seront les professionnels qui vous accompagneront auprès de votre fille ? Quels outils sont les mieux adaptés à ses besoins ? Comment allez-vous l'encourager à se développer ?

Chaque spécialiste, chaque centre, chaque hôpital vous clamera qu'il détient la réponse, la seule réponse appropriée à votre bébé. Or, c'est à vous de déterminer ce qui convient à une enfant qui, comme n'importe quel autre enfant, a besoin de comprendre, de s'exprimer, de jouer, de faire des apprentissages et de tisser des liens avec son entourage.

Pour y parvenir, votre bébé a besoin d'un mode de communication à sa portée, dans l'immédiat et non pas après la mise en place d'un appareil auditif qui, même s'il est très perfectionné, ne lui permettra d'entendre et d'avoir accès à la parole que vers l'âge de 2 ou 3 ans, dans le meilleur des cas.

Dans sa première année, comme nous l'avons vu, bébé s'exprime de façon gestuelle et corporelle. En retour, nous faisons de même et nous accompagnons nos mots de mimiques, de grimaces, de gestes de la main, en montrant du doigt. Et cela correspond tout à fait à ce que votre bébé découvre à 7 mois. N'hésitez pas à « en faire trop ». Utilisez la voix comme pour un autre bébé car, qui sait, peut-être perçoit-elle certaines fréquences ? Vous ne le saurez que plus tard, après plusieurs examens. Ne perdez jamais courage.

LE CRAPAHUTEUR DE 14 À 24 MOIS

C'est la période durant laquelle nous assistons à une véritable explosion du langage. Bébé a été très concentré sur l'apprentissage de la marche jusqu'à présent et il réagit comme si, étant débarrassé de cette tâche monumentale, il peut se fixer sur l'articulation de ses premières syllabes. Et la progression dans ce domaine est fulgurante. Bébé baragouine quelques mots isolés à 14 mois et à l'âge de 2 ans, il élabore déjà de petites phrases à l'aide de deux ou trois mots qu'il associe pour transmettre un message clair, facilement compris pas son entourage.

Ainsi, il combine les trois mots suivants en leur donnant un sens différent à chaque fois :

— « Papa voiture parti. » > « Regarde papa : la voiture est partie ! »

— « Parti papa voiture. » > « Papa est parti en voiture. »

— « Papa parti voiture. » > « Je veux partir en voiture avec papa. »

— « Papa voiture parti ! » > « Mais papa, fais quelque chose : la voiture est tombée dans le caniveau ! »

— « Voiture parti papa ? » > « Où est partie la voiture, papa ? » ; « Pourquoi ne la trouves-tu pas ? »

— « Papa voiture parti ! » > « Envoie-moi la voiture, papa ! »

— « Papa voiture parti » > « Papa, j'ai perdu ma voiture ! »

Mais ceci n'est que la face visible du langage car, bien cachées sous la surface, des capacités primordiales se développent. Votre petit déménageur qui semble être constamment en mouvement et qui s'intéresse à tout ce qui lui est interdit fait des apprentissages qui lui permettent de comprendre (le shampooing va « sur » la tête et non pas « dans » la bouche) ; il fait aussi des liens (quand je tire sur cette prise... l'ordinateur s'éteint et papa crie) ; il suit des consignes simples (« Va chercher ton doudou. ») mais aussi des ordres plus complexes (« Où sont les clés de maman ? ») ; il continue ses recherches scientifiques (la montre de papa ne flotte pas dans les toilettes, mais le porte-monnaie de maman fait des bulles quand il coule et c'est rigolo !).

Bébé devient plus autonome et il se sépare de maman tout en gardant un œil sur elle. Il n'est pas toujours d'accord et il commence à dire « non ». Il veut faire « tout seul ».

À 2 ans, ce n'est plus un bébé mais un membre de la famille avec ses goûts, ses désirs et sa propre personnalité. Il cherche les limites des interdits fixés par papa et maman.

Certains moments sont houleux : le petit ange veut **la** chaise sur laquelle vous êtes assis et il accepte difficilement que vous refusiez de la lui laisser. Il a d'ailleurs bien du mal à gérer toutes sortes de frustrations et, en l'espace d'un instant, il se transforme en créature hurlante, au visage écarlate, qui se jette par terre à grand renfort de cris et de larmes.

Que la vie est dure ! Il serait tellement plus facile de lui céder. Après tout, ce n'est qu'une chaise et vous seriez tout aussi bien sur une autre... Mais est-ce une bonne idée de donner au petit dernier l'idée que tout lui est dû et que sa famille est à son entière disposition ? S'il ne le fait pas maintenant, comment apprendra-t-il à gérer la frustration ? Il est vrai que nous n'avons guère envie de passer les rares moments partagés avec nos enfants à poser des interdits et à livrer constamment bataille pour des broutilles. Peut-être faut-il alors choisir les sujets qui fâchent, car certains en valent vraiment la peine alors que d'autres peuvent être éludés. Ainsi, la couleur du bonnet importe peu alors que le port du bonnet n'est pas négociable. Tant pis si le couvre-chef choisi par Junior n'est pas assorti à son manteau ! Tant pis s'il est vieux jeu, du moment qu'il protège sa petite tête et ses oreilles !

À cette époque de son évolution, vous êtes les idoles de votre enfant. Il veut s'habiller comme vous, il reproduit vos actes dans ses jeux, il imite tout ce que vous lui dites et il vous écoute avec une grande concentration. Vous êtes son mode d'emploi. Il vous suit dans vos tâches et insiste pour bêcher à vos côtés, avec sa pelle miniature. C'est l'occasion de passer des moments en tête-à-tête avant d'être détrôné par la « maîkresse » (et oui, la maîtresse a toujours raison...) et plus tard par ses idoles ou les stars de la télé-réalité.

Votre enfant va donc alterner entre le désir de vous faire plaisir et celui de vous faire grimper aux rideaux. Vous avez droit à un gros câlin et, quelques minutes plus tard, c'est la grosse colère sans préavis. Il n'est pas toujours facile de s'adapter à de tels revirements, d'autant plus que votre petit bonhomme comprend vite qu'il ne s'en sort pas trop mal quand il a un public, devant les invités ou avec ses grands-parents.

Bébé découvre sa garde-robe

Bébé se déshabille

Comme c'est le cas pour beaucoup d'apprentissages, ce que bébé veut **faire**, il doit apprendre à le **défaire**. Il commence donc par se déshabiller à sa mode. Il connaît déjà la musique car ça fait plusieurs mois qu'il s'évertue à retirer ses chaussures (ou plutôt **une** chaussure) pendant les trajets en voiture ou dans sa poussette. Le déshabillage en voiture ne pose pas trop de problèmes car vous avez toujours la possibilité de récupérer les vêtements ôtés en vous pliant en quatre. À l'extérieur du véhicule, c'est plus difficile ; il faut retrouver les vêtements comme pour le Petit Poucet. La chaussure abandonnée au supermarché trône probablement sur le tiroir-caisse de la caissière.

Donc, encouragez votre petit à retirer, à défaire, à ôter, à tirer, à pousser, à baisser, etc. Pour atteindre son but, bébé doit coordonner ses mouvements, doser la force utilisée et travailler avec les deux mains. Il vous faut donc l'aider sans pour autant tout faire à sa place. Démarrez le geste et laissez bébé le terminer. Ainsi, descendez la chaussette jusqu'à la plante des pieds, puis encouragez-le à tirer. C'est l'occasion pour lui de découvrir la façon de se dénuder mais aussi de ressentir avec son corps le sens de chaque mot d'action que vous utilisez : « Tire fort ! », « Lève les bras ! », « Sors ton pied ! » Il entend également le nom des parties de son corps qui apparaissent peu à peu (« Mais où est ta jambe ? – Ah ! La voilà ! »). Enlevez une chaussette et laissez-le se dépatouiller avec la seconde. Sortez un bras de la manche, il doit sortir le deuxième. Peut-être n'a-t-il pas trop envie de participer ? Il préfère se laisser faire en attendant que cette nouvelle marotte vous passe. Incitez-le à participer de façon plus active en l'encourageant à chercher ce qui se cache dans la chaussette, en vous arrêtant alors que vous lui enlevez son pull, en criant : « Au secours ! À l'aide ! Je ne vois plus la tête de mon petit garçon ! » Trompez-vous « accidentellement » et replacez la chaussette enlevée sur une de ses mains. Mettez-le dans une situation difficile pour qu'il s'amuse à s'en dépêtrer tout seul.

Il enregistre peu à peu un nouveau vocabulaire, à force d'entendre les mêmes mots et apprend à nommer ses vêtements. Prenez garde aux termes que vous utilisez car ce seront bien ceux-là qu'il mémorisera et qui appartiendront à son vocabulaire de base. Ainsi, si vous lui dites : « Attention, le petit oiseau va sortir » dès qu'il baisse sa culotte, cela va engendrer quelques petits soucis de compréhension à l'extérieur de la maison, comme à la crèche par exemple, lorsqu'il fera le même geste ! Résistez également à la tentation d'imiter les défauts de prononciation de bébé quand il tente ses premiers mots. Un **pyjama** ne sera jamais un **jyjama**, et ce n'est qu'en confrontant son essai à la réalité que votre apprenti peut rectifier le tir. Il a besoin d'entendre les mots correctement prononcés pour les intégrer. Cette période perdure plusieurs mois durant lesquels vous lui rabâchez systématiquement le même vocabulaire.

D'autre part, étant donné que vous allez lui présenter ces mots dans des contextes divers, il apprendra peu à peu que le mot « pyjama » s'applique aussi au tissu mouillé que maman sort du lave-linge, au nouveau pyjama de grand que sa marraine lui a offert, au pyjama de Pingu dans son livre favori et au pyjama du personnage Oui-Oui qu'il voit parfois sur l'écran de la télévision.

Et il s'habille

Après quelques frayeurs causées par la vue de votre enfant nu comme un ver au milieu du jardin, vous pouvez considérer qu'il est prêt pour la seconde étape, celle de l'habillage. Cela se complique un peu, car il s'agit d'une tâche plus complexe qui ne semble guère le motiver. S'habiller ? Mais pour quoi faire ? Pour sortir ! Mais on est très bien en pyjama à la maison ou tout nu dans le jardin !

L'habillage se fait principalement le matin au réveil ou après la sieste, moments guère propices à l'effort. Procédez donc par étapes et déléguez à bébé de petites responsabilités alors que vous, vous assumez le reste. Il monte ses chaussettes que vous glissez sur les orteils ; il monte le pantalon une fois les jambes en place ; il lève les bras pour mettre son pull et vous passez la tête et les bras. Il tire son pull pour couvrir son ventre. Bien sûr, c'est difficile au début mais il apprendra très vite la routine.

Inutile de demander à bébé de fournir un effort alors que vous devez quitter la maison à la vitesse maximale dans les minutes qui viennent. Si vous n'êtes pas disponible, vos tentatives seront vouées à l'échec. Mieux vaut choisir un jour où vous avez le temps de l'habiller à son rythme. Je vous conseille le week-end pour ce genre d'apprentissages. Pas d'impératifs horaires en vue.

Organisez-vous pour éviter les égarements de dernière minute. Choisissez avec l'enfant ce qu'il va mettre le lendemain en fonction du temps prévu et de l'activité envisagée. En général, les parents font ce choix, mais il me paraît judicieux de laisser à l'enfant qui le demande la possibilité de sélectionner ses vêtements. Lui donner l'occasion de prendre certaines initiatives répond au besoin d'autonomie qui émerge dès sa deuxième année de vie. Cela ne l'empêchera peut-être pas de changer d'avis au jour J, mais cela réduira les accrocs quasi journaliers dans certaines familles.

Bien sûr, vous pouvez toujours envisager de vous y prendre plus tôt pour démarrer cette séance d'habillage, mais cela n'est pas l'option choisie par de nombreuses familles qui voient avec effroi leur nuit de sommeil raccourcie d'un bon quart d'heure. Si cela ne vous trouble pas, vous avez là le moyen de gérer la cavalcade du matin avec sérénité. Ces quinze minutes supplémentaires vous rendent disponible à votre enfant.

À part le fait que cette activité de la vie quotidienne partagée avec le petit bout de chou enrichit son **vocabulaire**, il entre déjà dans une routine qui encourage **l'autonomie**. Pourquoi ne pas attendre qu'il soit plus grand ? Tout simplement parce que, très vite, bébé s'installe dans un processus de dysautonomie : **vous faites** et **il se laisse faire**. Même si bébé participe activement lorsqu'il met son manteau à la crèche, dès que vous êtes là, il ne lève pas le petit doigt. Il m'est arrivé d'interrompre le geste d'un parent qui habillait son enfant de 4 ans alors que celle-ci était parfaitement capable d'être autonome. « C'est plus facile », me dit-elle. Oui, c'est vrai. Mais quel est le message transmis à cet enfant ? Tu es grande mais je t'aide quand même... À long terme, c'est une forme de dépendance que nous créons sans nous en rendre compte alors que notre rôle est d'encourager l'indépendance. Ceci est d'autant plus vrai quand votre enfant a des difficultés et présente un retard de développement dans un domaine particulier. C'est encore plus difficile pour lui et nous souffrons en silence de le voir tirer sur sa chaussette qui reste irrémédiablement coincée entre ses orteils. Un simple geste de notre part le décoince et l'encourage à continuer. Et la fierté qu'il ressent rayonnera sur son visage lorsqu'il y parviendra !

Au bain !

Bébé refuse de se laver

Le bain demeure un moment très apprécié par bébé. À l'approche de ses 2 ans, il risque néanmoins de refuser d'y aller tout simplement parce qu'il ne veut pas quitter son jeu. Et bien sûr, une fois dans la baignoire... il ne veut plus en sortir. Rien n'y fait : il répond par des cris à vos menaces. Plus vous insistez, plus il se bute. Et ça se termine par un enfant transformé en ver de terre placé *manu militari* dans le bain par papa appelé à la rescousse.

À cet âge, l'enfant ne maîtrise pas le langage utile et nécessaire pour comprendre vos arguments. Il ne connaît pas encore le sens de « maintenant », « après », « il est tard », « si tu n'es pas gentil... ». Il ne peut se projeter dans le futur et s'imaginer jouant dans son bain. Il est encore très ancré dans le présent et l'activité en cours. Il ne s'agit probablement pas d'un refus de se laver mais d'une difficulté à quitter ce qui l'intéresse à ce moment précis. Il vous faut donc l'aider à partir pour s'impliquer dans ce que vous voulez qu'il fasse.

Vous pouvez marquer la fin d'une activité et lui donner un moment pour s'y habituer en établissant un signal clair et précis. Par exemple, instaurez l'utilisation d'un minuteur que l'enfant peut voir et entendre. Au bout de cinq minutes, la sonnerie résonne et marque clairement la fin du jeu et le départ pour la salle de bains. Donnez à votre enfant des consignes très simples, à sa portée. « Quand tu entends la sonnerie, au bain ! »

Donner un choix à l'enfant l'aide à anticiper la prochaine activité. Demandez-lui de sélectionner les jouets qu'il veut prendre avec lui et encouragez-le à aller les chercher. Si cela est possible, laissez-le choisir un des jouets présents pour faire le lien ou proposez-lui des jouets similaires qui ne craignent pas l'eau.

Les photos que vous avez prises (voir le chapitre précédent) sont bien utiles pour aider l'enfant à comprendre l'enchaînement des événements : « D'abord tu te laves, après, tu manges et après, papa sera là ! » Sans le support des photos, le tout-petit n'a pas la compréhension de ces propos. Peu à peu, il intègre les routines familières et est mieux à même de les accepter.

Vos consignes et les événements du quotidien sont bien illustrés dans des petites histoires très simples qui reprennent la vie des tout-petits. Profitez de votre bibliothèque municipale ou faites l'achat d'un livre qui plaît tout particulièrement à votre bébé. Ceux-ci s'attachent à différents personnages qu'ils imitent alors avec plaisir. Que ce soit un ours, un pingouin, ou un petit personnage, cela n'a pas d'importance du moment qu'il vous plaît à tous deux.

Nous avons vu que l'enfant entre peu à peu dans le **jeu symbolique** durant lequel il reproduit les actions du quotidien. Il commence par faire sur lui-même (il se brosse les cheveux) ; puis il fait sur l'autre (il brosse les cheveux de maman) ; et enfin, il le fait à son nounours ou à un autre jouet qui tient lieu d'une personne. Très vite, son jeu s'enrichit et il reprend des éléments plus variés du quotidien : la dînette apparaît et les animaux de la ferme sont « mis au lit ».

Nul besoin de jouets élaborés pour faire semblant avec lui : une boîte à chaussures devient le bain de nounours et nous pouvons aisément imaginer la scène suivante entre Gilles et Noé, âgé de 20 mois...

Gilles remplit la « baignoire » à grand renfort de bruitages. Noé ne s'intéresse guère à son père assis à côté de lui. Puis Gilles fait mine de déshabiller le nounours « tout sale ». Il s'exclame sur la boue de chaque vêtement : « Oh, la, la ! Un pantalon sale ! Oh les chaussettes sales ! Enlève ton pull sale ! » Noé jette un œil étonné à son père, mais il continue son jeu tout seul. C'est lorsque le nounours se plaint de l'eau trop chaude qu'il esquisse un petit sourire et quand son papa lui demande de l'aide, Noé fait semblant de rajouter de l'eau dans le bain et reproduit le bruit de l'eau qui coule du

robinet. Il regarde son papa « laver » le nounours et éclate de rire quand celui-ci pleurniche avec une voix de fausset : « Non ! Pas feveux ! Veux pas ! » Il entre alors dans ce nouveau scénario que son papa lui joue et il peut alors imaginer des solutions pour un problème qu'il connaît bien, car lui non plus n'aime pas se faire laver les cheveux.

Ce type de jeu donne l'occasion au tout-petit de voir la situation avec du recul. Quand il joue, tout est permis et il peut ainsi s'exprimer librement. La façon dont l'enfant joue nous donne aussi des indices précieux sur sa vision de différents événements. Par exemple, durant le jeu du bain de nounours, Noé a répété à plusieurs reprises « attend ». Cela veut-il dire qu'il lui faut du temps et beaucoup de patience de la part du parent lors du shampooing ?

Les comptines que nous avons vues dans la partie précédente sont toujours appréciées par les enfants de 14 à 24 mois. Vous pouvez y ajouter les standards, tel *Bateau sur l' eau* ou détourner les paroles de *Savez-vous planter les choux ?* pour que cela devienne *Savez-vous laver les cheveux ?*. Rien ne vaut une petite chansonnette pour redonner de l'entrain au fiston fatigué d'une longue journée... !

Bébé à la mer !

Peu à peu, bébé va élaborer des jeux symboliques dans le milieu aquatique et nous voyons apparaître des poissons, des bateaux et divers monstres marins. Il n'abandonne pas pour autant les recherches qu'il a initiées au stade précédent. Voici quelques activités qui, associées à des mots simples, permettent au jeune enfant de découvrir un nouveau vocabulaire de base pour dénommer les objets et les actions du quotidien. De plus, il engrange des informations qui rendent possible l'acquisition des concepts de base liés à l'espace (dans, sur), au nombre (juste un, tous), aux couleurs (bleu, rouge) et à la taille (grand, petit).

Ceux-ci ne sont acquis que plus tard, mais le tout-petit a besoin de les vivre littéralement avant de les comprendre et de les intégrer.

Proposez des jouets qui facilitent l'accès au jeu symbolique : le bain devient alors la mer, la piscine... ou le bain de la poupée. Enrichissez les scénarios en ajoutant une suite à l'histoire du bateau qui coule. Puis laissez-lui le temps d'assimiler le nouvel élément à sa façon en le reproduisant sous toutes ses formes. Tout sombre alors au fond de l'eau : le gant de toilette, le petit personnage, le requin et, bien sûr, le savon...

Élargissez ensuite l'univers du bain et créez un monde nouveau avec lui en faisant un lien avec ses expériences vécues. S'il est allé voir les animaux de la ferme, ceux-ci font leur apparition pour brouter l'herbe sur le rebord de la baignoire. S'il est passionné de voitures et de véhicules en tout genre, dessinez des pistes d'atterrissage ou des routes à l'aide d'un savon prévu à cet effet. Un simple jet d'eau efface toutes les traces laissées sur les parois. Ce même savon décore les jouets, les parois du bain mais aussi les mains de maman ou son visage ! Elle devient alors un chat ou une petite souris... ou le monstre de la baignoire ! Des dialogues pré-établis voient le jour entre le personnage et l'enfant. C'est alors l'occasion d'apprendre les petites phrases qui font partie des échanges sociaux. L'enfant découvre aussi des moyens plus adaptés de refuser, d'interdire. Au lieu de crier et de se réfugier au fond de la baignoire, votre petite fille qui ne veut pas voir le « monstre » apprend à brandir son index et à dire « va-t'en ! », « arrête ! », « touche pas ! ». Elle réalise alors l'impact de ses paroles car le monstre disparaît. C'est une découverte de taille pour un enfant qui entre dans le langage : une fois qu'il s'aperçoit des avantages obtenus grâce à la parole, il développe une motivation **intrinsèque** pour cet apprentissage. Ainsi, il dépend bien moins du désir de son entourage et bien plus de son propre désir de donner un sens, de contrôler, d'échanger. Cette nouvelle expérience sera le moteur d'une véritable explosion du langage. Dans un premier temps, le tout-petit répète pour faire plaisir à l'adulte. Rapidement, il cherche les mots pour demander, refuser, commenter, ordonner. Comme le décrit Donald W. Winnicott, 18 mois est l'âge du début de l'indépendance par rapport à la mère et le langage accompagne cette démarche avec l'apparition du « non » ainsi que toutes les formes de refus.

J'ouvre ici une parenthèse pour souligner l'impact de ces premiers mots auxquels nous ne prêtons pas toujours beaucoup d'attention. À cette période, et plus particulièrement entre 18 et 24 mois, l'enfant qui n'a pas de langage à sa disposition se démarque de façon presque violente, ce qui devient vite une source de frustration pour lui et pour sa famille. Par exemple, l'enfant sourd a besoin d'un mode de communication gestuel élaboré – la langue des signes – dès son plus jeune âge car son comportement risque de se détériorer peu à peu s'il n'a pas les moyens de **comprendre** son environnement, les moyens de **communiquer** et les moyens d'élaborer sa pensée. Contrairement à ce que la plupart d'entre nous imaginent, la langue des signes française ne va en rien inhiber l'apprentissage éventuel de la parole. Bien au contraire, l'enfant qui communique déjà à l'aide d'une première langue (il lui faut une langue à part entière) fera plus aisément l'apprentissage d'une deuxième langue. Le langage ainsi acquis permet les premiers liens avec les proches et les apprentissages sur lesquels se construisent plus tard les apprentissages scolaires. Il en est de même pour tous les petits qui n'ont pas accès à la parole « vocale » à cet âge. Il existe différents systèmes de communication à leur disposition. Certains sont basés sur des pictogrammes (Bliss Symbolics), d'autres sur des gestes associés à des pictogrammes (le Makaton) et d'autres encore sur des échanges de pictogrammes (Picture Exchange Communication System). Cela peut vous paraître complexe mais il s'agit d'accompagner les mots d'éléments qui sont à la portée de tout enfant, quelles que soient ses difficultés. Je demeure persuadée, après en avoir fait l'expérience à maintes reprises, que le tout-petit qui démarre avec un système de communication gestuel ou visuel a plus de chances d'accéder à la parole. Il est entendu que cette approche n'est utilisée qu'après un bilan complet de l'enfant et avec l'accord et la participation active des parents. Cette participation active de l'entourage immédiat de l'enfant est primordiale. Où qu'il soit, le tout-petit a accès à un mode de communication.

Ce que je vous décris pour le jeune sourd est également vrai pour d'autres problématiques tels l'autisme, la cécité, le retard mental et bien d'autres problèmes présents chez nos tout-petits. Les parents sont parfois bombardés de consignes et d'ultimatums alors qu'ils viennent juste de pénétrer dans un monde qui leur est totalement inconnu. Ils ne connaissent ni les tenants ni les aboutissants, ni les termes utilisés, ni le trajet prévu pour leur enfant, ni les démarches à suivre. Dans tous ces domaines, ils reçoivent des informations totalement opposées et il leur faut donner un sens à tout ce fatras sans perdre de vue le bien-être de leur enfant. Je vous conseille donc vivement de vous renseigner et de prendre vos décisions sans suivre aveuglément la route qui a été tracée pour vous par tel ou tel spécialiste. Prenez le temps de rencontrer les équipes, de voir ce qu'elles vous proposent et de leur faire part de votre questionnement.

En attendant, lors de vos échanges avec votre tout-petit, veillez à lui donner le plus d'informations possible à l'aide de mots simples accompagnés de gestes, de mimes et de photos. Vous ne pouvez guère vous tromper et votre bambin vous indiquera clairement ce qui l'aide le plus dans votre façon de faire : il vous observe avec attention, il regarde les photos et fait un choix entre la compote et le yaourt en en fixant une en particulier, il tente d'imiter vos gestes de façon rudimentaire.

Sachant que 10 % des enfants « normaux » présentent des problèmes de communication, ces premiers échanges verbaux sont d'une grande importance et même si votre enfant est programmé pour acquérir le langage et la parole, certains ont besoin d'un petit coup de pouce pour bien démarrer ou pour repartir après un arrêt momentané à la suite d'une hospitalisation, d'une maladie ou d'une quelconque difficulté. Fin de parenthèse...

Le laboratoire de physique de bébé

Votre bambin continue ses transvasements, ses tentatives pour faire flotter ou couler des objets variés, pour faire rentrer et sortir d'autres objets. Mais aux environs de 18 mois, un changement s'opère. Jusqu'à présent, bébé s'est évertué à faire ses manipulations de façon répétitive, jusqu'à ce qu'il parvienne à son but. Comme l'indique **Piaget**, le tout-petit entre ensuite dans une phase dite phase de la **représentation**. Au lieu de faire plusieurs essais, notre explorateur commence par observer, puis il y a un temps de réflexion avant d'agir. Il imagine donc ce qu'il doit faire pour arriver à ses fins. Ainsi, si vous placez un jouet dans un petit pot de confiture (vide, bien sûr), au lieu de tirer sur le couvercle, de tenter de le soulever, de vous le tendre pour que vous trouviez une solution, il l'observe et se mobilise pour dévisser le couvercle afin d'obtenir l'objet convoité.

Il s'intéresse alors à ce type de « challenge » et tente de réinventer les chutes du Niagara dans la baignoire. Il superpose différents ustensiles et vous êtes mis à contribution. Il ne se lasse pas de voir l'eau s'écouler librement ou au compte-gouttes d'un récipient sur l'autre. Il essayera toutes les combinaisons, inlassablement.

Il tiendra aussi compte des changements que vous apporterez, si vous insistez un peu pour avoir une place dans ce jeu. En effet, il est tout à son activité et le partage ne lui vient pas facilement. Il tolère votre présence à ses côtés mais n'accepte pas toujours votre ingérence. Il veut faire selon son idée et la vôtre est systématiquement rejetée. Il est vrai qu'il a besoin d'un moment à lui pour élaborer ses propres projets. Mais il a aussi besoin d'apprendre à **laisser une place à l'autre**, que ce soit dans le jeu ou durant une conversation. **Le tour de rôle**, faire ou dire chacun à son tour, prend ses racines dans le jeu. Certains petits monopolisent l'activité et interdisent aux parents d'intervenir. Petit à petit, les parents prennent un rôle passif d'« **observateur** » ou de « **commentateur** » (« Regarde comme ça coule vite ! »). Mais pas touche ! Si vous insistez, le chérubin s'énerve ou abandonne tout simplement l'activité et vous plante là. Ce n'est guère réjouissant.

D'autres enfants sont bien contents de laisser faire papa ou maman ; ils assistent passivement à l'action. Pour obtenir une réaction de leur fiston, pour le faire « jouer », les parents jouent les « **comiques** ». Leur enfant les observe s'affubler de couvre-chefs ridicules, les écoute produire des rugissements sauvages, et parade en chef sur le dos de l'adulte devenu une monture docile. Cet enfant-là demeure passif et les parents remplissent le vide sonore en répondant aux questions qu'ils posent : « Il est beau papa ? Oh oui il est beau avec son chapeau ! Oh ! Il est tombé ! Où est le chapeau ? Le voilà ! » Vous viendrait-il à l'idée de donner une feuille déjà crayonnée à votre enfant pour qu'il dessine dessus ? Non ! Il en est de même pour l'espace sonore. Si vous déversez un flot constant de paroles dans les oreilles de votre enfant, comment voulez-vous qu'il intervienne ? Plus facile à dire qu'à faire, me direz-vous. J'en ai moi-même fait l'expérience lors d'une première séance d'orthophonie pendant mes études. Je travaillais alors avec un jeune garçon tandis qu'un de mes professeurs m'observait derrière une vitre sans tain. Devant le silence résolu de mon jeune patient, je n'ai cessé de parler à bâtons rompus et la leçon a été cuisante ! L'évaluation de mon professeur s'est réduite à une seule phrase : « Apprends à te taire et ton patient parlera... »

Il vous faut donc trouver un juste milieu entre le déluge de mots et le silence total. Il en est de même pour votre participation : agir tout en laissant une place pour les initiatives du petit, qui est bien plus lent que vous. Si vous l'observez soigneusement, vous voyez les rouages qui se mettent en route et comment son idée mûrit dans ses yeux. Donc il vaut mieux attendre et n'intervenir que de façon ponctuelle ou lorsque c'est votre tour, en rythmant vos interventions de « à moi », « à toi ».

Les premières règles d'hygiène

Cette période, au début du désir d'autonomie de votre enfant, est également celle durant laquelle s'instaurent des règles de base liées à l'hygiène. Le tout-petit est ravi de jouer avec l'eau pour se laver les mains, ou de faire ses premières tentatives pour se brosser les dents. Il est entendu que l'adulte doit ensuite s'assurer que le travail est bien fait. Ainsi, ce n'est que dans quelques années que l'enfant aura l'autonomie nécessaire pour effectuer un brossage vraiment efficace. Donc le tour de rôle s'installe : tu commences et je continue ; tu savonnes et je nettoie les ongles.

À ce niveau, les Canadiens suivent les règles avec rigueur. Très tôt, les enfants s'impliquent dans une routine familiale et les habitudes acquises dans leur jeunesse perdurent jusqu'à l'âge adulte.

Les repas de bébé

La deuxième année de votre enfant est également marquée par de nombreux changements sur le plan alimentaire. Bébé qui mangeait de tout prend un air dégoûté à la vue de certains plats. Ou bien il est tellement occupé à jouer qu'il faut le distraire pour qu'il accepte d'ouvrir la bouche, piste d'atterrissage de la cuillère qui vrombit comme un avion. Sinon, il refuse de s'asseoir et s'ensuit une cavalcade à travers toute la maison. L'adulte poursuit l'enfant, la cuillère et l'assiette à la main en attendant l'occasion d'enfourner une bouchée. Une variante de ce scénario : lorsque le bambin fait des va-et-vient entre la table où est installée la famille et le jeu qu'il ne peut **absolument pas** quitter. Assis sur sa chaise en début de repas, il est comme Zébulon et il ne cesse de bouger. Dans sa chaise haute, il devient Houdini et vous le retrouvez inextricablement coincé.

Mais pourquoi donc cet enfant qui se dépense sans relâche toute la journée crée un tel chambardement aux moments des repas ? Il a bien compris, le finaud, que la quantité qu'il ingère est soigneusement surveillée par les adultes présents. Pour lui, c'est le moment idéal pour vous faire littéralement tourner en bourrique ! Vous êtes prêt à faire n'importe quoi pour qu'il avale une bouchée de plus et il ne fait que vérifier jusqu'où vous irez. D'ailleurs, il ne se comporte pas du tout de la même manière chez la nourrice ou à la crèche.

Clarisse, une petite fille sourde, fait son entrée à la crèche. Elle est petite pour son âge, semble frêle et tombe souvent malade. Mais cette fragilité est bien trompeuse, car sous cette apparence se cache un petit bout déterminé qui mène tout le monde à la baguette. Elle s'intègre rapidement dans ce nouvel environnement. Elle prend très vite les choses en main et devient un élément moteur du petit groupe qu'elle connaît bien. Elle participe aux jeux et prend des initiatives que les autres enfants ont vite fait de suivre.

L'inquiétude principale de sa maman est centrée sur son alimentation. À la maison, elle ne reste jamais assise à table et cela se termine toujours par des pleurs et une poussée d'adrénaline importante chez les parents. Elle a donc peur que sa petite Clarisse ne se conduise de façon similaire à la crèche et qu'elle ne mange pas son repas. Le personnel de la crèche saura-t-il la convaincre de s'alimenter ?

Je m'arrange donc pour faire ma visite à la crèche au moment du repas, ce qui rassure un peu la maman. Mais je ne suis guère étonnée de voir la demoiselle confortablement installée à table, entourée de ses copains, mangeant comme tous les autres bambins.

Il a suffi de faire un travail entre la crèche et la famille pour transférer ce comportement d'un lieu à l'autre.

Voyons ensemble comment les différents moments liés aux repas sont utilisés pour favoriser non seulement une alimentation adaptée mais aussi des échanges qui améliorent la communication avec votre enfant.

Bébé mange comme un grand

Durant cette période, le tout-petit passe d'une alimentation de bébé à une autre qui s'approche de celle d'un adulte. Entre 2 et 3 ans, il peut parfois manger exactement la même chose que la famille à l'exception de la viande, difficile à mastiquer (le porc par exemple). Il n'a pas la dentition adaptée ni la technique nécessaire. Les morceaux qu'il ne peut mastiquer sont alors avalés « tout rond », ou recrachés après avoir été « ruminés » un long moment.

De plus, au lieu d'avoir des repas décalés par rapport à la famille, le tout-petit partage certains repas avec sa fratrie et ses parents. C'est un grand moment pour lui. Mais il en profite pour accaparer toute votre attention, sans vous laisser le temps de manger ? Dans ce cas, il est peut-être préférable de s'occuper de bébé en premier avant de s'installer à table. Pour manger en famille, il faut se tenir correctement et se débrouiller seul... Se nourrir seul, cela s'apprend. Un petit qui a pris l'habitude d'attendre la prochaine bouchée sans réellement s'impliquer n'a pas l'occasion de faire cet apprentissage.

Manger, ça s'apprend

Tenir une cuillère, un verre et trouver sa bouche n'est pas toujours facile. Il faut donc de nombreuses tentatives vouées à l'échec avant de parvenir à un premier succès. Il convient donc de protéger votre rejeton, de tapisser le sol de papier journal et de laisser l'élève affiner son geste. Les premiers temps se solderont par une perte importante de nourriture, mais vous pouvez fort bien faire participer la cuillère « bis » en cas de besoin. Si vous ne pouvez vous empêcher de ramasser, de récupérer la nourriture sur le menton ou la commissure des lèvres, de proposer ceci ou cela, mieux vaut le laisser faire seul, car vos interventions constantes ne font qu'interrompre ses essais. Pas facile ! Mais efficace...

À la table des grands

Si votre chérubin dîne avec vous, il a pris l'habitude de voir les aliments dans vos assiettes et il y a goûté. C'est toujours meilleur dans l'assiette de l'autre, c'est bien connu ! Il vous suffit alors de lui présenter des portions des mêmes aliments, au fur et à mesure que vous mangez. C'est la vue des aliments qui attire en premier, puis leur odeur et enfin leur goût. Ne présentez donc plus les légumes moulinés car ils ne paraissent guère appétissants pour le tout-petit. Ils ne ressemblent en rien à ce que vous mangez. Si c'est nécessaire, écrasez-les un peu sans toutefois les mélanger. La **texture** joue un rôle important et il faut donc proposer des aliments à mastiquer, à croquer, à écraser de la langue, à savourer. C'est dans l'enfance que nous prenons les habitudes alimentaires qui perdurent toute notre vie. Ainsi, les

Irlandais raffolent du « jelly » alors que la simple vue de ce dessert gélatineux dégoûte les Français ! De même, croquer le crâne et les os d'un petit caneton pour le petit déjeuner est le plaisir de mes amis arrivés tout droit de Singapour. Pour ma part, je n'ai jamais pu partager avec eux ce plat d'œufs couvés, malgré leurs nombreuses invitations. Un de mes jeunes amis a pris un malin plaisir à me décrire avec détail les sensations ressenties alors qu'il se délectait de ce plat. Inutile de vous dire qu'après ce descriptif, je n'y toucherai jamais. Il avait toutefois saisi l'impact de la texture de l'aliment et le fait que, dans notre culture occidentale, les fœtus d'animaux ne font pas partie de l'alimentation.

Beurk ! C'est pas bon !

Il se peut que, fidèle à son attitude d'opposition, votre enfant refuse certains aliments. Vous lui proposez tout ce que vous avez dans le réfrigérateur, vous lui préparez un plat différent des autres, vous ressortez les petits pots... mais il change d'avis à la dernière minute et vos efforts sont vains. Il a surtout besoin de s'opposer à vous et de trouver une réponse claire et précise. Si le repas est prêt, le menu est immuable. Inutile de le forcer à manger. Les enfants mangent quand ils ont faim à moins d'être malades. Les quantités qu'ils mangent ne sont pas à vérifier repas par repas, ni même à la fin de la journée mais plutôt à la fin de la semaine. Si votre message est clair, bébé comprend vite que ce n'est pas la peine de batailler plus longtemps. Si par contre votre enfant prend le pli de ne pas manger malgré des règles de base claires, il vous faut en chercher la raison.

Je reçois le petit Tom, 24 mois, car il ne parle pas. Il ne s'exprime qu'à l'aide de voyelles alors que sa maman prétend qu'il comprend tout. Je note qu'en effet, c'est un petit bonhomme vif qui se développe bien dans tous les domaines, sauf celui du langage.

Je le trouve un peu maigrichon et sa mère m'explique qu'elle a toutes les peines du monde à le faire manger. Elle en est réduite à

laisser des aliments sur les chaises, à sa portée, en attendant son bon vouloir. Elle a pourtant fait comme avec ses autres enfants, en insistant pour qu'il vienne à table, mais sans succès.

Je la questionne sur la période précédant la venue de l'alimentation solide et elle m'explique que, même pour qu'il prenne son biberon, il lui fallait coincer la tétine dans sa joue. Ceci m'interpelle et j'examine la bouche de Tom. Il accepte de se laisser faire lorsqu'il aperçoit ma « lampe torche grenouille » et il ouvre grand la bouche comme elle. C'est alors que j'observe que Tom est absolument incapable de mobiliser sa langue car celle-ci est fermement maintenue au plancher de la bouche à l'aide d'un petit bout de peau que l'on appelle « frenulum » ou le « frein de la langue ». Ce frein de langue est trop long et empêche les mouvements de la langue nécessaires pour téter, avaler, mastiquer et parler. Tom n'avait d'autre recours que de laisser les aliments fondre dans sa bouche et glisser jusqu'à l'arrière de celle-ci pour être avalés. Une simple intervention a résolu les problèmes de Tom, qui a rapidement rattrapé son retard de croissance et de langage.

Ce type de cas est rare mais d'autres raisons peuvent freiner le développement de l'enfant dans ce domaine : nous avons déjà parlé d'une sensibilité trop importante de la bouche qui crée un « hypernauséeux » (voir la première partie) et de la façon de désensibiliser ce réflexe.

C'est quoi ?

Votre enfant est peut-être plus accoutumé à une alimentation toute prête sous forme de petits pots. Il y a toute une période durant laquelle il doit s'accoutumer à l'alimentation de la famille. Il est donc préférable qu'il mange avec vous et qu'il se familiarise avec des aliments non moulinés ou en morceaux. Il y a une grosse différence entre les plats vendus dans le commerce et ce que nous préparons à la maison. Ainsi, les petits pois du bébé sont d'un vert presque fluorescent et les carottes sont petites et bien orangées. Bien plus attrayants que ceux qu'il voit dans nos assiettes ! Il y a donc une accoutumance visuelle mais aussi gustative, car nos aliments sont moins sucrés ou salés que ceux prêts à l'emploi.

Le tout-petit est plus motivé lors du repas s'il a assisté et/ou participé à la préparation de celui-ci. Il est mieux à même de comprendre que les carottes qu'il a lavées puis placées dans la Cocotte-Minute sont celles que maman coupe en dés dans son assiette. Il est tout fier lorsque maman annonce au reste de la famille que c'est lui qui les a préparées.

Bébé est accro au biberon

Il se peut aussi que, n'étant pas prêt à abandonner son biberon, il demande à prendre tout son petit déjeuner ou son dîner sous forme liquide. Il n'a donc pas perfectionné sa capacité à gérer des aliments moulinés, en purée et encore moins les morceaux. Ne sachant que faire, il rejette le tout en bloc. Peut-être a-t-il eu des quintes de toux occasionnées par des fausses routes lorsqu'il a avalé de travers ? Ceci suffit parfois à inspirer la peur des morceaux chez certains enfants qui préfèrent une alimentation qui leur est familière.

Dans tous les cas mentionnés ci-dessus, il vous faut faire marche arrière et lui permettre d'acquérir les techniques qui lui font défaut. À chaque petit succès, le tout-petit prend confiance en lui et apprécie la nouveauté à sa portée.

Les étapes à suivre sont simples :

— Proposer une purée ou compote de plus en plus épaisse.

— Varier la façon dont elle est présentée à bébé : de la droite, de la gauche ou par devant. Ceci l'encourage à être attentif et à mobiliser ses lèvres et sa langue pour prendre les aliments.

— Varier la texture, les couleurs, les goûts et la température des aliments.

— Placer certaines bouchées entre les dents et la joue à l'aide d'une cuillère très fine. En alternant la joue droite et la joue gauche, l'enfant fait l'effort d'aller chercher les aliments avec sa langue et démarre un mouvement de mastication.

— Placer de petits cubes d'aliments cuits au même endroit en alternant la droite et la gauche : l'enfant reproduit les mouvements qui lui sont maintenant familiers et parvient à gérer des morceaux de plus en plus durs.

Quelques jours consacrés à chacune de ces étapes sont suffisants pour aider le tout-petit à manger des solides. C'est à vous de le déterminer suivant ses réactions et ses progrès. Inutile d'aller trop vite : s'il a besoin de plus de temps, il faut le lui accorder. S'il ne veut pas de morceaux placés dans la joue, il suffit d'écraser grossièrement les pommes de terre cuites ou la banane : les petits morceaux présents feront l'affaire.

Adieu biberon ; au revoir tétine

Eh oui, c'est le moment de se séparer du biberon et de la tétine, malgré les liens très forts qui les unissent à votre bambin. Si vous faites mine de téter comme un bébé, vous voyez immédiatement que c'est le milieu de la langue qui fait un va-et-vient contre le palais. Or ce mouvement de succion est appelé à disparaître, car il est remplacé par des mouvements du bout ou de la base de la langue pour manger... mais aussi pour parler.

Certains enfants qui gardent le biberon trop longtemps n'abandonnent pas cette succion et ont donc des problèmes pour passer à des mouvements plus fins et élaborés qui leur sont pourtant nécessaires. La succion maintenue trop longtemps peut tout à fait inhiber l'apparition de mouvements plus matures. Cela peut également provoquer des déformations de l'articulé dentaire que l'on nomme « rétrognathie » ou « prognathie » selon que la dentition inférieure est trop en avant ou en arrière, et de même pour la dentition supérieure. Pourquoi cette déformation ? Tout simplement parce que la langue est constituée de dix-sept muscles très puissants. Durant la succion, la langue fait pression sur les dents et les pousse inexorablement vers l'avant. Cette pression est tellement importante qu'elle est capable de réduire à néant les résultats obtenus après le port d'un appareil dentaire si la déglutition n'est pas rééduquée.

Je ne vous dis pas que votre enfant qui insiste pour boire au biberon ou pour garder sa tototte va obligatoirement avoir des problèmes dentaires, de déglutition ou des défauts de prononciation, mais le risque est là.

Matthis a 5 ans et entre en CP en septembre. C'est un beau garçon aux boucles blondes qui ne va nulle part sans sa tototte. Katia, sa maman, n'a pas voulu la lui enlever lorsqu'il était plus petit et c'est aujourd'hui mission impossible car il la garde toujours à sa portée. Matthis comprend bien qu'il est inintelligible pour ses interlocuteurs. Alors il enlève son bouchon de la bouche et réitère sa pensée. Aussitôt la phrase terminée, le bouchon retrouve sa place. Mais que faire ? Va-t-il garder cet objet dans la bouche jusqu'à ses 18 ans ?

C'est exactement comme si la période durant laquelle Matthis aurait dû se séparer de cet objet était passée et que la dépendance s'était accentuée. Je comprends néanmoins Katia qui n'a pas voulu lui enlever un objet dont il avait besoin. Qu'aurait-elle pu faire ?

Le biberon et/ou la tototte peuvent être réservés à des lieux et des usages bien précis. Ainsi, la tétine reste dans le lit et n'est utilisée que pour aider à l'endormissement. Mais elle ne se promène pas dans la maison, car la tentation de la reprendre à tout moment est bien trop forte. Le biberon est réduit au lait du matin (les céréales servies à part) ou du soir et disparaît lorsque le « grand » enfant boit dans son bol, comme toute la famille. Mais ce biberon est surtout une solution de facilité pour les adultes et certains enfants n'y sont pas si attachés que cela...

Bébé fait les courses

La découverte des aliments s'amorce aussi au marché, au supermarché ou au magasin du coin. C'est l'occasion pour les petits de les découvrir sous différentes formes et de les goûter parfois. Au marché, le maraîcher n'hésite pas à proposer des fruits ou des légumes aux enfants de ses clients. Ce geste est apprécié par les petits qui s'empressent de s'emparer de la gourmandise si gentiment offerte.

Devant l'étalage, l'adulte décrit les aliments en les nommant, en insistant sur les couleurs, en les faisant sentir, en les différenciant les uns des autres. Les sens des bambins sont alors en éveil et ils intègrent plus facilement les informations présentées.

Il en est de même en grande surface et la vue des crabes au fond de l'aquarium fascine le tout-petit. Si vous lui en donnez l'occasion, il s'intéresse aussi aux autres aliments ou objets de la vie quotidienne et apprend à les reconnaître peu à peu. Les différentes publicités à la disposition des clients aident à renforcer ces apprentissages de retour à la maison. En effet, les produits sont clairement photographiés de sorte qu'il vous est possible de les découper, de les coller sur un support ou de les placer dans un petit album photo. Ceci est bien plus parlant que les imagiers ou livres illustrés car, d'une part, les photos sont plus représentatives de l'objet et, d'autre part, l'enfant perçoit que cela vient d'un lieu familier. C'est l'occasion idéale de lui parler à nouveau de ce qu'il a vu ce jour-là. Nul besoin de produire une œuvre artistique : des images collées sur le carton d'une boîte de céréales font très bien l'affaire.

Ces « images » que vous avez confectionnées formeront la « liste de courses » que vous confiez à votre rejeton lors des achats qui suivent : c'est à lui de trouver ses aliments favoris ou ses boissons alors que vous passez d'une allée à une autre. Pour élaborer la liste, il tente de nommer ce qu'il veut manger ou boire et sélectionne les images qui y correspondent.

Sur le plan **du langage**, ce stratagème est une forme de stimulation d'une grande richesse car vous élargissez ainsi son vocabulaire et vous l'encouragez à produire des phrases en associant des mots : « Encore pomme. », « Gâteaux moi. », « Veux beaucoup compotes ! »

En ce qui concerne **le comportement**, votre enfant a une tâche à accomplir et est donc focalisé sur un objectif. Il lui est alors plus facile de contrôler son désir de déambuler dans les allées et de toucher à tout ce qui attire son regard. Il est valorisé car il vous « aide » et il est plus calme.

Visuellement, il apprend à identifier les coloris des paquets, leur forme et plus tard, le graphisme employé pour trouver le produit « pareil » que sur la photo qu'il a en main. Nous savons qu'un enfant est capable de repérer à trois cents mètres de distance le « M » de son restaurant favori. Il mobilise les mêmes capacités dans sa recherche à l'intérieur du magasin. Il ne s'agit nullement de mettre en place la lecture mais bien les prérequis de cet apprentissage qui va suivre. Il a besoin bien sûr de votre aide mais il devient peu à peu de plus en plus efficace.

Bébé met la table

À cet âge, le tout-petit aspire à être à vos côtés, plus que tout. Il est toujours là. Même si vous venez de l'installer avec ses jouets, vous le retrouvez dans vos jambes. Parfois, vous lui marchez presque dessus, car il est venu se placer derrière vous tout doucement. Mais voilà : vous avez des choses à faire et vous ne pouvez lui accorder l'attention qu'il exige. Plus vous tentez de le sortir de la cuisine, plus il insiste. S'il accepte de vous quitter, c'est pour aller faire des bêtises qui ne manqueront pas de vous faire surgir de la cuisine illico presto : jouer avec le téléphone, tirer les oreilles du chien ou allumer la télévision et augmenter le volume...

Pourquoi ne pas le garder près de vous et lui confier des tâches domestiques ? À cet âge, le jeune enfant aime l'ordre : chaque chose a sa place et les actions suivent un ordre prédéterminé. C'est pour cela qu'il aime mettre la table ou y participer.

Posez des couverts ou des aliments à sa portée afin qu'il les place sur la table. Bien entendu, évitez les objets dangereux ou ceux qui peuvent le blesser.

De même, il est tout fier de jeter les déchets à la poubelle à la fin du repas, de passer l'éponge sur tous les meubles à sa portée, de donner les miettes aux oiseaux ou de danser une valse avec le balai. Il est très sérieux pendant qu'il « travaille » et il écoute attentivement vos instructions.

Sur le plan du langage, les mots « dans » ou « sur » prennent un sens pour lui car il les entend tous les jours. Tout d'abord, il associe « dans » avec la poubelle mais il s'aperçoit que l'on peut ranger « dans » le placard, ou mettre « dans » le lave-vaisselle. Il apprend aussi qu'il n'est pas possible de monter « dans » le lave-vaisselle : c'est interdit ! Ce n'est qu'en entendant ces expressions au sein de contextes différents que le tout-petit affine sa compréhension et qu'il peut commencer à les utiliser. Nous pensons souvent que l'enfant est trop jeune pour enregistrer ce qui lui est dit. Détrompez-vous !

Thibault est installé dans son siège-auto par sa maman qui l'emmène se promener. À son grand étonnement, son petit Thibault de 21 mois se met soudainement à gesticuler dans tous les sens en criant à tue-tête « Con ! Con ! Con ! ». Elle n'y comprend rien et le fixe avec étonnement. Ce n'est que plus tard, au volant, que la lumière se fait. Son fils ne fait que reprendre le comportement du papa qui s'énerve très facilement en voiture. Il a tout simplement associé les déplacements en voiture avec ce mot...
La morale de l'histoire est : « Prenez garde à ce que vous dites ! »

J'ajouterai que chaque fois que vous utilisez de nouveaux mots en compagnie de votre enfant, durant des échanges qui ont un sens pour lui, c'est comme si vous placiez ces mots dans une banque de données : ils seront restitués plus tard par votre enfant.

En mettant la table, le tout-petit intègre donc du vocabulaire associé à des **ustensiles courants** (cuillère à soupe, panier à pain), à des **meubles** (tabouret, chaise), à des **aliments** (pain, concombre), à des **actions** (poser, essuyer), à des **prépositions** (dans, sur, sous), à des **adjectifs** (chaud, lourd). S'il les comprend tous, certains de ces mots ne seront exprimés qu'après ses 2 ans. Mais ils font bien partie de la « banque de données ». De plus, il fait travailler sa capacité à **mémoriser** les consignes que vous lui donnez alors qu'il est amené à se déplacer ou qu'il peut être distrait par le chien qui le bouscule.

C'est aussi le moment adapté pour encourager sa compréhension des **termes liés aux nombres et aux quantités**. Bien sûr, ce n'est qu'un début mais il a son importance car les autres notions vont venir se greffer sur ces premières connaissances. Ainsi, le tout-petit ne commence pas par la comptine pour compter jusqu'à 3, 5 ou 10. Il commence sur le fait qu'il **n'y en a pas** (« y'a pus ! »), il accepte de prendre **juste un** gâteau, il demande **encore** une compote ou range **tous** les yaourts. La comptine de la page suivante renforce ses acquisitions dans ce domaine et prépare le terrain pour les apprentissages à venir.

À table, bébé parle comme un grand

Le repas est un moment durant lequel chaque membre de la famille participe à des échanges. S'il en a la possibilité et que l'on prend en compte sa participation à table, votre « apprenti parleur » intègre peu à peu les règles des échanges sociaux. Nous le faisons nous-mêmes de façon spontanée mais le tout-petit ne connaît pas encore les règles du jeu.

Léandre s'ennuie à table dès qu'il a fini son assiette. Il demande la suite d'un air autoritaire et son exigence ne souffre aucun délai. Il ne tient pas compte des autres et continue à réclamer en insistant, sans écouter ses parents qui lui demandent d'attendre un peu.

UN ET DEUX ET TROIS

Prends juste un
Un petit pain.
Et juste un
Gros câlin
Du matin.

Un et deux (Comptez du pouce et de l'index en montrant les yeux et les cheveux.)

Deux petits yeux.
Un et deux
Deux petits nœuds
Dans tes cheveux.
Un, deux, trois (Comptez jusqu'à trois à l'aide des doigts et montrer l'enfant.)

Trois petits doigts.
Un, deux, trois
Trois petits pois,
C'est pour toi !

Léandre, comme tout enfant entre 14 et 24 mois, est principalement centré sur lui-même. Ses propres besoins passent avant tout et il a beaucoup de mal à accepter que ses parents ne soient pas à son entière disposition. Dans cette situation de groupe, c'est encore plus difficile que lorsqu'il est en tête-à-tête avec un seul de ses parents. Il faut qu'il apprenne à **attendre son tour**. Au cours du repas, même s'il s'agit du groupe familial, il faut l'encourager à suivre le **déroulement de l'activité** et à mettre momentanément en veilleuse ses désirs.

Il est certain que si le petit dernier est toujours servi le premier et que vous vous précipitez vers lui dès qu'il vous en intime l'ordre, il est conforté dans l'idée que sa petite personne prime et qu'il passe avant tout le monde !

Qu'arrivera-t-il lorsqu'il se trouvera en crèche ou parmi trente enfants en maternelle ? La chute sera brutale !

Attirer l'attention

Fabien ne possède pas encore le vocabulaire suffisant et nécessaire pour tenir une conversation à table. Néanmoins, il veut absolument ajouter son grain de sel et il attache des syllabes les unes aux autres comme s'il faisait un discours. Dans ce jargon habituel à cet âge, les frères discernent un mot ici et là. Mais à d'autres occasions, Fabien se met à tousser ou à faire du bruit, rien que pour attirer l'attention de la tablée. C'est efficace car ses parents se tournent tout de suite vers lui pour lui demander de se taire. Que leur discours soit positif ou négatif, Fabien a obtenu ce qu'il veut : tous les regards sont posés sur lui et il a réussi à interrompre la conversation en cours.

Nous connaissons tous des adultes qui, comme Fabien, ne peuvent s'empêcher de monopoliser la conversation en intervenant de façon totalement inappropriée ou intempestive. Ces personnes n'ont pas intégré les règles de base des échanges sociaux : il est primordial de laisser une place à l'autre sinon il ne s'agit que d'un monologue.

Encore une fois, si chacun parle à son tour, le tout-petit n'est pas ignoré et il repère les signes non verbaux qui indiquent qu'il peut intervenir : un regard, un geste, une posture, une expression du visage. Une façon claire de donner son tour à l'enfant est de lui poser une **question ouverte.** Nous différencions en effet deux types de questions : celles **fermées** (auxquelles on répond par « oui » ou par « non ») et celles **ouvertes** (auxquelles on répond avec une phrase de son choix).

Prendre la parole pour exprimer sa demande

Margot, 14 mois, a fini son plat de pâtes et de viande. Sa grand-mère lui demande alors : « Tu veux une fraise ? – Oui », lui répond la petite. Françoise la regarde se débattre avec la queue de la fraise. « Tu veux que je l'enlève ? » lui demande-t-elle. Margot opine de la tête et engouffre la fraise dans sa bouche. Elle fixe son bol vide puis sa grand-mère qui lui demande aussitôt : « Tu en veux une autre ? »

Françoise n'a posé que des questions fermées et Margot n'est intervenue que pour dire oui ou non. N'y tenant plus, c'est alors que j'interviens et que j'utilise des questions ouvertes pour encourager Margot à s'exprimer.

Sachant pertinemment ce qu'elle veut, je lui pose néanmoins la question : « Qu'est-ce que tu veux, Margot ? » Elle me montre son bol vide, prend l'air triste et me dit : « Là. – Ah oui ! Le bol est vide, dis-je. Il n'y en a plus ? Qu'est-ce que tu veux ? » Margot me montre les fraises du doigt : « Ça ! – Comment on dit ? intervient Françoise. – Meci ! » entonne Margot sans hésitation. En réprimant nos rires, nous lui offrons une autre fraise. Pour la suivante, elle dit « encore », puis « ça » en montrant le fruit du doigt et ce n'est qu'après qu'elle tente de reproduire ce nouveau mot. Chaque fraise a été l'occasion pour cette petite d'améliorer son langage expressif. Certes, elle n'a pas l'habitude d'être ainsi sollicitée, mais elle a rapidement perçu qu'il y avait une attente de ma part. J'ai eu droit à des regards interrogateurs et il est clair qu'elle se demandait pourquoi je posais ces questions alors que je savais pertinemment que c'étaient des fraises qu'elle voulait. Néanmoins, exprimer sa demande pour chacune d'entre elles avait un sens, bien plus que de lui faire répéter les mots dans le vide. C'est bien pour ça que ces enfants ne se donnent pas la peine de répéter des mots : à quoi ça sert ? À faire plaisir à l'adulte, c'est tout. Mais ils n'ont pas toujours envie de nous faire plaisir !

Faire plusieurs tentatives pour s'exprimer

Exprimer ses demandes clairement et de façon adaptée est l'une des premières utilisations du langage chez les petits. Cela évite bien des séances durant lesquelles vous videz tout le placard ou le réfrigérateur que votre petit montre du doigt en s'impatientant. Mais qu'est-ce qu'il peut bien vouloir dans ce placard ? Il est incapable de vous le dire et la frustration monte, d'un côté comme de l'autre. Il est vrai que les premiers balbutiements de bébé ne sont pas toujours d'une grande limpidité et qu'il nous faut une imagination débordante pour les interpréter.

Hilda trottine jusqu'à la cuisine en répétant « éion ! éion ! ». Ne sachant pas de quoi il s'agit, sa maman a bien du mal à deviner le mot. « Tu veux des crayons ? propose-t-elle. – Non ! Eion ! » lui rétorque Hilda en montrant le salon. La maman est un peu perdue : le salon est plein de trésors que sa fille convoite. De quoi parle-t-elle ? Elle essaye de la distraire en lui disant d'aller le chercher. Mais Hilda tape du pied et prend sa mine renfrognée. Ce n'est pas de bon augure, car Hilda abandonne rarement l'idée qu'elle a en tête. Plus vite elle comprendra, mieux cela sera.

Elle s'accroupit devant sa fille et répète ce qu'elle a cru entendre : « aillon ? ». Hilda n'en croit pas ses oreilles : mais pourquoi sa mère ne lui donne-t-elle pas satisfaction ? Elle aurait dû comprendre tout de suite pourtant ! Elle fait un effort pour bien prononcer le mot et parvient à dire « téion ». Pensive, sa mère l'imite encore une fois « té-ion ». Tout d'un coup, elle finit par s'exclamer : « Télévision ! Tu veux regarder la télévision ! » La réponse immédiate de Hilda est de tourner les talons et de s'installer sur le canapé pour regarder une cassette de quelques minutes.

Il n'est pas toujours aisé de comprendre les mots ou les premières phrases de nos héritiers. Néanmoins, si vous prenez le temps de les imiter, cela leur permet de réécouter le mot ou la phrase et d'y apporter des modifications. C'est ce va-et-vient entre l'enfant et son interlocuteur qui encourage l'enfant à affiner sa prononciation, donc son articulation. L'adulte ne parvient toujours pas à saisir ce que l'enfant lui dit. L'attention qu'il donne au tout-petit est néanmoins d'une grande importance : l'enfant se sent écouté et parfois, c'est tout ce qu'il veut.

Exprimer un refus à l'aide de mots

Exprimer un refus de façon adaptée est tout aussi important pour le tout-petit que pour sa famille. Des pleurs continuels tout au long de la journée finissent par être ignorés par les membres de la famille qui sont démunis pour agir : ils ne savent pas ce qui peut bien causer ce gros chagrin. Ne pouvant agir, ils subissent les larmes et s'en détournent.

Le bébé de 18 mois a bien des raisons d'exprimer ses refus : il fait face à de nombreuses situations qu'il ne peut contrôler comme il le désire. Il a du mal à accepter ses échecs, l'attente, l'indisponibilité de ses parents, les contraintes du quotidien et mille autres petits tracas journaliers. Le tout-petit qui n'a pas accès à la parole dispose de moyens non verbaux qui sont bien perçus par l'entourage. C'est ainsi qu'il s'exprime dans un premier temps avant l'apparition des premiers mots et notamment, avant l'arrivée du « non » triomphal. Ainsi, il repousse la main de l'adulte ou l'objet dont il ne veut pas ; il détourne son corps ou s'en va ; il coupe le contact visuel ; il ferme la bouche et serre les dents à l'approche de la cuillère ; il relâche son corps et devient une poupée de chiffon.

Au fur et à mesure qu'il grandit, les raisons de son refus se démultiplient et nous ne disposons pas des informations nécessaires pour comprendre ce qui se passe.

Joséphine se réveille dans sa chambre et son père vient la chercher. Dès qu'il pénètre dans sa chambre, elle se met à gesticuler, et à lui montrer la porte du doigt. Il ne saisit pas tout de suite le sens de son message et s'approche encore plus. Elle se met alors à pleurer.

Dès qu'il recule, surpris de la réaction de sa fille, elle se calme et arrête de crier. Il quitte donc la chambre, ne sachant pas ce qui a pu causer ce désarroi. Veut-elle rester dans son lit ? Est-ce que seule sa maman peut aller la chercher ? Est-elle encore endormie ? Jérôme a beau réfléchir, il ne voit pas. La scène se renouvelle plusieurs fois avant qu'il ne comprenne : Joséphine lui dit « pas papa » puis « papa là » en désignant la porte. Il lui pose des questions ouvertes, ce qui lui permet de saisir le message confus de sa fille : elle veut se lever seule et retrouver son père dans le salon.

Faire des commentaires

Les commentaires de nos petits nous permettent de voir le monde tel qu'ils le perçoivent. Ils nous donnent des indications très précises sur ce qui les interpelle ou les fascine à un moment donné. Mais encore faut-il savoir attendre et écouter au lieu de déverser un flot de paroles qui inonde littéralement l'esprit de l'enfant.

Yann prend le train pour la première fois et il est sagement assis sur son siège. Il observe tout avec minutie mais ne dit pas un mot. Puis il passe en revue les passagers les plus proches et je le vois fixer un homme de couleur assis en face de lui. Je me fais la réflexion que c'est la première fois dans sa courte vie que Yann est confronté à quelqu'un de différent de son entourage immédiat. Je le sens très attentif et discerne sans difficulté les rouages de sa pensée. Mais que va-t-il dire ?
« Blanc », me dit-il en montrant ses dents du doigt. L'homme dont il parle éclate de rire en le regardant et il me suffit de lui répondre : « Oui, les dents du monsieur sont blanches ! » Yann sourit à son tour, tout fier de sa trouvaille, et échange des regards avec son compagnon de voyage.

Il s'agit ici d'une observation qui ne me serait pas venue à l'esprit... ni à l'esprit de l'homme concerné ! Elle ouvre néanmoins une fenêtre sur la façon dont Yann observe ce qui l'entoure.

L'enfant qui a du mal à s'exprimer n'a pas souvent l'occasion de nous faire part de ses observations car nous ne lui donnons pas le temps de s'organiser pour formuler son commentaire. Il existe chez beaucoup d'enfants ce que l'on appelle un **temps de latence** avant que le mot ou l'association de mots ne soient produits. Il y a un délai entre la pensée et son expression. Tout comme nous répondons à nos propres questions (« Qu'est-ce que tu veux ? Un gâteau ? Une banane ? Ah oui, une pomme »), nous tentons d'« instruire » notre rejeton en l'informant au mieux. Souvent, nos commentaires sont à des années-lumière de ce que le tout-petit observe : nous lui parlons des couleurs, nous comptons les objets, nous le prévenons que c'est sale. Il n'a que faire de ces notions qui ne sont pas à sa portée ou qui interdisent... encore. Lui s'intéresse à la fourmi qui entre dans la fourmilière ou aux cailloux qui font du bruit en s'entrechoquant.

Bébé participe aux tâches du quotidien

Comme nous l'avons vu, à cet âge, votre garnement a les mêmes passions que vous et il adore enfourcher et dompter l'aspirateur que vous tirez d'une pièce à l'autre. Il en est de même pour de nombreuses corvées que nous n'apprécions guère mais que lui trouve fascinantes. En effet, il se familiarise avec son environnement tout en restant à vos côtés... ou en s'isolant pour faire une bêtise. Le silence n'est jamais de bon augure : qu'est-il donc en train de faire ? La dernière fois, il avait bouché les toilettes en y plaçant un rouleau de papier toilette...

Mieux vaut donc garder un œil sur lui tout en lui proposant des activités à sa portée. C'est une évidence que vous iriez bien plus vite seul avec vos outils. De plus, les produits sont dangereux pour les petits et vous ne voulez pas qu'il porte l'éponge imbibée de détergent à la bouche. Mais il ne veut pas rester tout seul et il demande à participer. Que faire ?

F L M N H... Ou « elle fait le ménage »

Épousseter, laver, frotter, essuyer. Bébé est ravi de le faire à vos côtés avec une éponge imbibée d'eau, un plumeau ou un chiffon propre. Si vous préférez qu'il soit un peu éloigné de vous à cause des produits toxiques, chargez-le de faire briller une surface désignée. Il est tout content d'astiquer la chaise, de lustrer le miroir ou de « laver » la table basse. Non seulement vous faites un heureux mais vous avez l'opportunité rêvée de lui présenter un vocabulaire nouveau et de nouvelles notions. Mais de quoi peut-on bien parler ?

Les mots d'action

C'est en effet un moment d'activité intense pour les participants et les actions sont diversifiées. Mais pourquoi donner une attention toute particulière aux verbes ?

Eh bien parce que ceux-ci jouent le rôle principal dans l'élaboration de la phrase. Lorsque bébé associe ses premiers mots, il peut très bien se passer du verbe. Ainsi, il nous dit « manteau sale ! » et nous en saisissons tout de suite le sens. S'il veut aller plus loin et former des phrases de trois mots, le verbe agit comme **pivot** pour passer des phrases à deux mots aux phrases à trois mots. Ainsi, il essaye « papa **lave »,** puis il tente « **lave** table » pour enfin arriver à « papa **lave** table ».

C'est le verbe qui permet des combinaisons infinies des quelques mots que le tout-petit a à sa disposition.

« Papa **lave** chaise. »
« Papa **lave** par terre. »
« Maman **lave** voiture. »
« Maman **lave** cheveux. »

Ceux que vous utilisez dans la journée sont présentés à nouveau dans les livres ou des comptines dont voilà une sélection.

POLICHINELLE

Polichinelle
Monte à l'échelle,
Casse un barreau,
Et tombe dans l'eau ! Plouf !

(Faites grimper bébé le long de votre corps et laissez-le glisser sur la dernière phrase.)

TAPE, TAPE

Tape, tape petites mains.
Tourne, tourne petit moulin.
Vogue, vogue petit bateau.
Vole, vole petit oiseau.
Il a bien volé
Il est fatigué.
(Mimez chacune des actions.)

JE FAIS LE TOUR DE MON JARDIN

Je fais le tour de mon jardin.	(Faites le tour du visage de l'index.)
« Bonjour Papa ! »	(Touchez la paupière gauche.)
« Bonjour Maman ! »	(Touchez la paupière droite.)
Je descends l'escalier.	(Glissez le long du nez.)
Je sonne à la porte : dring !!!	(Appuyez sur le nez.)
J'essuie mes pieds	(Tapotez la lèvre supérieure.)
Et j'entre.	(Mettez le doigt dans la bouche.)

Les photos de bébé en pleine action

Les photos prises susciteront des commentaires sur les différents gestes liés au ménage. Le tout-petit est valorisé pour sa participation et il entend des phrases variées qu'il comprend aisément car elles se rattachent à son vécu. Ces mêmes phrases apparaissent dans son langage expressif lorsqu'il en a besoin. Si j'ai un conseil à vous donner, c'est de garder précieusement ces photos car la folie du nettoyage est une maladie infantile qui disparaît à l'adolescence ! Elle répond néanmoins au désir de ranger et de structurer l'environnement… et elle met de l'ordre dans son territoire mental. Chaque chose à sa place.

La machine à laver : deuxième épisode

Nous avons déjà vu que, contrairement aux croyances populaires, la machine à laver est un outil pédagogique hors pair. Au contact de cet objet électroménager, le tout-petit apprend du vocabulaire, des concepts de base et intègre des séquences dans un ordre prédéterminé. Il a l'occasion de trier selon des critères différents, tout comme il le fera bien plus tard en maternelle. C'est donc l'occasion de faire les premiers apprentissages au sein d'une activité répétitive (il y a toujours des vêtements sales à la maison !) à laquelle l'enfant participe de façon active. Le fait de ranger (c'est une forme de tri), de manipuler, de chercher, de garder une consigne en tête assure que le tout-petit accède aux apprentissages à l'aide d'informations multisensorielles et non pas seulement auditives et visuelles. Les gestes effectués facilitent l'intégration et la mémorisation des nouvelles données.

Voici donc quelques « jeux éducatifs » à l'aide de cet outil que j'affectionne particulièrement, au grand étonnement des nombreux parents à qui j'ai présenté mon hypothèse ces dernières années !

Classer ou ranger

Il est habituel de séparer le « blanc » de la « couleur » si nous voulons éviter d'importants dégâts ou des résultats étonnants pendant la lessive. Commencez par donner un modèle à la portée de l'enfant en séparant les tas par exemple ou en plaçant les vêtements dans deux corbeilles distinctes. Accompagnez vos gestes d'informations simples et répétitives. Le tout-petit a besoin de cette répétition et prend plaisir à renouveler la même séquence à l'infini.

Des termes à sa portée sont ainsi aisément intégrés : **dans** la corbeille, drap **blanc**, **pas** blanc, **maintenant**, **après**, chaussette **sale**, **pareil**, **différent**. C'est à vous de mettre des mots sur ce qui intéresse votre enfant à un moment précis. Vous pouvez ajouter des informations nouvelles, si besoin est, tout en sachant que l'enfant de 18 mois possède un vocabulaire de quinze mots et que celui-ci s'enrichit jusqu'à cinquante mots aux alentours de 24 mois.

Il est tout aussi judicieux d'introduire petit à petit d'autres critères de classement, ce qui encourage une certaine souplesse dans le raisonnement de l'enfant. Votre bambin peut ainsi séparer ses vêtements de ceux du reste de la famille. Il aime parler de lui-même et de ce qui est « à moi ! ». Ceci le renforce dans son désir de se séparer du reste de la famille et d'avoir une identité propre.

S'il se trompe, observez avec lui que la chaussette de son père est **grande** alors que la sienne est **petite**. Aidez-le également à **scanner** les vêtements du regard en les balayant des yeux alors qu'il suit les mouvements lents de votre index. Petit à petit, il prend le temps de **regarder, de chercher,** au lieu de se jeter dans le feu de l'action d'une façon désordonnée. Entre 14 et 24 mois, le tout-petit élabore ses propres stratégies pour s'organiser. Prenez bien garde à ne pas lui imposer les vôtres : plus tard, il aura besoin de se mobiliser ainsi pour établir son mode de réflexion. Ses tentatives étant reconnues et acceptées par ses parents, sa confiance en lui-même grandit.

D'autres formes de classement sont à explorer selon ce qui vous tente à un moment donné : selon les vêtements, leur couleur, leur taille, etc. Donnez-lui le temps d'aller jusqu'au bout de cette classification avant d'en introduire une autre.

La notion de temps

S'il a eu l'occasion de vous observer, confortablement installé dans sa corbeille à linge, il est déjà familier avec le fait que chaque action se suit selon un ordre précis. Lorsque vous accompagnez vos actions de paroles, il connaît également la « chanson » ou la « comptine » de la lessive. Chaque famille a sa propre « chanson » suivant sa façon de faire, mais elle pourrait être proche de celle-ci.

JE LAVE LE LINGE

D'abord,
J'ouvre la porte : clic !

Après,
Je mets les chaussettes
Dans la machine :
Les bleues
Les rouges.

Après,
Je mets les culottes
Dans la machine :
Les petites,
Les grandes.

Après,
Je mets la poudre
Dans le bac :
Un peu
Beaucoup.

À la fin,
Je ferme la porte : clac !

La façon dont vous élaborez cette comptine importe peu. Il faut qu'elle soit fidèle à votre routine et qu'elle comporte les vêtements ou les événements qui intéressent le plus votre tout-petit. S'il apprécie le moment où il peut voir les habits tourner dans un sens puis dans l'autre, insérez-le dans votre discours. Ainsi, si son doudou passe à la lessive, parlez-en avec lui.

Les termes qui marquent le temps sont très difficiles à assimiler par les jeunes enfants et c'est la raison pour laquelle je les utilise le plus tôt possible en commençant par les plus simples tels que **maintenant, après, attend.**

La vaisselle

Voici une autre activité qui plaît beaucoup aux plus petits : patauger dans l'eau est un régal ! Surtout si c'est pour « aider » papa ou maman.

Bien sûr, de petites adaptations sont nécessaires pour que tout se passe au mieux. L'enfant qui est assez grand peut se tenir debout sur une chaise calée contre l'évier avec le parent debout derrière lui pour prévenir une chute éventuelle. Choisissez des objets en plastique ou la vaisselle qui ne craint rien avant de les confier au « plongeur » du jour. De même, instaurez une règle selon laquelle vous êtes la seule personne autorisée à toucher aux robinets : cela évite des brûlures ou des dégâts des eaux !

Encore une fois, c'est l'occasion de présenter à nouveau les mots d'action que l'enfant a découverts durant la séance de ménage (laver, frotter, sécher).

Les adjectifs qui permettent de décrire les actions ou les objets sont aisément associés à cette tâche quotidienne. Les termes suivants sont compris par l'enfant avant d'être utilisés dans l'immédiat ou à un âge plus avancé : **chaud et froid, sale et propre, vide et plein, petit et grand, neuf ou vieux, mou et dur, sec et mouillé, beau pas beau, (sent) bon ou mauvais, facile ou difficile, léger et lourd.**

De même, certains adverbes ont leur place dans l'activité. On peut encourager l'enfant à aller **vite** ou **lentement** ; à frotter **fort** ou **doucement.**

Comme dans le bain ou d'autres jeux de l'enfant, il intègre peu à peu des termes liés à la quantité. Ainsi, maman met **un peu** de liquide vaisselle alors que papa en met **beaucoup.** Il y a **trop** d'eau ou bien **pas assez** de mousse. Papa lave **juste une** cuillère ou bien **toutes** les assiettes.

Encore une fois, il existe une séquence d'actions qui se déroulent toujours dans le même ordre : d'abord... ensuite... et après... et enfin... Ceci est une excellente préparation pour l'expression verbale du jeune enfant. Une fois qu'il est capable d'associer trois mots pour formuler des phrases, même si elles sont principalement « télégraphiques » car les « petits » mots (articles, auxiliaires, pronoms personnels) sont absents, l'enfant tente de raconter des événements vécus. Il a alors besoin d'organiser son discours pour illustrer des actions qui se suivent. Il commence par joindre deux événements (« Yann tombé » ; « bobo là ») puis il allonge progressivement son récit. Il ne parvient pas encore à fournir les informations qui permettent à l'interlocuteur de comprendre le récit. Cela donne parfois l'impression d'une régression dans le langage expressif de l'enfant alors qu'il n'en est rien. Celui-ci accède tout simplement à un niveau qu'il ne domine pas encore bien et il ne peut pas élaborer sa phrase et penser au débit tout en faisant attention à sa prononciation. Mais ça s'améliore progressivement comme nous le verrons plus tard.

Le repos du guerrier

Voici une activité quotidienne qui vous convient bien. Que bébé est mignon lorsqu'il s'abandonne au sommeil dans son petit lit !

Bébé passe de deux siestes à une après l'âge de 12-15 mois. Tout se passe pour le mieux s'il a appris à s'endormir sans difficulté et qu'il ne prend pas l'habitude de se réveiller la nuit. La réalité en consultation pédiatrique est tout autre, car 10 % des entretiens concernent des difficultés d'endormissement ou des réveils fréquents au cours de la nuit. Certains parents parlent de six à sept réveils par nuit. Les parents, exténués, font tout ce qui est en leur pouvoir pour encourager leur tout-petit à trouver le sommeil. L'enfant est couché après son biberon ou bercé dans les bras des parents. Parfois, il refuse de s'endormir seul dans sa chambre et insiste pour rester dans le salon avec le reste de la famille ou pour aller dans le lit des parents.

Le problème n'apparaît que plus tard lorsque, lors du sommeil léger, le bambin se réveille tout seul dans son lit : plus de papa, plus de maman, plus de lumière ou de bruit, plus de mouvement. L'enfant se réveille totalement et recherche les mêmes conditions que lors de l'endormissement. Il vous faut alors rester à ses côtés jusqu'à ce qu'il se rendorme... jusqu'au prochain réveil en catastrophe !

S'endormir seul dans son lit est un réel apprentissage. Plus il est fait tôt, plus il est facile. Mais si vous êtes entrés dans un engrenage tel que ceux décrits plus haut, il faudra le déshabituer de votre présence prolongée au moment du coucher. Il convient de le coucher après un moment calme en sa compagnie et de le laisser trouver son rythme de sommeil en le rassurant de votre présence. Il n'est pas utile de le reprendre dans vos bras, de lui donner à boire ou de le changer à nouveau. C'est l'heure de dormir. Si vous ne parvenez pas à rétablir la situation après quelques jours ou quelques nuits houleuses, les Dr Thirion et Challamel donnent de très bons conseils[1].

Activités du soir

Votre tout-petit n'est pas porté sur les livres ou bien cela ne vous intéresse guère de relire sans cesse les mêmes livres, les favoris de bébé. Vous avez toujours la possibilité d'en choisir de nouveaux à la bibliothèque. Qui a dit que seul bébé a le droit de choisir ? Pourquoi ne pouvez-vous pas choisir un livre ?

Saviez-vous que vous n'avez pas l'obligation de lire le texte écrit sur la page, de commencer à la première page et de finir à la dernière ? Il m'arrive fréquemment de prêter des livres écrits dans une autre langue à des parents pour les encourager à suivre l'intérêt exprimé par l'enfant plutôt que les lignes d'un texte qui ne leur dit trop rien. Le petit qui a découvert une araignée à la maison le jour même sera tout content de chercher l'araignée qui apparaît sur chaque page du livre du soir. Ce n'est pas pour autant qu'il faut systématiquement ignorer des textes qui sont écrits, choisis et illustrés avec grand soin !

Certains livres stimulent d'autres sens tels l'odorat, l'audition ou le toucher. Le tout-petit étant un être sensoriel, ces livres sont d'un grand attrait pour lui.

Mais n'oubliez surtout pas les livres que vous avez confectionnés avec amour à l'aide des photos prises au cours du quotidien de l'enfant. N'est-ce pas le plus beau personnage à lui présenter ? Le tout-petit est centré sur lui-même et est ravi de se voir sous toutes les coutures. Il ne s'en lasse pas !

1. *Le sommeil, le rêve et l'enfant*, Albin Michel, 2002.

Séance de massage

Voici une activité qui permet au tout-petit de partager un moment privilégié avec vous tout en relâchant la tension accumulée dans la journée. Au cours de sa deuxième année, l'enfant fait des apprentissages dans de nombreux domaines et il a une journée bien remplie. Il lui est parfois difficile de se laisser aller, de lâcher prise et de sombrer dans le sommeil.

Inutile de **savoir** masser pour passer un moment agréable. Sachez qu'une pression profonde a plus d'impact qu'un effleurement qui a plutôt tendance à chatouiller, donc à exciter. Conservez une température ambiante propice à la relaxation et massez les membres de l'enfant en suivant le trajet des muscles.

Une crème ou une huile facilite le massage et le rend plus agréable pour l'enfant. Vous pouvez alors jouer à la « poupée de chiffon » en l'encourageant à se laisser aller complètement. Vous « vérifiez » ensuite s'il est bien « tout mou » en soulevant les mains, les bras ou les jambes. Cela n'est pas accessible à tous les petits ; laissez votre enfant choisir ce qu'il aime et ce qu'il aime moins. Vous pouvez toujours refaire une tentative plus tard, lorsqu'il sera plus âgé.

La lampe torche magique

Un jeu particulièrement apprécié par les plus jeunes et qui a l'avantage de les habituer progressivement à l'obscurité est celui de la lampe torche.

Installez bébé confortablement dans son lit après la routine du soir et proposez-lui de découvrir sa chambre à l'aide d'un faisceau lumineux assez large dans un premier temps et plus fin par la suite.

Illuminez différents éléments de la pièce, les murs, le plafond, le papier peint, les meubles ou les joujoux et nommez-les avec votre enfant. Manipulez à tour de rôle la torche et partez tous deux à la découverte des ombres, des vêtements ou jouets à moitié dissimulés par les meubles. Plus le faisceau lumineux est fin, plus la tâche est difficile.

Les jeux éducatifs

Nous venons de voir comment l'enfant joue en participant avec vous à des activités quotidiennes. Aujourd'hui, nous avons tendance à considérer comme jeu véritable toute activité liée à des **jouets**. Or l'enfant joue avec tout ce qu'il trouve autour de lui : les cailloux, le balai, le gant de toilette, les clés de voiture, les coussins du canapé.

De nombreux parents se demandent quels sont les meilleurs jeux à acheter. Ils s'inquiètent que leurs enfants ne passent pas plus de temps avec les nombreux jouets dont ils ont fait l'acquisition. D'autres enfants restent focalisés sur les mêmes jouets, délaissant les autres. Ce jouet peut être un ballon, un petit train, un véhicule ou un doudou favori. Les parents se désolent alors du manque d'intérêt que montre leur petit pour les jouets dernier cri achetés selon les conseils du vendeur.

Si nous repartons quelques années en arrière, pas si loin que cela, nous nous rappelons que les enfants participaient beaucoup plus aux tâches quotidiennes aux côtés de leurs parents. Ils trouvaient le moyen de jouer avec tout et des petits riens. Les marrons tombés des arbres leur procuraient des heures de manipulation et de jeux.

On ne fouille pas dans les poubelles

Ceci est le titre d'une des activités que je propose aux parents qui participent aux groupes d'accompagnement parental au sein des structures de soin dans lesquelles je travaille. Je leur demande avant la séance de venir avec des « déchets » tels des rouleaux de papier essuie-tout, des lacets, du papier peint, des chutes de tissu, etc.

Il leur faut alors inventer un jeu pour leur enfant à partir de ce matériel. Ainsi, le rouleau de carton est utilisé à des fins différentes selon le parent. Voici des exemples de ce que ceux-ci proposent :

— une trompette ;
— un téléphone ;
— un tunnel pour une petite voiture ;
— une longue-vue ;
— un passage pour la petite balle ;
— une canne ;
— une épée ;
— un bâton de chef d'orchestre ;
— un bâton de pluie (en plaçant du riz à l'intérieur et en bouchant les deux extrémités) ;
— un personnage avec des cheveux de laine que l'on habille de tissu.

Il n'est pas question ici pour vous de jeter les beaux joujoux que vous avez soigneusement choisis ou commandés au Père Noël. Il s'agit plutôt de vous rendre compte que le matériel importe peu. C'est surtout la façon dont vous l'utilisez qui va lui donner une valeur aux yeux de l'enfant. Le carton des courses peut demeurer une simple boîte qu'il faut jeter ou devenir une maison, un bateau, ou un véhicule de votre choix. L'enfant joue avec jusqu'à ce qu'il tombe en lambeaux... ou jusqu'aux prochains achats !

Pensez-y à deux fois avant de vous séparer des détritus qui vous envahissent. Posez-vous des questions et laissez libre cours à votre imagination. Peut-être qu'en cours de route, vous retrouverez les idées qui ont ensoleillé votre enfance. Mais surtout, vous retrouverez le plaisir de jouer.

Comment joues-tu papa ?

Ceci est une question fort intéressante car il s'avère que nous autres, adultes, avons perdu ce savoir-faire ludique du tout-petit. Regardons de plus près ce qui caractérise les jeux d'enfants et les jeux d'adultes et surtout le désir qui nous anime lorsque nous jouons.

— **Les adultes** jouent pour **gagner** (jeux de cartes, tiercé) alors que chez le tout-petit, c'est pour **le plaisir,** principalement sensoriel et pour sentir **son corps en mouvement.**

— Les jeux d'adultes ont **des règles précises,** alors que les enfants **changent les règles** très rapidement.

— Les adultes délimitent très clairement **le début** et **la fin** d'un jeu alors que les tout-petits **interrompent** leur jeu pour le **reprendre** plus tard sans aucun problème.

— Les adultes tentent souvent de se **surpasser** ou de surpasser les autres alors que l'enfant désire principalement **partager** le jeu avec un autre, **échanger** avec l'autre à l'aide d'un ballon par exemple.

— L'adulte cherche à obtenir un **résultat** lorsqu'il joue. Le papa qui manipule la pâte à modeler est parfois frustré car le cheval qu'il essaye de modeler ressemble surtout à un… cochon avachi ! L'enfant, pour sa part, adore pincer la pâte, la déchiqueter soigneusement, y faire des trous, cacher des objets dedans, l'insérer dans des trous, la donner à manger au cheval de papa qu'il trouve magnifique ! Il s'en fiche bien, lui, que ce soit ressemblant ou pas ! Ce qu'il **veut,** c'est que son père prenne deux minutes pour **patouiller** avec lui. Il n'en demande pas plus.

Il nous faut donc être particulièrement attentifs à ne pas imposer des éléments de nos jeux d'adultes à nos rejetons. Autrement dit, il est important de laisser à l'enfant le **plaisir** de jouer, qui est principalement sensoriel ; de lui **donner le temps d'explorer** une activité à sa guise sans lui imposer nos attentes de résultat ; de réellement **jouer et partager** l'activité avec lui sans mettre la casquette du « commentateur », du « chef d'orchestre », de l'« instituteur » ou du « clown ».

Comment faire ? C'est bien difficile de changer nos bonnes vieilles habitudes !

Eh bien le meilleur conseil que je puisse vous donner est d'attendre que votre enfant choisisse une activité et de le suivre dans sa façon de jouer. Commencez par l'imiter tout en respectant les règles de base instaurées à la maison (on ne mange pas la pâte à modeler, on s'assied pour jouer, on ne mélange pas toutes les couleurs). Puis vous pouvez ajouter ici et là des éléments qui enrichissent le jeu de votre tout-petit. S'il fait des trous, prenez donc un petit personnage qui laisse des traces de pas dans la pâte à modeler. Donnez-lui l'occasion de faire de même mais ne le lui imposez pas. Si vous lui faites confiance, il vous ramènera droit vers vos plaisirs d'enfance et il saura reconnaître l'enfant qui sommeille en vous.

Jeux de manipulation ou jeux de construction

À cet âge, le tout-petit demeure très intéressé par la manipulation qu'il développe peu à peu alors qu'il construit.

Ainsi, il choisit des objets avec lesquels il élabore des constructions très simples, puis de plus en plus complexes. Il commence généralement par une tour, puis un mur. Il s'aperçoit qu'il peut associer d'autres jouets à ses constructions et alors elles deviennent des représentations symboliques d'un pont, d'un garage ou d'une maison par exemple. Néanmoins, le but principal de l'activité est de tester les lois de la gravité et d'explorer différentes formes que l'on peut développer ainsi.

Nouveaux éléments à manipuler

Il découvre des matières différentes tels le sable, la boue ou la terre, l'eau à l'extérieur de la maison, la pâte à modeler, la peinture. Il fait la connaissance des outils qui y sont associés : pelle, râteau et seau ; couteaux, rouleaux et formes variées ; pinceaux et éponges de toutes tailles.

Ceci donne jour à des expériences nouvelles auxquelles s'adonne l'enfant qui a acquis la capacité de prévoir les conséquences de certains de ses gestes. Il est ravi de tremper son gros pinceau dans un seau d'eau et de voir l'eau s'écouler en formant des petites rivières. De même, une banale éponge trempée dans le seau et appliquée sur des surfaces différentes donne des résultats étonnants avant que le soleil ne s'en mêle et sèche le tout.

N'hésitez pas à donner à votre enfant de nombreuses occasions de faire ce type de manipulation. Je conçois qu'un petit qui « peint » les murs extérieurs de la maison à l'aide du gros pinceau de papa s'en mette partout et qu'il termine trempé des pieds à la tête. Néanmoins, sachez qu'il met en place une gestuelle qui va lui être bien utile plus tard pour acquérir le graphisme. Les gestes de grande amplitude qu'il fait avec le pinceau partent de l'épaule. Avec un pinceau plus petit ou au sol, le mouvement démarre au niveau du coude et l'épaule est moins sollicitée. Il ne lui reste plus qu'à réduire l'amplitude du geste pour mobiliser le poignet. C'est bien ce qu'il lui faut pour dessiner, peindre ou colorier. Et bien sûr, l'écrit est alors plus accessible. Au lieu de présenter au tout-petit qui atteint les 24 mois des activités de graphisme qui parfois ne le tentent pas du tout, il est préférable de lui donner des occasions d'affiner sa motricité fine, c'est-à-dire de contrôler des mouvements plus précis de la main.

Les outils ne sont pas indispensables dans un premier temps : laissez-le manipuler la pâte (à modeler... ou à tarte) à mains nues. Faites de même avec la peinture. Vous voyez d'ici le tableau ? Ah oui. Il est sûr que le lâcher dans la maison avec de la peinture plein les doigts, ce n'est pas une bonne idée... Je vous propose alors de le déshabiller, de l'installer dans la baignoire (ou dehors s'il fait beau) et de le laisser appliquer sa trace sur les parois du bain ou du papier que vous y avez collé. Lorsque l'artiste a terminé son œuvre ou qu'il s'est lassé de l'activité, un jet d'eau permet d'effacer toutes les traces. Ni vu, ni connu !

Il est possible de protéger la maison des attaques de la pâte à modeler qui a la fâcheuse habitude d'adhérer au tapis ou au canapé. Si votre petit bout bouge beaucoup, mieux vaut installer son atelier dans la cuisine. Sinon, placez une nappe plastifiée sous la table à laquelle il est assis et cela réduit les risques.

Le bac à sable n'est pas toujours accessible en plein hiver et il est bien regrettable de priver votre poupon de cette source de manipulation et de nombreuses découvertes. La semoule achetée en grande quantité fera très bien l'affaire si vous la placez dans un petit bac ou l'ancienne baignoire de bébé. À vous de déterminer où vous voulez installer l'enfant qui ne peut s'empêcher d'en mettre partout. Inutile de placer la semoule dans le salon si c'est pour le reprendre toute les deux minutes sur ses gestes désordonnés et les retombées « accidentelles/faites exprès ». Le garage (s'il y a) ou un balcon sont d'autres options. Dans un appartement, la cuisine et la salle de bains sont bien adaptées car l'installation et le « ramassage » sont rapides.

Le tout-petit aime laisser sa trace partout. Ceci se termine parfois par des coups de feutres sur les murs et les tissus d'ameublement. Il est donc important de tester les crayons, feutres et autres outils avant de les laisser entre les mains du futur artiste.

D'autre part, il est préférable de laisser à sa portée des surfaces sur lesquelles il a le droit de crayonner ou de colorier. À cet âge, cela n'est pas nécessairement du papier. Voici quelques variantes du papier/crayon.

— De grosses craies à utiliser à l'extérieur permettent au tout-petit de dessiner sur des surfaces verticales ou horizontales. Les murs, les murets et le sol sont des supports bien adaptés et la pluie se charge de tout remettre à neuf. Après son passage, il suffit de tout recommencer ou de faire un dessin, un parcours ou un plan de maison différent. Ne restreignez donc pas votre enfant à la marelle traditionnelle et encouragez-le à inventer une histoire qui donne un sens au dessin. Ainsi, il suit les traces avec sa petite voiture ou un simple trait de couleur délimite la porte de la « maison ».

— Comme nous l'avons vu, un pinceau ou un vieux rouleau avec de l'eau est un excellent outil dans les beaux jours.

— J'utilise fréquemment les miroirs et des feutres lavables avec les tout-petits. Ceci encourage un échange avec vous alors qu'ils dessinent en vous regardant par le biais du miroir. Un coup de chiffon fera disparaître l'œuvre, à moins que vous ne choisissiez de la laisser survivre 24 heures.

— Les chutes de papier peint placées sur des surfaces qui ne craignent pas les débordements (réfrigérateur, mur lavable, carrelage, etc.) donnent l'espace qu'il faut au tout-petit pour élargir ses gestes. Encouragez-le à colorier **en haut, en bas, au milieu, au bord.** Utilisez des outils faciles à manipuler car la motricité de l'enfant ne lui permet pas de se servir d'un crayon, d'un feutre fin ou de crayons de couleur. Il risque alors de prendre de mauvaises habitudes dans sa façon de saisir l'outil, dans son jugement de la force à exercer pour tracer un trait, dans le geste effectué. Ces habitudes persistent alors très longtemps et empêchent l'enfant d'acquérir un bon geste graphique. Je vous propose donc d'utiliser des outils variés que vous allez façonner avec ce que vous avez à votre disposition à la maison : des éponges découpées et maintenues à l'aide d'une pince à linge ; des morceaux de pommes de terre, de carottes ou de tout autre légume coupé en cubes, en bâton ou d'une autre forme ; des plumes ou des objets qui laissent des traces intéressantes lorsqu'ils sont trempés dans la peinture et appliqués à une feuille ; nos fameux outils de peintre dont le manche large permet à l'enfant de bien le saisir ; des « boules crayons » que l'on trouve en magasin adapté ; des brosses à dents ou à ongles, etc.

Le jeu symbolique

La capacité du jeune enfant à faire semblant et à représenter la réalité sous forme de jeu symbolique prend un essor considérable durant cette période. Alors qu'à 12 ou 14 mois le bébé agit sur lui-même en se brossant les cheveux par exemple, il agit ensuite rapidement sur les autres et fait semblant de donner à manger à sa maman ou à son frère. Avec votre aide, il continue son petit bonhomme de chemin en faisant semblant avec des jouets.

Certains enfants, et plus particulièrement ceux qui ont des difficultés de communication, sont réfractaires à ce type de jeu. Ils sont bien plus attirés par des jeux moteurs, des jeux de construction ou des jeux de manipulation. En effet, ces jeux sont principalement basés sur les capacités motrices et l'aptitude du tout-petit à reproduire des mouvements (courir, grimper, sauter, assembler). Ils ne dépendent pas de la parole alors que le jeu symbolique est accompagné de commentaires, de consignes, de longs discours. Il est alors nécessaire de donner un petit coup de pouce à l'enfant en lui offrant l'occasion, au cours de la journée, de découvrir une forme de jeu qui ne l'attire pas de prime abord.

Faites participer un doudou, une marionnette ou une poupée aux activités quotidiennes de votre enfant. Au moment du repas, du coucher, du change ou du bain, répétez vos gestes avec ce nouveau personnage ou donnez-lui un rôle dans l'activité. Ainsi, il peut vivre au rythme de l'enfant et prendre forme peu à peu dans son esprit. Il est fort possible que le tout-petit ignore totalement le jouet au début. Ne désespérez pas. Persévérez et tentez d'attirer son attention en changeant de personnage ou en lui faisant jouer un rôle qui l'intrigue. Il m'est arrivé d'utiliser une marionnette de monstre à dents acérées. Pas très sympa de ma part, d'autant plus que pour l'enfant, il suscite une peur bien réelle qui n'a rien à voir avec l'imaginaire. À une distance respectable, j'encourage le tout-petit à renvoyer le monstre dans sa boîte à grand renfort d'ordres : « vas-t'en ! », « pas toi ! », « arrête ! », « dans la boîte ! ». Le monstre se montre très docile et l'enfant se calme aussitôt. À sa prochaine apparition, la réaction de l'enfant est déjà moins vive et il connaît les mots magiques qui contrôlent la bête. Peu à peu, il s'habitue et observe avec beaucoup d'intérêt la réaction du parent qui joue la peur dès que le monstre s'approche.

Le personnage que je présente aussi aux tout-petits est celui qui est remarqué par l'enfant car il fait des bêtises (il éteint la lumière) ou il ne fait que se tromper (il met sa culotte sur sa tête).

La marionnette du petit lapin est celle qui prend une petite voix pour dire les comptines et masser le visage du tout-petit au moment du change. L'enfant l'associe alors à un moment agréable partagé avec l'adulte et il commence à le demander. Le personnage est alors reconnu et prend forme peu à peu, au fur et à mesure que l'enfant le côtoie.

Mais pourquoi est-ce si important d'encourager l'enfant à entrer dans cette forme de **jeu** ? Pourquoi ne pas le laisser s'y intéresser une fois qu'il y est prêt ? Eh bien tout simplement parce qu'il s'agit d'une étape d'une importance primordiale et qu'elle est un **prérequis au langage**. Le mot n'est autre qu'une **représentation symbolique** d'une action, d'une personne, d'un objet… Le premier accès au symbole se fait à travers le jeu : la pomme en plastique représente la vraie pomme. De même, la photo puis le dessin de la pomme est une représentation symbolique de celle-ci. C'est pourquoi le jeu symbolique, l'intérêt pour les images et les mots font leur apparition de façon assez rapprochée. Sans la capacité de faire semblant, l'apprenti parleur reste comme figé à un stade durant lequel il n'enrichit pas ses acquis sur le plan du langage.

D'autre part, le jeu symbolique est un excellent support pour encourager une meilleure communication : les objets, les personnes et les actions qui font partie du quotidien de l'enfant y sont nommés et sont cités dans des phrases très variées. Ceci permet au petit apprenti de mieux comprendre, d'assimiler et de mémoriser avec plus de facilité. L'enfant se constitue un stock de mots (ou **stock lexical**), dans lequel il va puiser pour construire des phrases de plus en plus complexes. Ce vocabulaire s'enrichit rapidement durant cette période car le petit de

15 à 18 mois **comprend** une cinquantaine de mots, c'est-à-dire qu'il les reconnaît sans nécessairement les utiliser. À 24 mois, il est à un stade où il emmagasine de nouveaux mots tous les jours. Il y a donc un enrichissement très important du lexique.

Il m'arrive de rencontrer des enfants de 3 ans qui présentent un retard de langage et le bilan indique qu'ils ont bien acquis les noms d'objets ou de personnes familières de leur entourage. En revanche, sur le plan expressif, il leur manque les mots d'action et/ou les mots qui qualifient, tels les adjectifs qualificatifs (bon, sale, chaud) ou les adverbes (doucement, vite, gentiment). Ils n'ont donc pas à leur disposition les éléments qui leur permettent d'élaborer des phrases ou de les allonger :

« Papa **court**
court vite. »

Dans la langue française et surtout le langage que nous réservons à nos enfants, les verbes ne sont pas particulièrement soulignés. Durant le jeu symbolique, l'enfant a tendance à répéter les mêmes actions plusieurs fois, ce qui nous donne maintes occasions de présenter les actions afin qu'elles soient intégrées par l'enfant et qu'il puisse les transférer à son langage expressif. Nous n'en sommes pas toujours conscients mais pour qu'un mot soit acquis par l'enfant, il doit l'entendre plusieurs centaines de fois. Observons comment Arthur joue avec son papa et ce qu'il en tire sur le plan de la communication.

Arthur est installé à la table de la cuisine : il « aide » son père à préparer le repas. Il aime jouer avec l'eau alors qu'il lave les légumes que papa coupe à ses côtés : « Je coupe les pommes de terre » ; « Je coupe les carottes » ; « Je coupe des petits cubes » Arthur hume les aliments et les goûte avec parfois quelques surprises : « Les oignons piquent ! » « Mmh, c'est bon ! » Il se tourne alors vers son père et tente de le gaver de carottes. Son père serre les dents puis fait semblant de manger les carottes en exagérant les mouvements et les bruits de la mastication et de la déglutition. Arthur l'observe un instant, un sourire au coin des lèvres. Il écoute, attentif, les commentaires du cuisinier en chef : « Je mange des

carottes » ; « Je mâche les carottes » ; « J'avale la carotte » ; « Elle est dans mon ventre ! » Puis c'est au tour du doudou de déguster les morceaux qu'Arthur lui propose. Le papa continue à préparer le repas tout en commentant les actions de son fils. Il reprend les termes déjà entendus par son fils.

Sur une pomme de terre destinée à rejoindre les autres dans la casserole, il crée des yeux et une grosse bouche en faisant des trous. C'est maintenant monsieur Patate (le célèbre ancêtre du jouet) qui mange différents aliments. Arthur s'escrime à faire entrer de force les petits déchets qu'il trouve sur la table dans la bouche déjà pleine de la patate. Son père renouvelle ses commentaires pour la troisième fois en l'espace de quelques minutes.

En modifiant légèrement la préparation du repas pour y inclure des éléments de jeux symboliques qui prennent leur source dans le jeu même d'Arthur, son père a stimulé le langage de son fils... dans la joie et la bonne humeur partagée. Peut-être a-t-il perdu quelques minutes. Mais ces minutes, sont-elles vraiment perdues ?

Chacun son tour et le début du partage

Qu'il est difficile pour un enfant de cet âge de partager ! Tout est « à moi ! » alors que le petit dernier prend conscience de son individualité. Il se construit et durant ce processus, il marque avec fermeté son territoire et ses possessions.

Une conversation ou un jeu est habituellement constitué d'échanges auxquels les deux participants contribuent. Parfois, comme nous l'avons vu aux moments des repas, un déséquilibre devient évident : soit l'enfant monopolise complètement ce moment, soit il demeure passif et il laisse alors le soin à l'autre de prendre toutes les initiatives. Dans un cas comme dans l'autre, l'enfant est dans l'incapacité d'établir un tour de rôle équilibré.

C'est moi tout seul !

Qu'un enfant développe de l'autonomie est une bonne chose. Mais tenir les parents à l'écart de leurs jeux n'est pas toujours une bonne idée. Chez le tout-petit, c'est souvent l'adulte qui s'adapte et qui suit son enfant dans le jeu. Petit à petit, l'enfant est encouragé à suivre l'adulte pour faire des apprentissages plus complexes. Il lui faut alors être attentif à l'adulte, l'écouter, suivre ses consignes. Un enfant qui rejette systématiquement l'intervention de l'adulte aura du mal plus tard à être à son écoute. Il faut donc commencer à l'y habituer à un jeune âge. D'autant plus que, très vite, il prend plaisir à ce partage car l'adulte apporte des éléments dans le jeu.

Élizabeth joue avec des petites voitures qu'elle aligne suivant un schéma très précis. Elle ne supporte pas que sa mère intervienne dans son jeu. Elle lui lance un regard noir dès que celle-ci s'approche d'un véhicule. Elle insiste sur sa présence mais elle doit garder un rôle d'observateur.
Sa maman est gênée car elle pense que sa fille a besoin d'être tranquille avec ses jouets. Mais je lui demande de participer dans le jeu pour stimuler son langage et elle se trouve tiraillée entre les deux injonctions.
Je lui demande alors d'établir clairement un tour de rôle durant une activité qu'elles ont coutume de partager à la maison : la lessive. Chacune met les vêtements dans la machine à tour de rôle et chaque tour est ponctué de « à toi », « à moi », « c'est ton tour », « maintenant c'est mon tour ».
La semaine suivante, je leur propose à toutes les deux de jouer avec un vieux tourne-disque (un jouet, bien entendu !). Je demande à la maman d'instaurer les mêmes règles qu'à la maison lors des nombreuses lessives de la semaine. Élizabeth comprend rapidement qu'elle ne peut faire à sa guise et elle accepte de laisser sa mère jouer, d'autant plus qu'elle ne connaît pas le maniement de ce nouveau jouet.
Ce n'est qu'après une succession de jeux de ce type qu'elle accepte les « accidents » qui bloquent la route de ses petites voitures ou les « passagers » qui insistent pour monter dans le train qui roule

à grande vitesse. Elle en vient même à accueillir sa mère avec le sourire…

Laisser une place à l'adulte dans le jeu permet d'établir la même capacité lors d'échanges verbaux. Plus l'enfant prend de tours dans la conversation, plus il a d'occasions d'améliorer son langage. C'est pour cela que les orthophonistes prennent note du nombre d'interventions verbales entre l'adulte et l'enfant. Il n'est pas toujours facile de comptabiliser ou d'analyser les échanges : dans le feu de l'action, vous êtes surtout axé sur le sujet de la conversation et non sur ce qui la caractérise. Si vous en avez la possibilité, installez une caméra pour filmer un moment de jeu, un repas de bébé ou la vie autour du bac à sable. Cela vous fait un beau souvenir que votre enfant appréciera jusqu'à un âge avancé. Dans l'immédiat, c'est un excellent moyen de voir comment le petit se débrouille dans ses échanges avec son entourage.

Moi veux pas !

Dans un autre ordre d'idées, nous avons l'enfant placide, sage comme une image, qui se laisse gentiment porter par son entourage. Oh, il ne pose pas problème : on l'oublie presque tellement il est silencieux. Il prend rarement la parole et s'habitue peu à peu à se servir de tout, seul, au lieu de demander. Vous vous êtes vous-même habitué à lui donner automatiquement ce dont il a besoin car vous savez qu'il ne demandera rien. Il est difficile de savoir s'il prend du retard dans le développement du langage, car vous entendez rarement le son de sa voix. Comment savoir ce qu'il ressent ? Comment connaître ses besoins, ses désirs ? Il faut l'encourager à les exprimer.

Emma s'exprime peu et lorsqu'elle a besoin de quelque chose, elle se sert toute seule, allant jusqu'à tenter de grimper sur la table pour atteindre l'objet convoité. Sa mère essaie de meubler le silence au mieux et s'efforce de donner à Emma des mots et des

phrases simples. Mais Emma ne se mobilise pas beaucoup. Je propose alors à la maman de ne pas intervenir aux moments où sa fille s'y attend. Par exemple, elle n'ouvre pas la porte tant qu'Emma ne fait pas l'effort de le lui demander. De même avec la lumière : c'est à Emma de demander à sa mère d'allumer la lumière et de faire l'effort de l'exprimer au mieux de ses capacités. Un simple « ière » fait très bien l'affaire dans un premier temps.

La maman devient aussi très tête en l'air et fait de nombreuses « étourderies » au cours de la journée : elle ne donne qu'une chaussure à Emma ; elle « oublie » de mettre sa cuillère à sa portée ; elle se « trompe » de manteau et lui tend celui de sa sœur ; elle « omet » d'enlever les chaussettes d'Emma et s'apprête à la mettre ainsi dans la baignoire... Emma est interloquée par le comportement de sa mère et proteste en faisant de gros efforts pour rectifier les erreurs. Quoiqu'elle ait beaucoup apprécié de prendre son bain... avec ses chaussettes. Elle en a profité pour gronder sa mère, ce qui a été l'occasion d'une longue litanie de sa part !

Une fois sollicitée de cette façon, je propose des jouets à Emma en sachant fort bien qu'elle ne peut pas les manipuler seule. C'est pour cela que je collectionne les jeux qui accompagnent les repas en restauration rapide. En effet, le tout-petit est bien incapable de remonter ces véhicules ou ces personnages pour les faire virevolter à nouveau sur la table. Il est alors contraint de demander à l'adulte qui, bien sûr, ne comprend qu'une demande clairement exprimée. Le simple fait de tendre le jouet à maman ne suffit plus : il faut maintenant lui dire quelque chose pour profiter à nouveau du jouet. Après un court moment, Emma comprend ce que l'on attend d'elle et dit : « encore ! ». Elle obtient satisfaction immédiatement et se prend au jeu, renouvelant sa demande à chaque fois.

Une fois qu'Emma a saisi ce que l'on attend d'elle, il lui faut continuer à la maison et pour ce faire, sa maman place ses jouets et ses aliments favoris hors de sa portée. Chaque demande doit être exprimée verbalement et Emma a plus de facilités pour le faire. À table, sa mère ne lui donne que de petites portions pour l'encourager à associer des mots et formuler des phrases simples : « encore frites », « encore du jambon » ou « encore de dine » (grenadine).

Avec un zeste d'humour, une pincée d'imagination et une large dose de patience, sa maman lui a graduellement fait découvrir les avantages à tirer d'une utilisation quotidienne du langage.

La socialisation

Toutes les capacités que nous avons examinées de plus près, c'est-à-dire **l'autonomie** de l'habillage et surtout de l'alimentation, **le jeu** sous toutes ses formes, **la capacité à échanger verbalement** et **l'assimilation** du rythme de la vie quotidienne marqué par les temps de repas, de sommeil et de jeux, vont faciliter l'entrée du tout-petit dans la vie en communauté.

Pour pouvoir s'habituer à un nouvel environnement, il doit y être confronté régulièrement. S'il n'y va qu'une fois par semaine, il a tout le loisir d'oublier les routines et les visages d'une visite à une autre. À chaque fois qu'il revient, il doit alors faire un effort pour s'adapter à un lieu qui ne devient familier qu'après quelques mois. Il recommence tout à zéro à chaque fois. C'est comme si vous changiez tous les jours d'emploi : une autre entreprise, de nouvelles consignes, de nouveaux visages. À la fin de la semaine, vous seriez exténué ! C'est bien pour cela que je n'ai jamais compris pourquoi on propose à des enfants qui présentent un handicap un temps d'intégration en crèche ou à l'école... de deux heures par semaine. Il est certain que c'est plus facile pour l'adulte. Mais j'ai aussi la conviction intime que l'intégration est vouée à l'échec ! Il ne s'agit tout bonnement que d'une intégration « sur papier », pour pouvoir noter que l'enfant « va » à la crèche ou à l'école.

Il est donc préférable, dans la mesure du possible, de proposer des moments en groupe de façon régulière, au sein de la même structure d'accueil. L'enfant a ainsi tout le loisir d'établir des liens avec les adultes référents qui sont présents à chaque fois, ainsi qu'avec les autres enfants.

Respecter les consignes

Comme dans tout groupe constitué, la crèche fonctionne selon des règles bien précises. Ainsi, chaque enfant ne bénéficie plus de l'attention individuelle à laquelle il s'est habitué. Il lui faut attendre, être autonome, partager l'attention de l'adulte avec d'autres petits êtres aussi démunis que lui. Il ne peut pas exprimer sa frustration en mordant tout ce qui passe à portée de sa bouche ou en jetant le jouet qu'il trouve près de lui. S'il pleure un long moment, il n'est pas dit que des bras consolateurs seront à sa disposition.

Le rythme de la crèche ne correspond peut-être pas au sien, mais il doit tout de même manger et dormir à des heures prédéterminées. C'est à lui de s'adapter.

Jouer à côté d'un autre enfant lui procure du plaisir mais il lui arrive de subir les violences de ses voisins. En effet, à cet âge, les tout-petits ont tendance à considérer leurs pairs comme des objets qui réagissent de façon fort intéressante lorsqu'on les touche, les tire, les pousse, les agrippe ou les maltraite un tant soit peu... Cela provoque bien évidemment des larmes, au grand étonnement du bourreau : c'était juste « pour voir » !

La vie de groupe est restreinte au goûter et au repas que les enfants partagent réellement. Sinon, chaque enfant s'affaire, se déplace et manipule un jouet pour l'abandonner dès qu'il en aperçoit un autre. Il apprécie particulièrement toutes les occasions de mobiliser son corps pour grimper, glisser, se hisser, courir, pousser. Il en est de même pour toute manipulation plus fine au bac à sable, autour d'un jeu d'eau, lors d'activités manuelles ou artistiques qu'il découvre.

Les sorties

Nous avons déjà vu que, loin d'être une corvée, la visite hebdomadaire au supermarché ou au marché est une réelle découverte pour l'enfant qui participe activement à l'activité. S'il s'agit pour lui de détaler dans les allées, de jouer à Tarzan sur le Caddie et de se servir allègrement dans les produits qui attirent son regard, cette aventure-là tourne vite au cauchemar pour l'adulte qui l'accompagne. Vous avez peut-être décidé que faire les courses tout en contrôlant cette boule de nerfs est une mission impossible. Vous le laissez donc à la maison, en bonnes mains, et vous partez l'esprit tranquille acheter de quoi remplir les placards.

À long terme, ce n'est peut-être pas une bonne idée. Vous préférez des endroits plus adaptés comme le parc, le chemin de promenade ou la piscine municipale. Or, même dans ces endroits, il y a des règles à respecter : il n'est pas possible de faire un « lâcher d'enfant » puis de l'oublier. Où qu'il aille à l'extérieur de la maison, votre enfant est confronté à des règles de la vie en société : à la boulangerie comme au pied du toboggan, il doit attendre son tour ; dans la rue ou au parc, il ne peut prendre la poudre d'escampette et disparaître de notre vue ; il ne peut prendre sans demander, que ce soit la pelle du voisin ou la belle pomme sur l'étalage ; il ne peut pousser la vieille dame avec son Caddie car elle n'avance pas assez vite à son goût ! Autant d'interdits qu'il vaut mieux commencer à établir à la maison **avant** de mettre le bout de son nez dehors.

La sécurité avant tout

Cela n'est pas toujours aisé, mais il est important d'anticiper ce qu'il va advenir du bébé qui pose avec soin un pied devant l'autre et qui tombe sur un terrain accidenté. Nous ne l'imaginons pas du tout en train de courir à grande vitesse devant nous. Pourtant, c'est bien au moment de ces premiers pas à l'extérieur qu'il faut insister pour que le tout-petit tienne la poussette ou la main de l'adulte à chaque déplacement. Il est certes plus facile de faire toutes ces allées et venues avec le bambin assis dans la poussette. Mais comment fait-il pour apprendre à marcher plus loin ? Comment fait-il pour apprendre à retenir son élan qui le propulse hors de la poussette (ou du siège-auto) dès qu'il est détaché ? Oui, c'est un travail et une attention de tous les moments, mais cela évite que votre enfant ne se mette en danger plus tard.

Les enfants au royaume de la politesse

De même, il est plus facile de s'installer au bac à sable pour échanger les derniers potins avec les adultes qui s'y retrouvent en laissant le petit chérubin se débrouiller. Certes, il apprend à se défendre seul et intègre les lois de la jungle : « C'est le plus fort qui l'emporte » ; « Ce qui est à toi est à moi » ; « Mieux vaut attaquer le premier » ; « Tous les coups sont permis... tant que l'adulte ne voit rien. » Nous voyons régulièrement arriver à l'école maternelle des petits caïds, de sexe féminin ou masculin, qui ont bien saisi ces règles et qui sont tout étonnés de se faire punir pour des comportements qu'ils considèrent comme justifiés. Leurs parents leur disent : « Je ne veux pas savoir ! Tu te débrouilles ! » Mais la maîtresse, elle, veut savoir. Elle demande des explications. Elle punit. L'enfant est considéré comme « méchant » par ses camarades alors qu'il n'a tout simplement pas appris à se conduire en société.

La violence à l'école choque tout le monde et je peux vous assurer qu'elle est bien présente dès la petite section de maternelle. À 2 ans et demi, l'âge de l'entrée en maternelle pour beaucoup d'enfants, certains ne savent pas faire autrement. Inutile de compter sur les instituteurs qui ont une trentaine d'enfants à surveiller. C'est impossible, avec toute la bonne volonté du monde, de garder un œil sur chaque individu. C'est une éducation qui commence à la maison et qui continue plus tard en crèche ou à l'école.

Que faire ?

Bien sûr, le langage joue un rôle primordial dans les liens que les enfants tissent entre eux. L'enfant qui ne parle pas prend au lieu de demander, repousse au lieu de refuser, bouscule au lieu d'attendre son tour, frappe au lieu d'exprimer ses sentiments.

L'enfant qui ne comprend pas est rejeté car il ne sait pas **lire les émotions** des autres enfants, il ne suit pas **les accords passés** au sein du groupe. Il est vite considéré comme un bébé et il est évincé du groupe.

L'enfant qui prononce mal ne se **fait pas comprendre** par les autres enfants. Ce qui entraîne l'utilisation de phrases de plus en plus courtes et immatures, rien que pour faciliter la tâche de l'interlocuteur. Chez certains enfants, cela va jusqu'à l'évitement de situations d'échanges verbaux.

L'une des conséquences d'un retard de parole/langage est la difficulté à établir des liens avec ses pairs. L'enfant tente de s'adapter en adoptant alors des comportements qui ne sont pas toujours judicieux à long terme (faire le clown, s'isoler, jouer au gros dur). C'est pour cela que, dès la moindre suspicion, un bilan chez l'orthophoniste ou une prise en charge peut être bénéfique. Ne vous y prenez pas à la dernière minute, car il existe des listes d'attente dans la plupart des cabinets. Certaines PMI (protections maternelles infantiles) qui emploient des orthophonistes proposent des bilans aux jeunes enfants. Il en est de même dans les CMP (centres de médecine préventive) ou les CAMSP (centres d'action médico-sociale précoce) de votre région.

Apprendre à votre enfant à dire « bonjour » et « merci » est une bonne chose. Il doit aussi s'adapter à la vie en communauté, et la toute première communauté est la famille. C'est donc au sein de ce groupe auquel il appartient que le tout-petit fait ses premiers pas dans la socialisation. Si vous l'autorisez à se comporter comme bon lui semble à la maison, il fera de même à l'extérieur.

Poser des interdits toute la journée n'est pas pour autant la solution. La rengaine « Fais pas ci ! Fais pas ça » est souvent ignorée par l'enfant qui l'entend toute la journée. Il est plus judicieux de lui montrer ce **qu'il peut faire**. Ainsi, l'enfant qui crayonne sur les murs s'en donnera à cœur joie à l'extérieur avec des craies. **Dehors**, c'est d'accord, mais **pas** dans la maison.

Au petit costaud qui jette le jouet dont il ne veut plus (au risque d'éborgner un jour un autre enfant), on donne un ballon ou des sacs de graines qu'il a tout à fait le droit de lancer. Le gros camion, lui, est soigneusement « garé » à sa place.

Un simple « non » accompagné de remontrances n'est pas toujours suffisant.

L'enfant qui a pris le pli de jeter son assiette par terre du haut de sa chaise haute dès la fin de son repas et qui refuse de s'arrêter se voit confisquer l'assiette juste **avant** la dernière bouchée. S'il vous devance, il n'a plus d'assiette jusqu'à ce qu'il se comporte correctement à table. Il est alors contraint de manger les aliments placés sur son plateau. Certains parents donnent tout simplement des couverts en plastique et une assiette en carton et ignorent les efforts de leur rejeton. Bien sûr, tout ce qui tombe à terre... reste à terre. Sinon, l'enfant prend un malin plaisir à vous faire tourner en bourrique en faisant « accidentellement » tomber ses couverts, puis son verre ou enfin son assiette pleine à vos pieds. Si vous le pouvez, dites-lui que c'est bien dommage mais qu'il n'y a plus rien à manger. Je peux vous garantir qu'il comprendra vite où se trouve son intérêt ! Un repas gâché est le prix à payer pour le retour du calme à table.

L'enfant qui ne contrôle pas ses gestes et qui devient violent ne réagit pas toujours à la parole de l'adulte. Il n'est plus dans l'écoute, il ne contrôle plus rien et a besoin d'établir ses propres stratégies pour se calmer : ce peut être un moment d'isolement dans un lieu calme, ou bien un câlin avec son doudou. Ne vous offusquez pas s'il rejette votre proposition de câlins ou vos bras cajoleurs. Il va trouver de lui-même un moyen de se calmer. Dès qu'il ira mieux, il pourra vous rejoindre à nouveau. Et ceci, même après quelques secondes passées seul dans son coin. Il va tout d'abord rejeter cette option, car il veut **absolument** que vous l'écoutiez hurler sa frustration ou sa colère. Si vous vous éloignez, son stratagème n'aura plus de prise sur vous et il se calmera. Il peut alors vous rejoindre et revenir à son activité initiale. Donner un nom aux sentiments qui l'animent (« Tu es en colère » ; « Tu n'es pas content » ; « Tu es triste ») l'aide également à se détacher de ses crises de larmes pour s'exprimer à l'aide de mots.

Benjamin, 20 mois, s'amuse à donner un petit coup sur la tête du bébé dès qu'il passe à proximité de celui-ci. Il a parfois un joujou à la main, ce qui déclenche des hurlements chez son petit frère qui ne s'attend pas du tout à ce traitement. La maman de Benjamin se précipite pour consoler le bébé et elle explique ensuite à l'aîné qu'il fait mal au bébé. Cela n'a rien changé au comportement de Benjamin qui n'est nullement touché par les larmes du plus jeune. D'ailleurs, lorsque sa mère n'est pas disponible, il choisit ce moyen pour la faire accourir dans le salon. Elle le gronde, bien sûr, mais ensuite, elle reste là pour le surveiller. C'est tout ce qu'il demande.

La maman est embêtée car elle ne comprend pas pourquoi son premier-né harcèle son petit frère. Elle pense qu'il ne s'agit que d'un jeu pour lui et qu'il n'a pas l'intention de faire du mal, même si la jalousie préexiste.

Avant même de consoler le bébé, elle intervient donc en installant Benjamin assis sur une chaise dans la pièce voisine. Elle lui signifie qu'il est puni car il frappe son frère. Elle lui explique alors qu'il est interdit de frapper une autre personne. Puis elle prend le bébé dans ses bras et vérifie qu'il y a plus de peur que de mal.

Benjamin n'apprécie guère la tournure des événements et se lève pour reprendre son jeu. Sa mère le rassoit en lui disant d'attendre. Au bout de quelques minutes, elle l'autorise à aller jouer gentiment, sans faire de mal au bébé. Benjamin se contrôle jusqu'au lendemain. La punition est alors oubliée et il reprend son manège. Il reçoit le même traitement et il arrête rapidement ce nouveau jeu qu'il s'était inventé : ça n'est plus drôle du tout.

La maman des deux garçons est soulagée. Elle utilise la chaise comme piquet pour poser les interdits à la maison. Pour

Benjamin, ça fonctionne bien. À vous de trouver ce qui est efficace pour votre enfant. Évitez le placard ou la chambre plongée dans le noir !

La socialisation avec un ou deux autres enfants est bien plus aisée à cet âge qu'avec un groupe plus large. Si cela vous est possible, invitez d'autres enfants à venir jouer avec le vôtre. Un terrain neutre tel le parc ou le bac à sable pose moins de problèmes que s'il s'agit de sa chambre. Partager **ses** jouets est presque impossible pour un enfant de 18 mois à 2 ans et demi. C'est une source de conflits sans fin.

Assurez-vous que vous avez à votre disposition deux ou trois exemplaires de chaque jouet car vous pouvez être sûrs qu'ils voudront tous le même joujou au même moment ! Cela signifie trois pelles mais aussi trois camions et trois seaux. Les jeux favoris à cet âge sont essentiellement construits de poursuites, de jeux de cache-cache et de jeux moteurs. Ce n'est qu'après qu'ils peuvent s'installer pour jouer plus tranquillement avec le sable, les petits cailloux ou tout autre objet. Inutile d'intervenir si ce n'est pour réitérer les règles en vigueur : on ne jette pas de sable… et on ne le mange pas non plus.

À l'approche de l'âge de 2 ans, certains enfants sont capables de partager un jouet tels un garage ou une dînette. C'est l'occasion pour eux d'élaborer des histoires ensemble, ce qui favorise des échanges verbaux de plus en plus riches. Je ne peux m'empêcher de laisser une oreille traîner à ces moments où apparaissent les premières phrases et les premières histoires. Les mots sont associés dans n'importe quel ordre et suivant une logique toute personnelle. C'est dans ces moments que l'on voit alors poindre la personnalité de chaque enfant.

Certains enfants s'approprient le rôle du meneur de jeu et les plus timides tentent de trouver leur place dans le groupe.

Sorties en tête-à-tête

Le tout-petit apprécie par-dessus tout de sortir seul accompagné d'un de ses parents ou d'un autre adulte. Il adore cette attention personnalisée. Il en profite pour vous montrer tout ce qui l'interpelle, du petit escargot qu'il croise sur le chemin au caillou si différent des autres. En promenade, il s'arrête toutes les deux minutes pour découvrir le monde caché sous une pierre ou pour dévaler le talus aussi vite que ses petites jambes le porteront. Il recommence encore et encore, sans se lasser le moins du monde, alors que vous n'avez couvert que quelques mètres et que vous aimeriez bien vous dégourdir les jambes. Vous l'attirez donc vers d'autres horizons en lui montrant ce qu'il y a plus loin. Si c'est le chemin parcouru qui vous intéresse, vous ne pouvez être que déçu. Mais si vous prenez le temps de regarder le monde à travers les yeux de votre enfant, vous en serez émerveillé. Accompagnez ces découvertes de petites comptines, de photos, de dessins ou de livres à l'usage des tout-petits ou des plus grands.

L'ESCARGOT

Il a plu
pendant
la nuit.

un escargot
joli
fruit
de la pluie

dans l'allée
glisse
sans bruit.

Les transports publics

Dans les familles vivant en zone urbaine, les tout-petits sont vite habitués aux transports en commun tels le bus, le train, le tram ou le métro. Mais pour d'autres enfants, cela représente un monde inconnu plein de sensations nouvelles. Même si vous vous déplacez à pied ou en voiture habituellement, prenez le temps si l'occasion se présente de découvrir une autre forme de transport. L'enfant n'est peut-être pas friand de longs voyages mais il apprécie particulièrement les quelques minutes en bus, en train ou en métro. Il est fasciné par tout ce qui est lié à cette forme de transport et les images observées dans ses livres ou ceux de la bibliothèque prennent un sens.

Cochons d'Inde, dromadaires et autres fauves

Aux côtés des objets familiers du quotidien dans les premiers livres d'images des petits, je suis toujours étonnée de trouver des créatures, tels des éléphants, des lions ou des crocodiles que nous avons l'habitude de côtoyer régulièrement, bien sûr...

Avant de présenter à votre enfant ces créatures extraordinaires, je vous invite à lui faire découvrir des bestioles bien ordinaires qui, elles, font partie de son environnement. Si vous n'en avez pas à disposition à la maison, il est toujours possible d'en trouver pas trop loin de chez vous, dans le pré du coin, la forêt ou l'animalerie du centre commercial. Sans pour autant faire l'achat d'un animal de compagnie, vous pouvez en héberger un qu'une autre famille sera ravie de vous confier. Inutile de voir trop grand : n'importe quelle bête à poils, plumes... ou écailles fera le bonheur de votre tout-petit. Il vous faut peut-être surmonter votre propre dégoût de ces animaux (Pas un rat ! Ah, non ! J'ai peur des serpents !) ou faire un choix en fonction de vos préférences. Il est vrai que s'il vous faut des gants, voire un balai pour toucher le cochon d'Inde, ce n'est pas le meilleur exemple à donner à votre rejeton !

Avant de faire un lâcher d'enfants et d'animaux, sachez que pour les tout-petits, ceux-ci ne sont ni plus ni moins que des jouets. C'est le moment de parler de leurs besoins (ce qu'ils mangent, comment les manipuler), de leurs sentiments (la peur du bruit, de gestes brusques), de ce qu'ils n'aiment pas (qu'on leur touche les yeux, les oreilles, la queue…) et de ce qu'ils aiment (le brossage, les caresses). Maltraiter un animal n'est pas acceptable, même si c'est un jeune enfant qui le manipule. Faites en sorte de protéger l'animal, ce qui évitera de même les mauvaises surprises tels les griffures, les morsures ou les pincements de dents bien acérées d'une bête qui n'apprécie pas les mauvais traitements.

J'utilise des animaux dès que c'est possible lorsque je travaille avec un jeune enfant. Cela m'assure que j'ai toute l'attention du tout-petit quand je décris tout ce que j'ai mentionné plus haut. J'encourage l'enfant à imaginer ce que l'animal pense, ressent ou peut bien vouloir exprimer. C'est le tout début de l'empathie avec laquelle l'enfant se met à la place de l'animal. Notre petit Benjamin dont j'ai parlé plus tôt a bien besoin de développer cette même empathie envers son petit frère ! L'animal est alors une bonne façon d'initier ce travail.

Les sorties très spéciales…

Il se peut que l'un de vous soit passionné de pêche, d'équitation… ou de trains. Même si l'enfant est jeune, je vous engage à faire une sortie en sa compagnie pour partager votre passion avec lui. Il ne s'agit pas de sortir systématiquement avec votre petit dernier mais de lui faire découvrir votre passion, même s'il est bien trop petit pour y participer. Ainsi, placez-le quelques instants sur le dos d'un poney ou nagez alors qu'il s'accroche à votre dos. Asseyez-le sur la base de la harpe pendant que vous jouez ou confiez-lui une petite pelle pour faire des trous dans le jardin. Je sais qu'il est présent alors que c'est justement votre moment de détente, mais cela vous donne une occasion de partager de précieux moments avec lui.

10 questions sur le crapahuteur

1. Mon enfant a presque 1 an et demi et bave encore beaucoup. Je suis obligée de lui mettre un bavoir dans la journée, sinon il est trempé. Ça m'a posé un problème tout l'hiver, car il a attrapé froid avec cette humidité constante. Son visage était également tout irrité. N'est-il pas trop grand pour baver à ce point ?

En effet, après la pousse dentaire et lorsque le bébé commence à moins porter les objets à la bouche, le problème disparaît progressivement. S'il perdure, il peut causer les désagréments que vous décrivez. Je vous propose de vérifier dans un premier temps auprès de votre médecin s'il n'y a pas une production excessive de salive qui serait liée à une prise de médicaments ou à un problème dentaire. En effet, des dents sensibles font moins mal lorsqu'elles sont protégées de l'air froid par une couche de salive.

De même, le tout-petit qui ne peut respirer par le nez (encombrement dû à des allergies ou des infections, déviation de la cloison nasale...) respire par la bouche, ce qui ne l'encourage pas à avaler sa salive régulièrement.

Abandonnez le bavoir pour le remplacer par un bandana ou tout autre tissu qui fait moins « bébé ». Votre tout-petit n'a probablement pas conscience de baver et vous avez pris l'habitude de l'essuyer régulièrement durant la journée. Il serait préférable de l'encourager à le faire tout seul à l'aide des poignets en éponge que vous confectionnerez en coupant en deux ceux habituellement utilisés par les joueurs de tennis. Montrez-lui dans un miroir que son menton est tout mouillé et qu'il faut le sécher.

Ensuite vient le temps de mettre en place les moyens nécessaires au contrôle de ce bavage. Votre enfant doit prendre l'habitude **d'avaler la salive** qui stagne à l'avant de la bouche, entre les lèvres et les dents. Dès qu'il ouvre la bouche ou qu'il penche la tête en avant, un filet de salive s'échappe. Demandez-lui donc de **fermer la bouche et d'avaler.** Faites-lui une démonstration à grand renfort de bruits d'aspiration. C'est ce même son qui va lui rappeler d'avaler durant la journée jusqu'à ce qu'il apprenne à le faire de façon autonome.

Il va y avoir des hauts et des bas selon l'état de fatigue de votre enfant ou son état de santé durant cet apprentissage. Ne vous inquiétez pas et surtout, ne lâchez pas ! Si besoin est, faites-vous aider par un orthophoniste.

2. Ma fille qui mangeait de tout à 12 mois refuse la plupart des aliments que je lui propose à 24 mois. Elle ne veut manger que des pâtes et du fromage. Nous avons fait tout notre possible pour lui faire goûter des plats qui sont mangés par le reste de la famille, mais elle ne veut rien savoir. Après, elle attend son biberon du soir car elle a faim.

N'oubliez pas que l'appétit de votre enfant varie selon son âge et qu'il peut très bien diminuer. Ne vous attendez donc pas à ce que les mêmes quantités soient ingérées à des moments différents. Mais il semble qu'ici, ce soit la variété des aliments acceptés qui se réduise. Votre fille est en pleine période de « révolte » et elle choisit de vous contrer sur ce qui vous touche le plus : son alimentation. D'autant plus qu'elle a bien compris que le biberon sera toujours disponible pour calmer sa faim. Il est peut-être temps de dire au revoir au biberon ou, si cela n'est pas encore possible, de ne lui donner qu'un biberon d'eau qui ne remplacera pas son repas du soir.

Gardez donc ses aliments favoris en l'encourageant à goûter ce que vous mangez. Simplement une bouchée suffit. Même si elle n'en mange pas plus, elle s'habitue peu à peu à la texture, à la saveur, à la consistance et à la température de ce que vous mangez en famille.

Puis alternez une bouchée de ce qu'elle aime et de ce qu'elle découvre à nouveau. Une bouchée de pâtes et un bout de poisson. Une cuillerée de soupe et un bout de fromage... ou du fromage râpé dans la soupe.

Laissez-lui le plus d'autonomie possible durant le repas : ce qu'elle met elle-même à la bouche sera mieux accepté que ce que vous tentez d'y introduire. Il vous faut peut-être lui donner des morceaux qu'elle peut prendre à la main et grignoter.

N'allongez pas le temps du repas en fonction de son rythme : une fois le dîner terminé, tout est rangé. C'est fini. Pas de nourriture jusqu'au prochain repas et, bien sûr, pas de grignotage ! Elle comprendra vite la routine associée aux repas et ajoutera peu à peu de nouveaux mets à sa liste, surtout si elle a participé aux courses et à la préparation !

La présentation a son importance aussi. Une purée de couleur verdâtre constituée d'un mélange de tous les plats n'est guère attirante. Il est bien plus drôle de jouer au « monstre » qui « dévore » la tête de la petite créature (une tomate-cerise), son ventre (un œuf dur), ses pattes (des bâtons de carotte) et sa queue (un radis). Les visages sur tranche de jambon ont également beaucoup de succès. Mais attention ! Ceci est exceptionnel et n'est pas à renouveler à chaque repas !

3. Nous venons d'arriver en France et notre bébé de 18 mois ne parle pas le français, comme nous d'ailleurs. Est-ce qu'il peut quand même aller à la crèche ? Cela va-t-il le perturber ? Faut-il lui parler français à la maison ?

Même si votre petit garçon a commencé l'apprentissage d'une langue, rien ne l'empêche d'en gérer une deuxième. Les petits de cet âge sont de véritables « éponges » en ce qui concerne le langage. Donc, à moins que vous ne vouliez l'éduquer plus tard **que** dans sa langue maternelle, il ne sera nullement affecté par ce bilinguisme.

C'est d'ailleurs le moment idéal pour le faire, et ceci pour de multiples raisons :

— D'une part, les relations établies par des petits de cet âge sont essentiellement non verbales. Il n'est donc pas pénalisé par rapport aux autres enfants et continue son apprentissage de la nouvelle langue à son rythme.

— Il n'a pas encore dissocié sa langue maternelle de sa nouvelle langue. Pour lui, il ne s'agit que de mots, quelle que soit la langue dont ils sont tirés.

C'est vous qui l'aidez à prendre conscience des deux langues alors que vous ne lui parlez que dans votre langue maternelle à la maison et qu'il entend la deuxième en crèche.

— Si vous prévoyez de l'éduquer dans le système scolaire français, c'est maintenant qu'il doit établir les bases linguistiques qui permettent les apprentissages. Plus il sera à l'aise en français, mieux il apprendra. Plus tard, au moment de la découverte de la lecture et de l'écriture, ce sera d'une importance primordiale.

— À 18 mois, le tout-petit est très rapide et il peut ainsi poursuivre ses apprentissages bilingues (sa première langue à la maison et la deuxième en crèche, puis à l'école). Il est bien plus doué qu'à un âge plus avancé.

4. Mon fils n'a jamais eu de problème pour s'endormir jusqu'à ce que nous le sortions de son lit à barreaux, à 22 mois. Il avait compris comment grimper pour en sortir et cela devenait dangereux. Nous lui avons donc acheté un « grand » lit. Le problème est qu'il n'y reste pas et il le quitte tous les soirs pour nous retrouver sous n'importe quel prétexte. Il ne se couche que bien plus tard et ne s'endort qu'une fois que nous avons rejoint notre chambre.

C'est souvent le cas lorsque le tout-petit a la liberté de mouvement que lui procure son lit d'enfant. Il est trop tentant pour lui d'aller voir ce qui se passe dans le salon. Les auteurs de l'ouvrage *Le sommeil, le rêve et l'enfant*[1] préconisent de fermer la porte de la chambre et d'encourager l'enfant à retourner se coucher. De nombreux parents avec qui j'ai eu l'occasion d'en parler ont du mal à fermer la porte à leur enfant. Je leur propose alors le compromis de la barrière qui empêche les évasions mais qui ne sépare pas totalement la chambre de l'enfant du reste de

1. *Op. cit.*

la maison. Il est aussi possible de ressortir sa turbulette qui inhibe sa liberté de mouvement et empêche les évasions nocturnes.

Le message à donner est clair : « C'est l'heure du dodo. » Il faut donc rester dans son lit, même si l'on ne dort pas. Si votre petit habitué des sorties nocturnes n'apprécie pas ce changement et exprime ses sentiments, ne rentrez plus dans sa chambre et dites-lui d'aller se recoucher et de dormir. Il peut très bien s'endormir par terre après avoir joué un moment. À vous de voir si vous le replacez dans son lit ou si vous le laissez là où il est installé. Le laisser à l'endroit où il s'est endormi n'est pas une si mauvaise idée.

Encore une fois, plus vous permettez à cette situation de s'installer, plus il vous sera difficile de modifier ce comportement. Un enfant qui manque de sommeil a bien plus de mal à se laisser aller à l'endormissement par la suite. Il ne s'endort pas, insiste pour rester avec vous, vous cherche durant la nuit... et passe une journée difficile, car son système nerveux n'a pas eu le repos dont il a besoin. C'est le cercle vicieux par excellence.

Pour insister sur les règles au moment du coucher, il est tout à fait possible de passer par le jeu symbolique. Mettez en scène avec des personnages, des peluches ou des marionnettes, ce qui se passe sous votre toit à l'« heure arsenic » comme disait ma voisine, mère de deux garçons pleins d'entrain. L'enfant a l'occasion de « corriger » l'ours qui sort de son lit une dizaine de fois pour des raisons les plus folles (pour aller acheter du miel, pour vérifier si les abeilles dorment...). Il intègre ainsi, peu à peu, les routines liées au nouveau lit.

Au Canada, pays où les parents sont friands de « groupes de travail », certains animateurs préconisaient de tout éteindre dès l'apparition de l'enfant récalcitrant. Dans le noir du salon, ignoré par la famille, celui-ci a vite fait de rejoindre son lit ! C'est d'une grande efficacité : je le confirme !

5. Mon petit garçon qui vient d'avoir 2 ans a une voix grave et enrouée. Il lui arrive même d'avoir la voix cassée. Nous y sommes habitués, car nous l'avons toujours connu avec une voix

enrouée, mais les personnes qui le rencontrent pour la première fois sont étonnées. Est-ce normal ?

La voix change en fonction de l'âge et du sexe de l'individu à laquelle elle appartient. Un petit garçon ne devrait donc pas avoir une voix grave ou abîmée.

Ceci est souvent ignoré car nous connaissons tous des chanteurs avec une voix très particulière qui a fait leur succès. Être **aphone** ou sans voix n'est pas un avantage pour votre enfant et les causes probables sont nombreuses. Elles vont des allergies en passant par une respiration inadaptée ou ce que nous appelons des « abus vocaux », c'est-à-dire une mauvaise utilisation des cordes vocales à force de crier, de forcer, de tousser, etc.

Il vous faut donc consulter un orthophoniste qui fera les bilans nécessaires et vous dira si d'autres examens sont utiles. C'est une situation qu'il ne faut pas ignorer car les cordes vocales peuvent être endommagées assez rapidement.

6. Mon mari a bégayé quand il était petit et il en a beaucoup souffert. Il est inquiet car il a l'impression que notre fils de 24 mois commence, lui aussi, à bégayer. Est-ce que cela se transmet des parents aux enfants ? Que pouvons-nous faire pour l'aider ?

Il existe aujourd'hui de nombreuses théories sur ce qui provoque le bégaiement. Il me serait bien difficile de les exposer ici. Je comprends néanmoins la crainte de votre mari qui veut éviter à son fils les expériences négatives qu'il a pu vivre durant son enfance, son adolescence et peut-être sa vie d'adulte.

Il peut faire une chose pour son fils : c'est de contrôler son anxiété et de ne pas la montrer à son rejeton. Plus facile à dire qu'à faire, je le conçois fort bien. Sachez que les enfants passent parfois par un stade de **développement normal du langage** caractérisé par la **répétition du premier son ou de la première syllabe,** une difficulté à **démarrer les phrases,** un **flot de parole discontinu.** Il s'agit d'une période qui démarre au cours de la deuxième année ou dans les années qui suivent et qui est aisément reconnue par la **dysfluence** de l'enfant.

Le tout-petit, nullement gêné par ce qui lui arrive, butte sur certains sons ou certains mots. C'est plutôt l'interlocuteur qui est gêné par ces répétitions et sa réaction est de tenter d'aider l'enfant en disant le mot sur lequel le petit butte, en terminant la phrase, en se montrant attentionné et en entourant l'enfant de plus d'attention, en lui donnant des conseils : « Ralentis ! Tu parles trop vite ! » ; « Réfléchis avant de parler ! » ; « Tourne ta langue sept fois dans ta bouche avant de parler ! »

Ces réactions vont à l'encontre de notre désir d'aide car elles ne font que cibler les difficultés de l'enfant qui commence alors à se demander ce qui ne va pas chez lui. Cela provoque une tension qui s'accentue durant les échanges verbaux. Cette tension accrue a pour seul résultat de créer des dysfluences de plus en plus importantes. Que faire pour permettre à votre fils de vivre cette phase de développement sans encombre ? **Écoutez-le** sans l'interrompre et en **maintenant le contact visuel**. Ne parlez pas à sa place. Ne le mettez pas dans une situation où il **doit parler en public** s'il ne le désire pas. Donnez-lui l'occasion de prendre la parole en famille. Ne laissez pas l'entourage parler des dysfluences devant votre fils. S'il vous interroge, dites-lui que beaucoup d'enfants buttent sur les mots à son âge car il apprend à parler et que cela s'arrête tout seul. Le langage peut se détériorer, les symptômes peuvent apparaître et disparaître soudainement, et ceux-ci vous sembler sévères ou bénins. Néanmoins, petit à petit, les phases de dysfluences sont plus courtes et s'espacent pour finalement s'évanouir. Il ne vous restera que le souvenir des « bbbbballe » ou « ppppppapa ». C'est bien la seule petite anicroche liée au langage qui ne requiert aucune prise en charge orthophonique. Toutefois, si l'inquiétude de votre mari persiste, une consultation avec un orthophoniste lui permettra de se rassurer.

7. Malgré les conseils sur l'alimentation que nous avons suivis, notre fils de 20 mois mange comme un cochon. Dès le début du repas, il enfourne sa nourriture dans sa bouche sans prendre le temps de la mâcher. Il ne semble même pas apprécier le goût des aliments et il ne fait que se remplir. Je peux lui donner n'importe quoi, il a fini bien avant le reste de la famille et demande une seconde portion. À la fin du repas, il en a partout.

Manger n'est un plaisir ni pour lui, ni pour nous, car ce n'est guère agréable.

Il me semble que votre enfant n'apprécie pas le moment du repas parce qu'il ne perçoit pas ce qui se passe dans sa bouche. S'il ne sent pas les aliments une fois placés dans sa bouche, il ne peut que les avaler tout rond et passer à la bouchée suivante. Il faut donc améliorer ses perceptions en stimulant le sens du toucher dans la bouche. Au moment du brossage des dents que vous allez faire après chaque repas (petit déjeuner, midi, goûter, dîner), profitez-en pour lui brosser les bords de la langue, l'intérieur des joues, le palais et les lèvres. Nommez chaque partie que vous brossez et parlez avec lui de ce que cela lui procure comme sensations : ça gratte ou ça chatouille ?

Il peut aussi suivre le parcours de la brosse à dents que vous déplacez dans sa bouche avec sa pointe de langue. Il n'est peut-être pas nécessaire de lui donner des consignes : la plupart des enfants le font spontanément. S'il est partant, utilisez une brosse à dents électrique qui permet un massage plus profond et porteur de sensations différentes. Puis encouragez-le à garder les aliments en bouche plus longtemps en les faisant passer d'une joue à l'autre, en lui demandant de deviner ce que vous avez mis dans sa bouche alors qu'il avait les yeux fermés. Est-ce le riz ? Ou la compote ? Est-ce chaud ou froid ? Est-ce du ketchup ou de la mayonnaise ? Pour éviter qu'il ne mange de trop grosses quantités pour son âge, donnez-lui un petit bol ou une petite assiette. Proposez-lui de petites portions et encouragez-le à bien mastiquer chaque bouchée avant d'avaler. Parfois, je demande aux enfants de poser leur couvert entre chaque bouchée pour inhiber leur envie d'aller chercher une autre cuillerée trop vite.

8. Ma fille est comme obnubilée par les mêmes jouets qu'elle ne quitte plus. C'est son petit piano électrique qui joue toujours les mêmes mélodies ou une colonne sur laquelle elle place des anneaux. Elle hurle dès que nous voulons les lui enlever et refuse toute autre forme de jeu.

Ceci arrive lorsque le tout-petit s'enferme dans les mêmes activités répétitives. Tout va bien au début car notre chérubin joue sagement seul dans son coin, même si les mélodies nous tapent sur le système au bout d'un moment.

Puis, devant le manque d'évolution, les questions et les tentatives pour provoquer un changement émergent. Le problème est que tout le monde émet des opinions qui sont radicalement opposées. Cela va du définitif « Il faut tout jeter à la poubelle » au « Il n'y a qu'à la laisser faire jusqu'à ce qu'elle s'en lasse ». Parmi tous les « y'a qu'à » et les « faut qu'on », vous êtes perdu. Mais que faut-il donc faire ?

Il est certain que votre petite tire un plaisir à manipuler ces deux jouets. Mais le fait qu'elle s'y attache toute la journée l'empêche de découvrir d'autres activités.

Pourrions-nous trouver un compromis ? Pourquoi ne pas ranger les deux objets de sa passion et ne les ressortir qu'à une période déterminée de la journée, juste après le bain par exemple ? Cela lui donne une bonne partie de la journée, celle où elle est probablement la plus réceptive, pour faire d'autres découvertes. Puis en fin de journée, elle retrouve ses habitudes et un jeu qu'elle apprécie et dont elle tire très certainement quelque chose. C'est donc qu'elle en a besoin. Ceci n'est pas toujours évident pour nous, mais les enfants qui restent sur un même jeu stimulent ainsi un sens qui a besoin d'être sollicité. Une maman m'a fait part de la passion de son fils pour les tourniquets et les balançoires. Il ne veut pas les quitter, tout comme votre fille. Or, pour moi, il est très clair que cet enfant stimule ainsi son système vestibulaire dont nous avons déjà parlé. Il le fait car ceci stimule en contrepartie d'autres fonctions cérébrales.

Avant d'interdire totalement une activité favorite, posez-vous donc les questions suivantes : quel est le but de cette activité ? Comment puis-je aider mon tout-petit à atteindre ce même but à l'aide d'un autre jeu ?

9. Mon enfant de presque 2 ans ne parle toujours pas. Mon mari n'est pas du tout inquiet car lui-même a commencé à parler tard et il dit qu'aujourd'hui, il ne s'en porte pas plus mal. Nous sommes en conflit sur ce sujet car j'aimerais l'avis d'un spécialiste.

Il existe des opinions aussi variées sur le sujet que de familles, ou d'individus. Nous avons tous notre façon de voir les choses qui est basée sur notre expérience personnelle. Or les attentes que nous avons aujourd'hui ne sont pas les mêmes que celles de nos parents. La société est organisée différemment et un enfant vit en groupe bien plus tôt. Il est également scolarisé à un plus jeune âge. C'est autour de 2 ans et demi que le tout-petit démarre sa scolarité aujourd'hui. Son père a commencé plus tard, après avoir fait l'acquisition du langage avec un retard qui n'a probablement pas eu de conséquences sur sa socialisation et sa scolarisation.

Un enfant qui entre à l'école sans la parole rencontre de nombreuses difficultés pour **comprendre** et pour **s'exprimer** dans un groupe constitué d'une trentaine d'enfants. L'institutrice chargée de la classe n'est pas disponible pour soutenir chaque petit bout dans cet apprentissage. Elle peut au mieux repérer le retard de parole/langage et attirer l'attention des parents sur celui-ci.

Comme vous le feriez pour n'importe quel autre problème (dentaire, visuel), vous pouvez tout à fait prendre un rendez-vous pour faire un bilan des aptitudes communicatives de votre fils. La présence des deux parents est importante s'il y a une divergence d'opinion, comme dans votre cas. Les résultats du bilan vous seront expliqués et l'orthophoniste vous informera sur la démarche à suivre. Vous avez alors l'occasion de poser toutes les questions qui vous hantent la nuit ! N'écoutez pas les personnes qui jugent que votre fils est trop jeune : il n'y a plus d'âge inférieur pour un bilan orthophonique. Le bilan et la prise en charge, si elle est jugée nécessaire, sont pris en charge par la Sécurité sociale.

10. Notre petite fille de 18 mois est inscrite à la crèche collective depuis qu'elle est bébé. Le personnel nous dit qu'elle a commencé à parler mais, à la maison, nous n'avons pas entendu le son de sa voix... excepté quand elle crie si nous ne réagissons pas assez vite !

Comment se fait-il qu'elle ne parle pas à la maison alors qu'elle possède déjà plusieurs mots ? Nous sommes un peu

déçus de cette réaction de sa part. C'est comme si elle réservait à la nounou ce qu'elle sait faire.

Ne soyez pas si déçus : votre fille ne fait que réagir à l'environnement dans lequel elle se trouve. Non pas que vous ne lui proposiez pas assez de stimulation ! Peut-être qu'au contraire, vous êtes **trop** disponibles. À la crèche, elle doit batailler pour attirer l'attention de la nourrice. Elle n'est pas seule et ses petits camarades ont vite fait de lui « piquer la place ». À la maison, au contraire, le moindre petit geste de sa part est le seul effort à fournir pour obtenir ce qu'elle veut. Pourquoi se fatiguer plus ? Mieux vaut conserver son énergie pour des situations où parler est **vraiment** nécessaire.

Je vous conseille donc de voir avec la crèche quels sont les mots qu'elle possède déjà et de modifier vos attentes en fonction de ceux-ci. Ainsi, à la maison, encouragez-la à « demander avec des mots », comme à la crèche.

Instaurez un va-et-vient avec la structure où elle passe ses journées et définissez vos attentes selon ce qu'elle apprend, que ce soit à la maison ou à la crèche.

Elle comprendra vite que la donne a changé et que parler, c'est bien utile après tout. Avec les mots, elle peut commander, refuser, commenter et faire rire son entourage ! Il serait dommage de vous en priver !

LE MOULIN À PAROLES DE 24 À 36 MOIS

L'enfant de 24 à 36 mois parle tout le temps. Il vous décrit tout ce qu'il observe. Il vous fait part de ses opinions (« Garde ! C'est cassé ! »). Il vous interroge sans cesse (« Cé quoi ça ? Yléoù le cracteur ? »). Il s'interdit de faire des bêtises... pour passer à l'action dans la seconde qui suit (« Ah non ! Pas taper ! »). Il accompagne ses jeux d'exclamations, de commentaires et fait dialoguer les personnages avec lesquels il joue (« Oh là là ! Va vite ! »). Il imite vos intonations, vos mimiques, vos tics verbaux alors qu'il est en grande conversation au téléphone (« Mmh ! Ah oui ! Voilà ! Ahhh ? Mmh ! Ah bon ? »). Il donne des ordres fermes à l'animal familier et le gronde s'il n'obéit pas au doigt et à l'œil (« Va coucouche panier !). Il vous fait rire en reproduisant des expressions, qu'il a glanées ici et là, à des moments inopportuns, totalement hors propos (« Mon dieu ! Oh zut alors !).

En fait, c'est un enfant qui a accès au langage tout au long de la journée et qui, en plus des progrès évidents sur le plan purement linguistique, fait preuve d'une grande richesse dans son utilisation. Ce qu'il se dit tout haut sera intériorisé et lui sera utile pour assimiler de nouvelles informations ou pour aller chercher en mémoire la séquence correcte des actions nécessaires pour... changer un pneu par exemple, ou reproduire les déplacements utilisés pour danser la salsa. En effet, c'est ainsi que nous gérons des situations difficiles en tant qu'adultes : nous nous donnons des instructions à l'aide d'une voix intérieure : « D'abord, il faut sortir le cric du coffre. » « Après, ne pas oublier de dévisser les boulons alors que la roue est encore en contact avec le sol... » Ou bien notre petite voix nous rappelle que le patron qui nous hurle dessus n'est en fait qu'un individu comme les autres si vous l'imaginez... nu, en chaussettes. Votre petit bout dit tout haut ce que vous pensez tout bas.

Nous assistons donc à une véritable explosion de langage au cours de la troisième année. Il quitte peu à peu l'aspect « bébé » pour devenir un enfant avec une réelle personnalité en prime. Cela ne se fait pas sans mal car, toute l'année, il vacille entre l'état qu'il quitte, celui du bébé, et celui vers lequel il se dirige, celui de l'enfant autonome. Un jour, il est « grand » et le lendemain, c'est un « petit ». Ce qui entraîne des moments difficiles pour l'enfant mais aussi pour l'adulte qui ne sait jamais ce qu'il va trouver au réveil ou à d'autres moments de la journée.

Élisa est tiraillée entre le besoin d'être maternée et son désir d'autonomie. Dès qu'elle quitte la crèche, elle se transforme en gros bébé et insiste pour que sa mère la prenne dans ses bras pour faire les quelques mètres qui la séparent de la voiture. Elle s'installe dans le siège-auto et se met à hurler « moi toute seule ! » dès que sa mère fait mine de lui attacher sa ceinture de sécurité. Elle parvient finalement à insérer la boucle dans la fermeture, sans tenir compte du fait que sa mère doit se dépêcher d'aller chercher les autres enfants à l'école. Véronique la regarde faire en prenant sur elle pour rester calme. Elle démarre et entend sa fille chouiner à l'arrière. « Qu'est-ce que tu veux ? » lui demande-t-elle en levant les yeux au ciel. Élisa baragouine une réponse inintelligible et reprend ses pleurs de plus belle. « Dis moi, je n'ai pas entendu ! » lui dit Véronique. « TOTOTE ! » hurle Élisa dans les oreilles de sa maman. « Ta totote est dans ton lit à la maison. Tu l'auras quand tu iras te coucher. » Dans son for intérieur, Véronique redoute une véritable crise de sa fille, adepte de situations théâtrales. Elle lui propose donc son goûter et Élisa se calme aussitôt et mange tout en détaillant à sa mère sa journée à la crèche, faisant preuve de bonnes capacités pour raconter. Véronique l'écoute, déjà épuisée par les demandes de sa fille. Et cela ne fait que commencer…

Ces variations soudaines d'un état à un autre sont dues au fait que l'enfant est dans une période de transition. Il passe d'un extrême à l'autre car il ne sait pas encore choisir entre plusieurs possibilités. Faut-il dire « oui » ou dire « non » ? Être passif ou actif ? Faire tout seul ou accepter de se faire aider ? Ce n'est qu'en faisant l'expérience de chaque alternative que l'enfant peut acquérir la maturation qui lui permettra de décider la façon de procéder.

Il s'agit là d'un apprentissage long et ardu. Votre enfant vous paraît peut-être entêté, mais ce n'est pas nécessairement le cas. Il préfère une option à un moment donné pour changer en cours de route. C'est vrai, il vous fait tourner en bourrique, mais ce n'est pas volontaire. Il lui manque une maturation neurologique qu'il n'a pas encore atteinte pour gérer toutes les options présentes.

Ce manque de maturation est évident lorsqu'on observe de plus près son comportement moteur. Il démarre au quart de tour mais a bien du mal à s'arrêter. Il saisit les objets et ne peut les relâcher qu'à l'aide d'un mouvement du bras qui nous fait penser qu'il lance l'objet en question. Il utilise trop de force car sa proprioception (information donnée par les capsules des articulations et les ligaments) n'est pas encore assez perfectionnée pour l'informer sur la tension musculaire requise pour tel ou tel geste. Il a des difficultés à inhiber le mouvement qu'il a initié, malgré toute sa bonne volonté. Il commence à courir et ne s'arrête pas au trottoir, comme le lui a répété sa mère quelques centaines de fois. Sur sa lancée, il traverse la rue et ce n'est que de l'autre côté qu'il interrompt enfin sa course, sous le regard horrifié de ses parents. Il n'est pas « méchant ». Il n'est pas non plus un « voyou » s'il agrippe un peu fort le bras du petit camarade qu'il tente de rattraper. Il n'est pas pour autant « cruel » s'il serre un peu trop fort le chat dans ses bras. Il doit apprendre à établir cet équilibre entre aller et venir, entre saisir et lâcher, entre initier un mouvement et l'inhiber, entre embrasser et mordre. Il veut faire seul mais ne peut pas encore évaluer la distance qui sépare sa main de la bouteille d'eau située sur la table. Il a du mal à modeler ses doigts selon la forme de la bouteille. Il discerne mal la force à mobiliser pour enserrer cette bouteille. Résultat : il manque de renverser la bouteille à terre, il la lâche car il n'a pas une bonne prise, il l'écrase de sa main ou il la laisse tomber en renversant de l'eau.

C'est l'année où les expériences qu'il fait lui permettent de trouver cet équilibre. Votre dilemme est de décider de lui laisser cette autonomie ou non. Bien que cela soit difficile, il est préférable de le laisser faire seul et d'intervenir quand il demande de l'aide. Ainsi, s'il met les deux jambes dans une seule jambe de son pantalon, attendez qu'il vous le demande avant d'intervenir. Il s'aperçoit très vite de son erreur ! Pour vous comme pour lui, cet équilibre n'est pas toujours aisé.

En Amérique du Nord, la tendance est de laisser à l'enfant toute l'autonomie qu'il demande au risque de catastrophes domestiques quotidiennes. Le tout-petit prend alors l'habitude de la grande disponibilité des adultes de son entourage. Ayant pris le pli de permettre à l'enfant de faire à sa guise, certains parents n'osent plus instaurer d'interdits. Ce qui a donné lieu à de nombreux écrits sur le sujet par des médecins qui ont tenté de rétablir cet équilibre perdu.

En France, nous avons vu l'opposé chez la génération précédente : le bébé est assisté dans chacun de ses gestes par souci de rapidité, afin d'éviter des accidents éventuels ou de se salir au cours de la journée... ou de salir la maison.

C'est entre 2 et 3 ans que la majorité des enfants font leur entrée à l'école. C'est bien plus tôt que chez nos voisins européens (entre 4 et 5 ans en Irlande et en Grande-Bretagne, entre 6 et 7 ans en Allemagne). Nos tout-petits sont donc parachutés dans des classes d'une trentaine d'élèves alors que leur besoin d'attention individuelle est encore très important. De plus, l'enfant qui fait son entrée à l'école à cet âge a besoin d'une surveillance constante : comme nous l'avons vu, il est incapable de contrôler ses pulsions. Il peut donner l'impression d'être autonome à la maison alors qu'en groupe, il abandonne rapidement toute tentative d'autonomie. Il a donc encore besoin de l'adulte pour faire cet apprentissage.

De plus, hors de la présence de l'adulte, les conflits autour du jeu sont fréquents. L'enfant ne sait pas encore **comment jouer** avec un autre, **comment partager** ou même comment **prendre sa**

place au sein d'un groupe, comment **imaginer un jeu** avec un autre petit. Mais la réalité de la vie professionnelle des deux parents, du manque de structures d'accueil pour les tout-petits et du budget de la famille fait que nous n'avons pas le choix sur la question. Beaucoup de familles ont de longs trajets pour se rendre sur leur lieu de travail, ce qui fait que la garderie le matin et le soir est inévitable. Le tout-petit est parfois confié à des tiers de 7 heures du matin à 7 heures du soir.

Mon but, en soulevant ce sujet, n'est pas de culpabiliser les parents qui n'ont pas d'autre option. L'entrée en maternelle à cet âge est un fait acquis en France. Je ne peux néanmoins m'empêcher de questionner un système qui, à mon humble avis, ne répond guère aux besoins des enfants les plus jeunes. La tendance, aujourd'hui, est de demander aux tout-petits de se fondre dans la masse et de réagir comme leurs pairs, sans reconnaissance des différences individuelles de chacun. De plus, les acquis « scolaires » sont privilégiés au détriment d'apprentissages qui ont leur place à ce jeune âge. Très vite, à part pour certains instituteurs qui freinent des quatre fers, on demande à l'enfant de produire des dessins selon des critères bien définis, de reconnaître son nom écrit parmi celui des autres, de rester sagement assis pour écouter une histoire. Or, à cet âge, l'enfant a surtout besoin de **JOUER**. Il lui faut un temps de jeu libre, de jeux sociaux, de jeux moteurs, de jeux musicaux ou créatifs avec pour seul but le plaisir de découvrir, de patouiller, de taper, secouer, tapoter, grimper ou sauter. Il a besoin de partager une collation avec les autres enfants, non pas pour s'alimenter, mais pour avoir l'occasion de s'asseoir à une table avec ses camarades et d'échanger. Il est intéressant de noter que le goûter du matin vient d'être aboli en maternelle pour des raisons qui varient d'un établissement à un autre.

Mais ce dont il a besoin par-dessus tout est la présence d'un adulte référant qui soit disponible. Or, même Superman ne peut le faire ! Vous n'y pensez pas ! Vous avez déjà du mal à vous libérer pour vous occuper de votre petite troupe ! **Comment fait l'instituteur ?**

Comme nous l'avons vu pour l'enfant plus jeune, tout moment de la journée est propice à jouer. Et c'est à travers ces activités que l'enfant continue à développer son **imaginaire**, sa **créativité**, sa **capacité cognitive** à trouver des **solutions logiques**, à élaborer **de nouvelles stratégies**. Il améliore également sa **coordination visuo-motrice** qui consiste à coordonner les informations fournies par deux sources sensorielles : la vision et le toucher. Il enrichit sa **mémoire auditive** en assimilant des rythmes, des mélodies, des mots ou des comptines. En fait, il construit les bases qui lui permettent à un âge plus avancé de calculer, de lire, de comprendre ce qu'il lit, d'écrire en racontant un récit qui a un début, un milieu et une fin. Ceci vous est familier ? C'est parce qu'il s'agit des capacités que l'on attend de l'enfant à l'école. Mais voyons comment nous pouvons favoriser le développement de l'autonomie, du jeu sous toutes ses formes, de la communication et de la socialisation à l'aide d'activités quotidiennes, ludiques, qui feront la joie de votre tout-petit et la vôtre.

L'adieu aux couches

Quel bonheur de se débarrasser des couches ! Nous attendons tous ce moment avec impatience. D'autant plus que l'enfant doit être propre pour faire son entrée en maternelle. Certains d'entre vous ont déjà commencé l'apprentissage de la propreté en plaçant bébé sur le pot à des moments fatidiques : au lever, après le repas, au retour du parc. Tout ceci pour vous rendre compte que bébé « produit » bien quelque chose à heure fixe mais qu'il ne sait pas toujours ce qu'il fait. C'est plus un automatisme qu'un réel apprentissage. Ceci est dû au fait que la maturation neurologique joue un rôle primordial : l'enfant a besoin de contrôler de façon volontaire le relâchement de ses sphincters. Ce relâchement est lié aux informations décryptées par le cerveau qui annoncent que la vessie est pleine ou que le côlon doit être vidé.

Une question de maturation

Cette maturation neurologique varie d'un enfant à l'autre. Elle est liée à d'autres apprentissages tels celui de la marche ou du langage. Des signes avant-coureurs nous préviennent qu'ils sont prêts. Certains enfants, au moment opportun, se placent toujours au même endroit pour « faire » dans leur couche. D'autres s'accroupissent alors que d'autres encore montrent leur couche du doigt pour exprimer les sensations ressenties. Ce sont des signaux qui indiquent que le tout-petit commence à sentir ce qui se passe : vous pouvez alors demander à votre enfant d'aller à la selle sur son pot ou sur un siège adapté dans les toilettes. Il ne peut encore se retenir et, arrivé au pot, c'est trop tard. Félicitez-le néanmoins, car cela constitue le premier pas vers la propreté. L'enfant doit faire confiance à ce qu'il ressent, même si vous avez l'impression que vous faites un va-et-vient constant jusqu'à la salle de bains toutes les deux minutes.

Passer par la case « pot » et toucher 100 €

Ce n'est que vers 30 mois que l'enfant commence à espacer ses visites au pot. Établir une routine qui passe par la case « pot » régulièrement, toutes les deux heures, par exemple, évite des accidents pour l'enfant qui a pris conscience de son échec lorsqu'il se retrouve mouillé. Mais il est bien inutile de faire ces allées et venues si l'enfant n'a vraiment pas compris ce qui se passe. Il a certes saisi les enjeux, il veut vous faire plaisir mais il n'y parvient pas, tout simplement parce qu'il n'est pas prêt. Mieux vaut reprendre quelques semaines plus tard. Ne vous désolez pas pour autant après un premier échec ! Ne perdez pas espoir !

Petit coup de pouce

Victoria a 32 mois. Elle est inscrite en maternelle et fait son entrée sous peu. Odile, sa maman, se désole car sa fille est loin d'être prête. Certains jours, comme par miracle, Victoria demande le pot avant de mouiller sa culotte. Mais d'autres journées sont ponctuées par des « pipis culotte ».

Odile décide alors de l'encourager en lui donnant une petite récompense à chaque succès sur le pot. Miracle ! Victoria s'exécute et demande fièrement sa récompense à sa mère. Elle établit peu à peu des habitudes bien ancrées.

À l'occasion d'un accident involontaire, la petite fille se précipite sur le pot mais, à son plus grand désarroi, il ne lui reste plus une goutte dans la vessie ! Pour elle, c'est la catastrophe jusqu'à ce que sa maman lui rappelle qu'il y a encore beaucoup de pipis dans la journée !

Le petit coup de pouce donné par Odile n'a fonctionné que parce que Victoria était prête et que la difficulté principale pour elle était d'arrêter son activité pour répondre à l'appel du pot. C'est assez fréquent et beaucoup d'apprentis attendent trop longtemps avant de se précipiter aux toilettes en catastrophe !

Si vous n'avez pas envie d'utiliser des bonbons comme récompense, choisissez celle qui vous convient. Les Canadiens par exemple sont friands d'étoiles autocollantes et les Américains de raisins secs. Des félicitations de maman, papa ou du grand frère sont probablement bien suffisantes pour beaucoup de petits, mais il faut parfois des encouragements plus concrets. Paroles, paroles !

Les « pots mobiles »

J'ai vu dans plusieurs maisons ce que j'appelle des « pots mobiles », placés à une courte distance de l'enfant pour pallier un besoin pressant. Ainsi, le pot suit l'enfant partout dans ses déplacements. Inutile de vous énumérer les inconvénients de cette approche. Vous froncez le nez ? Moi aussi ! Il vaut mieux le replacer très vite à sa place, dans les toilettes, car il ne sera pas toujours aussi disponible ! L'enfant apprend d'une part à se retenir et d'autre part, à écouter les sensations ressenties et à y répondre en temps et en heure.

Y faut… mais y veut pas !

Un autre scénario assez fréquent est celui de l'enfant qui ne prend pas le temps nécessaire pour faire pipi ou aller à la selle. Malheureusement pour lui, tout ne se passe pas en l'espace de quelques secondes, comme il le désire.

Il lui faut donc rester assis sur le pot ou le siège adapté des toilettes un petit moment. Mais comment convaincre la pile électrique de rester assis ?

Un livre (comme papa...) ou un jouet choisis par l'enfant peuvent le convaincre de rester. Il a peut-être besoin de votre présence ou de pouvoir vous parler.

Une autre solution est de placer le minuteur dans les toilettes et de lui dire de ne se lever qu'à la sonnerie. Commencez par un tout petit moment que vous allongez suivant le temps nécessaire. Il va sans dire qu'il est inutile de le laisser assis pendant de longues périodes...

Porté par la musique

Et si le petit chérubin refuse catégoriquement de quitter ses jouets ou de se diriger vers les toilettes alors qu'il se trémousse dans l'espoir de contrôler cette envie pressante ? Une petite comptine sur un air entraînant de « marche militaire » lui donnera peut-être l'entrain qui lui manque parfois. Je vous en propose une, page suivante, que vous pouvez modifier selon vos habitudes et vos routines dans votre foyer. Choisissez la partie qui s'accorde le mieux au moment présent, que ce soit avant une sortie, avant la sieste, après le repas. À vous de voir.

Et après ?

Le rassurer qu'il peut reprendre son jeu par la suite et que personne n'y touchera l'aidera à accepter cette transition de quelques minutes. Ce n'est pas le pot qu'il refuse mais plutôt cette transition d'une activité à une autre, d'un lieu à un autre.

Vous avez certainement noté que cela se produit dans d'autres circonstances : au moment de partir pour aller au parc, il ne veut plus mettre son manteau ; à l'heure de passer à table, il préfère rester seul avec ses petits trésors. Ce comportement se retrouve chez beaucoup de jeunes enfants de cet âge qui ont tendance à persévérer dans l'activité choisie.

Pour le « déscotcher » de son jeu, utilisez des photos qui illustrent la suite des événements et donnez des explications

LE POT

Pot ! Pot ! Pot !
Allons au pot !
Après dodo,
Allons au pot !

Mais où il est ?
Aux cabinets !
Vite, vite, ça presse !
On pose les fesses.

Pot ! Pot ! Pot !
Allons au pot !
Après manger,
Allons au pot !

Culotte en bas
Pipi, caca.
Montre à papa
Bravo pour moi !

Pot ! Pot ! Pot !
Allons au pot !
Avant le parc,
Allons au pot !

Il faut le vider,
Et le rincer.
Les mains lavées,
C'est terminé !

Pot ! Pot ! Pot !
Allons au pot !
Avant le bain,
Allons au pot !

verbales : « D'abord, tu vas faire pipi. » « Après tu reviens jouer. » Les mots du message sont plus faciles à comprendre s'ils sont illustrés par une image, d'autant plus que le concept de temps (maintenant, après, ce matin, cet après-midi, aujourd'hui, demain, hier) est difficile à assimiler à cet âge. C'est pour cela qu'il s'accroche désespérément au moment présent car, qui lui dit qu'il peut vraiment reprendre son jeu dans le flou de l'« après » ? Ne sachant pas ce qui est prévu dans le déroulement de la journée, il a peur d'être privé de ce jeu s'il l'abandonne.

Je me lave

Tout ce qui est lié à la propreté, le bain quotidien, se laver les mains avant les repas ou après le passage aux toilettes, se brosser les dents, va passer peu à peu sous le contrôle de l'enfant. C'est la période durant laquelle l'enfant développe son autonomie et assimile les règles d'hygiène de base. Ces règles l'accompagnent toute sa vie. Il est important de les instaurer très tôt afin de bien les intégrer. Mais c'est aussi la période durant laquelle le petit rebelle refuse les règles que vous essayez d'instaurer, tout simplement parce qu'il a besoin de se confronter à vous. Alors il y a des refus d'aller au bain ; surtout pas le shampooing, ça pique ; c'est trop fatiguant de se laver les mains ; il insiste pour faire tout seul alors qu'il a encore besoin de l'adulte ou bien il reste mou comme une poupée de chiffon, attendant que vous fassiez le travail de récurage. Hors de question qu'il s'implique dans cette tâche !

Le bain quotidien

Nu comme un ver, le petit Tom court à travers l'appartement, sa mère à ses trousses. Il crie à tue-tête et esquive sans difficulté toutes les tentatives de sa mère pour le saisir au vol. Une fois attrapé, il continue à se démener et sa maman a tout le mal du monde à le faire entrer dans la baignoire. Les hurlements qu'il pousse font penser qu'il s'agit d'une séance de torture et non pas du bain quotidien. Elle en rirait si ce n'était pas la même chanson tous les soirs de la semaine.

Le petit rebelle peut très bien refuser tout en bloc : se déshabiller, entrer dans la baignoire, se laver et pour finir, bien sûr, sortir de la baignoire. Puis il s'échappe trempé et à nouveau nu comme un ver et il n'attend qu'une chose : la poursuite à travers la maison. S'ensuivent une course qui l'enchante et une bataille rangée pour le sécher et l'habiller. Rien n'y fait : la grosse voix, les menaces, les interdits. La tension monte alors que le petit ver de terre gesticule dans tous les sens, toujours nu et hilare. Tout ce cinéma ne vous convient guère : l'heure du repas approche et l'état d'excitation de votre enfant ne présage rien de bon pour le coucher.

Par tous ces moyens, il recherche une réaction de votre part. Il y parvient. Mais comment faire pour ne pas se laisser prendre ? Voilà une question à laquelle de nombreux parents tentent de répondre chaque jour. D'autant plus que l'on ne connaît que trop bien le scénario.

Certains font preuve d'autorité et aucun écart n'est permis. Les règles instaurées doivent être suivies à la lettre et l'enfant doit obéir à chaque consigne sans la moindre contestation. Le parent qui privilégie ce rôle s'enferme dans une relation rigide avec l'enfant. À l'autre extrême, certains parents laissent faire et se plient aux moindres caprices, disponibles à tout moment de la journée et de la nuit. Ce sont alors leurs besoins personnels qui sont ignorés et la vie du couple qui s'en ressent.

Il existe certainement un juste milieu qui permet aux parents et à l'enfant de vivre des moments agréables avec un minimum de conflits et de colères. Voici quelques techniques fort simples testées et approuvées par les parents avec qui j'ai eu le plaisir de travailler durant mes séances individuelles ou en groupe.

Quand c'est l'heure, c'est l'heure

Lorsque l'enfant joue – et il passe beaucoup de temps à jouer –, il est entièrement focalisé sur son jeu. Il n'a pas du tout conscience des horaires et des impératifs à prendre en compte pour que tout se déroule au mieux à la maison.

Le premier écueil est donc celui de gérer l'heure du bain. Pour vous, attendre quinze ou trente minutes de plus n'est pas toujours possible. Je vous suggère donc de préparer votre bambin à interrompre son jeu une dizaine de minutes avant le moment où vous désirez qu'il vous suive à la salle de bains. Prévenez-le donc que c'est bientôt l'heure et qu'il ne lui reste que « quelques minutes » pour jouer. Il n'a pas la compréhension de ce que sont les minutes mais il sait qu'il s'agit d'un court moment. Puis renouvelez votre appel en y associant ce que vous faites (« Je lave les pommes de terre et on y va. ») cinq minutes avant. Même s'il joue encore alors que vous venez le chercher, l'enfant s'est déjà préparé à l'événement qui va suivre et il vous suit sans rechigner.

Votre but étant de simplifier le passage d'une activité à une autre, en faisant participer votre enfant, vous l'aidez à faire le premier pas. Ainsi, il peut aller choisir les jouets qui l'accompagnent dans l'eau. Si vous avez pris l'habitude de ne lui proposer que certains jouets en rangeant les autres dans un autre lieu, il les redécouvre avec plaisir. Une fois dans la salle de bains, il est tout content de poursuivre cette activité.

J'sais pas !

Le deuxième écueil apparaît lorsque vous lui demandez de se déshabiller seul ou de se laver. Alors qu'il prend un malin plaisir à enlever son pyjama au lieu de dormir, tout d'un coup, il ne sait plus comment faire. Il est tout mou ou se raidit alors que vous tentez de l'aider. Pour remédier à cette incapacité soudaine, vous pouvez instaurer un tour de rôle : « J'enlève la chaussette ; tu enlèves l'autre. » « Je baisse le pantalon ; tu soulèves tes pieds. »... Le déshabillage peut se faire sous forme d'un jeu durant lequel vous « cherchez » les différentes parties du corps cachées par les vêtements. Rien ne fait plus plaisir au tout-petit que de clamer « la voilà ! » en retirant sa chaussette alors que vous appelez le pied : « Petit pied, où es-tu ? » Vous pouvez également reprendre une comptine que nous avons déjà vue en la modifiant légèrement. En prenant une grosse voix, répondez aux questions de la comptine suivante :

CROCODILE

Crocodile, que fais-tu ?
Je cherche le pied de Mathilde !

Crocodile, que fais-tu ?
Je cherche la jambe de Mathilde !

Crocodile, que fais-tu ?
Je cherche le bras de Mathilde !

Crocodile, que fais-tu ?
Je cherche la tête de Mathilde !

Continuez ainsi au fur et à mesure que votre enfant se déshabille ou du moins, qu'il y participe de façon active. D'une part, il tire plaisir de ce qui est une corvée et d'autre part il affine ses gestes et apprend à nommer les parties de son corps. À l'approche de son troisième anniversaire, n'hésitez pas à nommer des parties du corps moins connues tels le cou, les coudes, les épaules, etc. Il les intègre avec facilité quand ces termes sont liés à une activité quotidienne qui a un sens pour lui. Ce petit jeu qui peut paraître anodin aura un impact important sur sa façon de dessiner un bonhomme par exemple, car il a une compréhension des termes et il sait les trouver sur son propre corps, sur celui d'un autre ou sur une poupée.

Il en est de même pour l'encourager à se laver. Ses critères de propreté sont bien loin des vôtres. Pour lui, le simple contact avec l'eau savonneuse est suffisant. Encouragez-le à « frotter » en rinçant les parties propres avec le pommeau de la douche. Le jet d'eau tiède lui permet de prendre conscience de parties de son corps qu'il ne voit pas, donc qu'il a tendance à oublier, comme son dos.

Si vous avez une poupée ou des personnages qui peuvent être mouillés sans être endommagés, le tout-petit apprend à effectuer des gestes de façon ludique avant de les reproduire sur lui-même. Le jeu symbolique vient alors au secours de la réalité et non l'inverse.

Veux pas !

Le jeu symbolique est bien utile pour aider l'enfant à surmonter et à accepter des gestes qu'il n'apprécie guère. Ainsi, certains enfants ne supportent pas le shampooing ou le brossage des cheveux. Une fois que vous avez éliminé l'éventualité d'une hypersensibilité au toucher du cuir chevelu en effectuant des massages profonds et réguliers tels que décrits dans les chapitres précédents, il vous faut habituer peu à peu votre enfant aux sensations ressenties.

Reproduisez les mêmes gestes avec lui sur une poupée. Ceci vous permettra de déterminer ce qu'il ne supporte pas (est-ce l'eau qui coule sur son visage ? le fait de fermer les yeux ? la tête rejetée en arrière ?) en l'incitant à exprimer ce que la poupée peut ressentir à ce moment-là. Peut-être trouverez-vous une solution pour aider la poupée... puis votre enfant. Si vous lui en donnez l'occasion, votre bambin peut très bien vous surprendre par son ingéniosité et trouver lui-même la solution qui lui convient. Nous sommes tellement axés sur l'idée que c'est à nous de trouver une adaptation que nous ne proposons pas à l'enfant de réfléchir lui-même à la question. Or, au fur et à mesure qu'il grandit, l'enfant doit se débrouiller seul et il est bon qu'il puisse apprendre à le faire sans systématiquement se tourner vers l'adulte. Je vous encourage donc à lui en donner l'opportunité dès que possible et à lui faire confiance.

Lui faire confiance, d'accord. Mais lui laisser le choix des gestes liés à l'hygiène qu'il tolère et ceux qu'il ne tolère pas aurait des conséquences qui pourraient nuire à sa santé. Un enfant qui se salit au cours de la journée est souvent un enfant heureux. Les taches d'herbe sur le pantalon et la boue sur ses manches témoignent qu'il a eu l'opportunité de patouiller gaiement à l'extérieur. Nul besoin de le suivre toute la journée avec un change de vêtements et des lingettes nettoyantes. En revanche, la propreté des mains et de la dentition est non négociable. À cet âge, le tout-petit touche à tout et il porte régulièrement ses mains à son visage et surtout à la bouche. Il lui arrive même de goûter ce qu'il découvre en passant par les petits cailloux, les feuilles à sa portée, les miettes sous la table ou les billes de son frère. Vous pouvez réduire les effets néfastes en coupant ses ongles régulièrement et en l'encourageant à se laver les mains correctement. Pour beaucoup, il suffit de rincer le savon que vous avez placé sur les menottes et il faut attendre un âge plus avancé pour qu'ils deviennent réellement efficaces. Il vous faut donc mettre la main à la pâte et laver consciencieusement les mains et les ongles de votre chérubin. Laissez-lui l'opportunité de le faire seul dans un premier temps puis vérifiez le résultat. Votre intervention est parfois mieux acceptée lorsque vous l'accompagnez d'une comptine ou d'une petite histoire de votre invention. N'hésitez pas à modifier les paroles d'une chanson que vous connaissez bien pour l'avoir entendue des centaines de fois à la radio ou pendant votre enfance. Ou bien assaisonnez une comptine que vous avez découverte dans ce livre. Somme toute, les comptines ont été modifiées par beaucoup de personnes au cours des siècles et il existe souvent plusieurs versions d'une même chanson ou plusieurs paroles sur le même air. Pour ne citer qu'un exemple, la mélodie écrite tout d'abord par Mozart enfant de *Ah vous dirai-je Maman* a été reprise pour *Quand trois poules vont au champ* et ensuite pour *Twinkle, twinkle little star*, en langue anglaise. Reprenons donc cette mélodie pour y inclure nos consignes.

LAVE, LAVE TES PETITES MAINS

Lave, lave tes petites mains
Frotte, frotte sous tes ongles.
Tourne, tourne comme ceci,
Rince, rince comme cela.
Lave, lave tes petites mains,
on recommencera demain.

Le soin des quenottes

Si vous n'avez pas encore pris l'habitude de brosser les dents de votre tout-petit, il vous faut inclure ce geste dans la routine du quotidien. En effet, l'hygiène dentaire a un impact important sur la santé de votre enfant. Les dents de lait nécessitent autant de soins que les dents définitives. Toute carie ou infection des gencives, mise à part la douleur subie par l'enfant qui n'a pas toujours les moyens d'exprimer ce qui l'incommode, se ressent sur la sphère ORL, c'est-à-dire sur la bouche, la gorge et les oreilles. Chez le tout-petit, les infections sont aisément transmises d'un lieu à un autre tout simplement parce que ceux-ci sont étroitement liés. Pour vous donner un exemple, un bébé qui a tendance à régurgiter ses aliments peut par la suite souffrir de problèmes qui, au premier abord, ne sont pas liés. En effet, cette difficulté due à un problème de digestion va entraîner la présence de sucs gastriques dans la gorge, la bouche ou dans le conduit qui mène à l'oreille moyenne, la trompe d'Eustache. Les sucs gastriques attaquent alors les parois qu'ils recouvrent ainsi que l'émail des dents. Ceci ne se passe que lorsque l'enfant régurgite de façon régulière ses aliments et non pas lorsque c'est occasionnel. Néanmoins, ce n'est qu'en portant une attention régulière à la dentition et à la bouche de l'enfant que l'on peut s'en rendre compte. Des otites fréquentes sont aussi un indice à ne pas négliger. La trompe d'Eustache qui relie la gorge à l'oreille moyenne étant plus courte et horizontale chez le tout-petit, les infections de l'oreille moyenne sont fréquentes chez certains enfants. Ces infections récurrentes créent à leur tour une surdité légère à moyenne qui influe sur le développement du langage de l'enfant et sur son comportement. Les infections n'étant pas toujours associées à la douleur, elles passent parfois inaperçues et ce n'est qu'à l'aide d'une observation fine du comportement du tout-petit que l'on peut détecter la présence d'un problème auditif. La liste des indices comportementaux fournis par l'enfant est la suivante :

— le tout-petit porte souvent la main à l'une de ses oreilles ;

— il devient soudain plus difficile, sans raison apparente ;

— il ne réagit pas toujours à la voix ;

— il crie beaucoup ou, au contraire, il a une toute petite voix ;

— il augmente le volume de la télévision ou se place juste à côté ;

— il est hypersensible à certains sons ;

— il démarre avec un temps de retard l'apprentissage du langage ;

— il s'exprime de façon inintelligible de sorte que vous le comprenez mais les personnes étrangères ont besoin d'une traduction ;

— il a tendance à modifier ou à oublier la fin des mots.

Ceci est une liste non exhaustive. Au moindre doute, votre médecin peut répondre à vos questions et vous conseiller sur la meilleure démarche à entreprendre pour régler le problème, si problème il y a.

Pour revenir à l'hygiène dentaire, la plupart des enfants sont heureux de faire « comme papa et maman ». Ils apprécient le goût des dentifrices qui, même s'ils sont avalés, ne posent pas de problème. Le tout-petit ne sait pas cracher et il vous faut donc choisir un dentifrice adapté à son âge.

D'autres enfants n'apprécient guère cette intrusion dans la bouche, malgré toute votre patience et vos efforts. Faut-il insister ? Ou bien le laisser tranquille encore quelques mois ? Personnellement, je pense que ceci n'est pas négociable pour les raisons mentionnées ci-dessus. Il va donc falloir que le petit se fasse à cette intrusion quotidienne.

Si vous n'avez pu le convaincre jusqu'à maintenant et que sa bouche demeure résolument fermée ou qu'il insiste pour faire tout seul, voici une technique apprise au Canada dûment testée par des parents confrontés à ce même dilemme. Certains parents avaient tout bonnement abandonné toute tentative de peur de faire mal à l'enfant qui se débattait avec force et d'autres refusaient d'imposer ce qu'ils considéraient comme une véritable torture à leur bébé. C'est encore plus difficile lorsqu'il s'agit d'un enfant présentant un retard dans son développement et qui refuse catégoriquement le brossage des dents. Or c'est justement dans cette population que les risques sont les plus importants. En effet, ils sont nombreux à avoir du mal à gérer leur alimentation. Il est fréquent de trouver des restes d'aliments mélangés à de la salive coincés entre les gencives et les joues. Les parents ont la responsabilité de gestes quotidiens qui ne sont pas faciles pour le tout-petit : il y a la prise de médicaments, des soins réguliers, le port ou l'utilisation de matériel visant à éviter des déformations possibles...

Brosser les dents du petit bout représente donc une tâche supplémentaire, mais absolument nécessaire. Comment faire pour que cela se passe au mieux ? Les deux priorités sont d'effectuer un brossage complet sans blesser l'enfant qui se débat. Puisque l'enfant refuse, ce n'est pas un moment agréable pour lui et il vous faut donc être rapide mais efficace. Le bambin a vite fait de comprendre qu'il sera relâché après les trois minutes obligatoires. Dans certaines familles, lorsque c'est possible, le père et la mère se chargent du brossage à tour de rôle. Pour immobiliser l'enfant afin de l'empêcher de se faire mal en se débattant, il suffit de l'enrouler dans une large serviette-éponge et de l'asseoir sur vos genoux. Il vous faudra peut-être lui maintenir les jambes entre les vôtres s'il est plus grand. Maintenez sa tête dans un bras alors que vous insérez la brosse à dents adaptée aux tout-petits par la commissure des lèvres, sur le côté. Effectuez un brossage complet avant de le « relâcher ». Accompagnez vos gestes de paroles qui décrivent ce que vous faites. Si vous voyez que ce n'est pas facile pour lui, dites-le-lui ; s'il se laisse faire un court moment, complimentez-le et montrez-lui que vous êtes fier de lui. Les petits sont très réceptifs à vos encouragements et à vos compliments. N'ayez pas peur d'en faire trop. J'ai vu de nombreux petits surmonter des sensations qui leur étaient presque insupportables rien que pour entendre la voix enjouée de papa ou de maman. Mais surtout, gardez votre calme. Votre petit ne fait pas « du cinéma ». C'est un geste intrusif qui peut poser problème. À ma grande surprise, j'ai rencontré des adultes qui ne peuvent se brosser les dents qu'avant leur repas. Les haut-le-cœur provoqués avaient des conséquences désastreuses **après** le repas !

Petit cours d'anatomie

Le bain est souvent l'occasion pour l'enfant de dire tout haut ce qu'il observe ou de poser des questions qui le travaillent. Il apprend à nommer les parties du corps et a vite fait de noter la différence entre les garçons et les filles, entre les enfants et les adultes, entre les différentes ethnies. En tant que parents, c'est à nous qu'incombe la tâche de répondre à leurs questionnements de façon claire et compréhensible. Mais comment pouvons-nous être sûrs que le petit a compris ? Si vous attendez l'arrivée du petit frère ou de la petite sœur, comment expliquer le mécanisme complexe de la reproduction ? Le temps des choux est bien révolu mais un cours d'éducation sexuelle n'est pas plus adapté.

La règle d'or dans ce domaine est **d'écouter la question ou le commentaire** de l'enfant. S'il vous demande comment s'appelle le sexe de papa, dites-le-lui. Inutile d'affubler nos parties génitales de noms aussi variés que ridicules : la zigounette, la zizounette, foufoune, pipi, bibitte, œil sans prunelle, les coucougnettes, les noisettes, le tutu, le robinet, la fesse, le petit bout de cul... Les anglophones préfèrent utiliser des prénoms variés tel Willie, John Henri ou Dick. Il nous est parfois difficile d'entendre les mots « pénis » ou « vagin » dans la bouche d'un si jeune enfant mais s'il en a besoin un jour pour exprimer qu'il a mal ou qu'un petit camarade s'intéresse à cette partie de son corps, n'importe quel adulte est à même de saisir le sens de son discours immédiatement.

De même, si vous partez dans un discours sans fin à la moindre suggestion de l'enfant, vous ne ferez qu'engendrer la confusion. Il fait souvent le lien avec ce qu'il vit au quotidien et il reste très concret : comment mange et dort le bébé dans le ventre de maman ? Comment est-il venu dans le ventre de maman et comment fait-il pour en sortir ? Répondez en lui donnant des images qui ont un sens pour lui. D'autres commentaires suivront et il se fera une idée petit à petit.

Le respect de l'intimité

Ce sujet suscite beaucoup de discussions à l'heure actuelle. Il est question de l'intimité de l'enfant. L'enfant n'est plus un objet que l'on peut dénuder sans se poser de questions. Il est donc préférable de lire attentivement sa réaction dans une situation bien précise. Par exemple, respecter son souhait s'il ne veut pas faire pipi sur le bord de la route sous les yeux des autres automobilistes. Ce dont on parle beaucoup moins est le respect de l'intimité des parents. Dans de nombreux cas, maman ne peut aller aux toilettes sans laisser la porte grande ouverte sous le regard de sa progéniture. De même, certains enfants s'octroient une place dans le lit conjugal ou dans la chambre des parents jusqu'à un âge avancé. Difficile alors de les déloger. Pour de nombreux parents, cela ne pose aucun problème. Mais pas pour tous et, si nous voulons que l'enfant respecte sa propre intimité, nous devons commencer par respecter la nôtre.

Réfléchir, prévoir, planifier, exprimer

Comme vous avez pu le noter dans les pages précédentes, l'heure du bain est d'une grande importance à mes yeux. C'est en effet un moment de partage quotidien entre le jeune enfant et l'un de ses parents. Rien ne vient troubler les instants passés ensemble car, pour des raisons de sécurité, les parents ne peuvent guère laisser l'enfant seul.

Dans mon travail avec les enfants qui présentent des problèmes dans le domaine de la communication, j'encourage donc les parents à inclure des activités qui visent à stimuler leur enfant. Je sais que l'emploi du temps très chargé des parents de jeunes enfants ne leur permet pas de libérer quinze ou vingt minutes dans la journée pour les passer en tête-à-tête avec leur tout-petit. Notre vie actuelle ne nous octroie pas ce luxe. Il nous faut donc inclure des jeux au sein des obligations quotidiennes.

Dans de nombreuses situations, par souci d'efficacité, nous avons tendance à anticiper les moindres besoins de nos enfants. Sitôt arrivés dans la salle de bains, la baignoire se remplit d'eau et les vêtements sont retirés à grande vitesse. En l'espace de quelques minutes, l'enfant est plongé dans la baignoire et barbotte gentiment sous l'œil attendri du parent. Faisons un retour sur image et donnons à l'enfant le rôle du décideur ; encourageons-le à **exprimer** chaque étape en nous donnant des consignes. Ceci implique que vous devez retenir chacun de vos automatismes, tel que celui d'ouvrir la porte, d'allumer la lumière... ou de placer le bouchon au fond de la baignoire ! De même, si votre petit chef d'un soir oublie de mentionner une étape, retenez votre envie folle de la lui rappeler : toute l'eau s'échappe ? À lui de trouver ce qu'il faut faire ; il ne dit pas s'il s'agit d'eau chaude ou d'eau froide ? Posez-lui la question.

Non seulement l'enfant prend un grand plaisir à « manager » ses parents un instant, mais pour ce faire, il doit aller chercher en mémoire la séquence suivante. Il doit la visualiser, sélectionner les termes dont il a besoin et formuler des phrases claires pour papa ou maman. Pas question de montrer du doigt l'eau qui s'écoule et d'attendre une intervention maternelle. Ceci encourage donc l'enfant à affûter son discours. Ce qu'il fait volontiers dans ce nouveau rôle qui lui est attribué.

Selon son âge ou ses capacités, à vous de déterminer la durée du jeu. Il peut s'interrompre dès que l'enfant est dans le bain ou continuer. Les quelques minutes de plus sacrifiées à ce jeu lui seront bénéfiques.

À table !

Tout ce qui touche à l'alimentation fait partie de notre quotidien. Pour le tout-petit, cela prend une importance d'autant plus grande que ce sont les repas qui marquent la journée et la séparent en phases bien précises, plus faciles à appréhender. Ainsi, nous lui parlons de « avant manger », « après manger », « au dîner ». Certains repas sont pris en famille, à la maison, alors que d'autres sont pris à la crèche ou à l'école, après l'entrée en maternelle.

Les aliments, leur cuisson ou les repas sont fréquemment le sujet principal des jeux du jeune enfant qui reproduit ce qu'il connaît dans les jeux de dînette, qui passe de longs moments à faire la tambouille pour de faux ou qui donne à manger à des créatures diverses : la poupée, le nounours ou des dinosaures affamés. Il retrouve ensuite les mêmes éléments dans les premiers imagiers ou les premières histoires de la maman lapin qui fait ses courses avec ses lapereaux.

Mais bien avant de découvrir ce monde imaginaire, il faut proposer au tout-petit des occasions de les vivre au quotidien. Or, pour beaucoup d'entre eux, ceci ne s'avère pas possible car ils passent une grande partie de la journée à l'extérieur de la maison. De plus, par souci de facilité, les courses sont faites le plus rapidement possible en rentrant du travail ou avant d'aller chercher les enfants. Je suis bien consciente qu'un supermarché bondé, le dernier samedi du mois, n'est guère un lieu où vous souhaitez passer un moment agréable avec vos enfants. C'est un lieu agencé de telle sorte qu'il faut faire des kilomètres dans les allées avant d'arriver à l'essentiel de l'alimentation. Tout est soigneusement étudié pour vous convaincre que vous ne pouvez vous passer de tel ou tel produit et qu'il serait regrettable de ne pas profiter du rabais sur tel autre. Bref, vous n'êtes guère disponibles pour vos enfants qui, eux aussi, sont tentés par des produits placés à la portée de leurs petites mains avides.

Voyons ensemble comment faire pour convaincre vos petits que les pommes de terre ne se vendent pas toujours sous la forme de flocons et que les carottes n'ont pas toujours la même forme ou la même couleur que celles qu'ils trouvent dans les conserves. Tentons aussi de les faire participer à la préparation du repas tout en restant réalistes et en veillant à leur sécurité. Et pour finir, étudions comment faire pour rendre ce moment convivial.

La liste des achats

ou comment sélectionner, catégoriser, établir une liste...

Sans nécessairement participer aux achats des divers produits, l'enfant peut tout à fait vous aider à établir la liste des achats à faire. Le petit bout de 2 ans vous cite exclusivement ses aliments favoris mais, à force de répondre à vos questions, il étend peu à peu son vocabulaire. Ainsi, s'il nomme sa boisson chocolatée, c'est l'occasion de lui poser une **question ouverte** (« Et papa, qu'est-ce qu'il boit ? »). L'utilisation d'une question fermée (« Et on prend du café pour papa ? ») n'encourage aucune forme de réflexion ou d'élaboration d'une réponse par l'enfant. Vous instaurez par vos questions ouvertes un fil conducteur qui sera une base pour l'enfant plus tard : il suffit de mentionner un nom de boisson pour que d'autres apparaissent aussitôt. L'enfant plus âgé peut alors comprendre avec plus de facilité les éléments à classer sous la catégorie « boisson ». Il est certain que cette classification est complexe pour le jeune enfant et qu'il ne peut l'établir seul que bien plus tard. Elle est néanmoins favorisée par le fait que vous nommez les boissons, puis les fruits, les viandes ou les légumes. Il prend peu à peu conscience des groupes d'aliments qu'il retrouve ensuite dans le magasin ou dans son livre culte du moment.

Il peut accéder à une représentation imagée des aliments qu'il nomme par l'utilisation de photos, de dessins ou d'images fournis par les dépliants publicitaires mis à disposition à l'entrée des grands magasins. Avec notre aide dans un premier temps puis de façon autonome alors qu'il affine sa manipulation des ciseaux et du bâton de colle, le futur consommateur sélectionne les aliments qu'il **désire** et les colle sur un support papier afin de créer « sa » liste. Le résultat esthétique de la chose importe peu à ce stade. Comme pour le message verbal, c'est le contenu du message qui importe et non la forme.

Je range la nourriture

L'enfant qui a pris l'habitude d'aller chercher son dessert dans le réfrigérateur et qui est familier avec les aliments qui s'y trouvent peut tout aussi bien utiliser ce nouveau mode de classification : ce qui va au frigo, ce qui va dans le placard, etc. Ceci encourage une certaine souplesse dans sa réflexion et il suit alors un autre fil conducteur. Il est incité à **visualiser** ce qui se trouve derrière **telle** porte de placard. Il fait appel à cette même **stratégie mentale** pour se rappeler les leçons apprises plus tard. Comme le souligne Piaget, c'est une stratégie qui émerge durant la période qui se situe entre les âges de 2 à 6 ans durant laquelle « l'image mentale permet l'évocation en l'absence »[1].

Même si votre chérubin n'est pas présent pour les achats, il ne sera que trop content de vous aider à tout placer à un endroit bien précis. Tout comme il est très attiré par les jeux de construction, il aime ordonner, classer, ranger. Le fait de mettre chaque chose à sa place le sécurise. C'est quelque chose qu'il connaît bien et qu'il maîtrise. C'est immuable et sans surprise.

C'est bien sûr l'occasion de réitérer les termes qu'il connaît moins bien ou de donner des explications sur la provenance de certains aliments. Mais l'enfant est tout fier de vous informer que le lait va au réfrigérateur, que la glace se range au congélateur et

---

1. Bernard Azéma, Patricia Chapuy, *op. cit.*

que les céréales rejoignent les autres dans le placard. Encouragez-le à exprimer tout haut ce qu'il prévoit de faire. Non seulement il construit des phrases complètes pour vous répondre mais il utilise des mots qu'il comprend mais qu'il n'a peut-être pas encore utilisés : « dans », « sur », « sous ». Pas question pour lui de s'en tirer en vous disant simplement « là ! » accompagné d'un vague geste. « Ça va là » n'a plus lieu d'être chez un enfant de plus de 2 ans. Informer sur le lieu permet au contraire à l'enfant d'allonger un tant soit peu ses phrases : « Range gâteaux *dans armoire.* » « Pomme *dans panier.* »

Si le jeune enfant a participé à l'élaboration de la liste des achats, il a alors l'occasion de les vérifier en les comparant à la liste. Il « lit » le matériel illustré et vous pouvez l'encourager à chercher l'objet qui manque ou celui qui apparaît sur la liste mais pas dans le panier. Il ne peut guère comprendre la notion de manque mais il perçoit celle de la négation qu'il exprime par « y'a pas ».

Un, deux, trois nous irons au marché !

Si vous rechignez à trimballer vos enfants à travers un supermarché bondé, je ne peux que vous comprendre. Mais il manque toujours deux ou trois aliments que nous oublions. Pourquoi ne pas saisir cette occasion pour vous y rendre avec votre petit dernier ? Votre visite est rapide et vous y allez dans un but bien précis. C'est l'occasion d'observer les crabes ou la langue de bœuf sur l'étal du boucher.

Le marché à proximité de votre domicile est un endroit très riche en sensations pour les tout-petits. Les clients déambulent d'un étal à un autre et le temps d'attente est propice à une observation plus détaillée. Prenez donc le temps de regarder, d'écouter, de sentir et de goûter. Regardez ce monde chatoyant à travers le regard émerveillé de votre enfant et appréciez-le.

Abracadabra... omelette il y a !

Imaginez son plaisir, couvert de farine de la tête aux pieds, malaxant avec force la pâte destinée à la quiche prévue pour le dîner, ajoutant peu à peu les ingrédients de ce repas familial. Je sais bien que ce que vous envisagez avant tout sont les dégâts occasionnés par l'enthousiasme de votre commis cuisinier ! Peut-être convient-il de prévoir le bain **après** le passage en cuisine ! C'est également le moment idéal pour faire comprendre à monsieur ou mademoiselle que les saletés occasionnées par sa présence sont à nettoyer par le responsable... Une dure leçon à cet âge.

Je n'imagine guère que vous avez le temps ou l'énergie en fin de journée pour vous rendre disponible de la sorte. Mais une fois de temps en temps est peut-être dans la mesure de vos possibilités. Les week-ends ou les vacances sont à aménager pour une telle activité. Et pourquoi ne pas solliciter les papis et les mamies ? Voici quelques pistes à explorer.

Mais, me direz-vous, pourquoi l'inviter dans la cuisine, un lieu qui peut être dangereux pour lui ?

Alicia a 3 ans lorsque j'évalue son langage. Ses parents sont américains et travaillent en région parisienne. Sa mère est très attentionnée envers ses deux enfants et semble leur consacrer beaucoup de temps et d'énergie.

Le vocabulaire de la petite fille me semble néanmoins très pauvre, elle ne possède même pas le vocabulaire de base lié à l'alimentation ou aux ustensiles familiers. Nous voilà donc partis sur un travail dans ce domaine.

Ce n'est qu'à l'occasion d'une visite à domicile que j'aperçois une barrière bloquant l'entrée de la cuisine. La maman m'explique alors que pour éviter les accidents domestiques, elle interdit la cuisine à ses deux enfants. Ils mangent dans le salon la nourriture que maman sort comme par magie de cet endroit inconnu. Il m'a fallu de longues discussions pour convaincre cette maman que par là même, elle privait ses enfants d'une énorme portion de leur vie et que cela se ressentait déjà chez l'aînée.

Pensant bien faire, cette maman avait non seulement interdit l'entrée de la cuisine mais aussi toute activité durant laquelle ses

enfants risquaient de se salir. Pas de sortie au parc. Interdiction de toucher les animaux des voisins. Pas de pâte à modeler ou de peinture à la maison.

Sans aller jusque-là, de nombreuses familles font néanmoins en sorte que les enfants quittent la cuisine lors de la cuisson. Nous ne sommes que trop conscients de tous les dangers à la portée de l'enfant qui n'accepte plus de rester assis sagement sur une chaise haute.

Si vous avez déjà pris l'habitude de l'asseoir à vos côtés pendant les premières années, il suffit de l'installer sur un rehausseur. La règle d'or est de rester assis et de ne pas tenter de saisir les outils utilisés par les adultes. S'il le désire, un petit de cet âge reste en place pour une période de dix à vingt minutes. Il est alors temps pour lui d'aller explorer un autre domaine.

Il vous observe manipuler des outils et il rêve de faire « comme papa » ou « comme maman ». Avant de commencer, sélectionnez des outils sans danger pour lui, ce qui évitera bien des conflits. N'hésitez pas à prendre ceux qui lui appartiennent tels des couverts pour enfants, des outils de la dînette ou de la pâte à modeler. Restez ferme en ce qui concerne des objets pointus ou coupants et ne les laissez jamais à sa portée.

Si vous en avez l'opportunité, demandez à votre enfant de réfléchir avec vous et de sélectionner les ingrédients d'un mets qu'il connaît par cœur. Que faut-il mettre dans la soupe ? Que met-on sur la pizza ? S'il vous cite un premier ingrédient, posez-lui une question ouverte qui l'incite à continuer sa recherche. Résistez à cette envie pressante de lui fournir les réponses. Votre tout-petit n'est pas encore un adepte de ce type de réflexion qui lui demande d'aller chercher en mémoire parmi toutes les informations qu'il ingurgite tous les jours et de sélectionner le mot dont il a besoin. D'ailleurs, ce qui en ressort n'est pas toujours ce que vous attendiez : le mot est un peu écorché, il ressemble plus à un autre ou bien il est de la même famille, de la même couleur, du même champ sémantique mais ce n'est pas celui qu'il faut (« serviette » pour « torchon »). C'est normal : il apparaît tel qu'il a été mémorisé et ce n'est qu'à force de l'utiliser que l'enfant l'intègre sous sa forme appropriée. Moins performant que nous, l'enfant a donc besoin d'un temps de réflexion plus long. Eh oui ! Aimeriez-vous que votre interlocuteur vous propose une liste de noms alors que vous cherchez à retrouver le nom de l'acteur principal du film que vous venez de voir ? Non ! Qu'il vous laisse réfléchir ! Il en est de même pour l'apprenti parleur qui réagit bien, mais avec un **temps de latence.** Si vous venez à sa rescousse trop tôt... il n'a pas le temps d'aller jusqu'au bout de cette tâche.

En revanche, s'il peine visiblement et ne parvient pas à continuer, proposez-lui de lui donner des indices, sous forme de devinettes : « Sur ma pizza, je veux quelque chose de blanc qui est râpé. Je le range au réfrigérateur. Qu'est-ce que c'est ? »

De même, le fait de commencer la phrase ou de produire la première syllabe du mot agit comme un détonateur qui suscite une recherche de la part de l'enfant : « Sur la pizza, papa aime beaucoup de fr... » Plus l'enfant s'habitue à aller chercher un mot en mémoire, mieux il s'exprime. L'enfant à qui l'on ne pose que des questions fermées (« Tu veux du fromage sur ta pizza ? ») ne réagit que par « oui » ou par « non » et ne pratique guère cet exercice. Si vous imaginez chaque effort de réflexion comme un chemin que l'enfant se fraye à travers des broussailles, vous percevez tout de suite pourquoi il devient plus efficace au fur et à mesure qu'il emprunte les mêmes chemins. Ces chemins (ou schèmes neuronaux) forment la base de nos capacités intellectuelles.

Il existe chez certains enfants une difficulté à aller chercher des mots en mémoire. On parle alors dans les cas les plus sévères d'un **manque du mot.** Cette tâche lui est trop difficile et il se débrouille donc pour l'éviter : il montre du doigt en baragouinant, il fait un usage régulier de « ça » et « là », tellement pratiques, il le remplace par un mot « valise » (« miam-miam » pour tout aliment, « à boire » pour toute boisson). Certains réduisent leurs demandes à « s'il te plaît » ou à « merci », sachant que ces mots « magiques » ouvrent toutes les portes. C'est bien pour cela que, à mon avis, les mots liés à la politesse ne sont pas prioritaires à cet âge et que je préfère entendre une demande exprimée à l'aide d'une phrase que des marques de politesse.

Pour aider un enfant qui présente ce type de difficulté, je propose aux parents de suivre les conseils donnés ci-dessus ou ceux que nous avons déjà vus lors du bain. Le support visuel d'images découpées dans des catalogues ou dans les dépliants publicitaires est tout à fait approprié lorsqu'il est associé à ces activités liées au quotidien. Vous avez donc en main le matériel le mieux adapté qui soit pour aider l'enfant à enrichir son vocabulaire, à élaborer ses phrases ou à affiner sa réflexion.

La cuisine est également l'endroit rêvé pour permettre au tout-petit non pas de développer ses talents de cuisinier mais d'appréhender ce qui est lié à des concepts de base dont il a bien besoin en maternelle et pour la suite de ses apprentissages scolaires. Bien sûr, ces concepts sont présentés à l'école et sont revus maintes et maintes fois. Je peux néanmoins vous assurer que mettre « juste un œuf » dans la pâte à tarte est bien plus à la portée du tout-petit que d'entourer « juste un » des œufs pondus par la poule sur une belle image. Tout ce qui a un sens, ce qui est lié à une situation concrète est rapidement assimilé par l'enfant, qu'il soit petit ou plus âgé. À force d'être confronté à des notions simples et à sa portée dans des situations variées (juste une chaussette, prends juste un gâteau, il manque juste un verre), le tout-petit intègre le concept et reconnaît rapidement et au premier coup d'œil le fait qu'il y a un point sur le dé ou une pomme dans l'assiette. Arrivé au stade des apprentissages scolaires, l'enfant est déjà familier avec les notions présentées. Il peut alors les appliquer à un travail qui lui est demandé ou à un jeu de société simple.

De quels concepts de base s'agit-il ? Entre l'âge de 2 et 3 ans, ils sont relativement simples mais ils constituent la base de concepts plus complexes. Ils sont généralement liés à **l'espace, au temps, aux quantités.**

L'espace

Le tout-petit commence par **comprendre** les notions « dans », « sur » et « sous » avant de les **utiliser**. Affinez sa compréhension en lui donnant des consignes telles que chercher les ingrédients. Inutile d'éviter des termes plus difficiles comme « à côté » ou « derrière » s'ils sont adaptés à la situation mais Junior aura alors besoin de votre aide. Puis c'est à vous de lui donner l'occasion d'utiliser ces termes : demandez-lui de vous dire où se trouve tel outil ou tel ingrédient ou de donner des explications à mamie qui ne connaît pas bien la cuisine. Il a tendance à vouloir **montrer** au lieu de **dire**. Il vous suffit de le retenir un peu en l'encourageant à « dire avec des mots » au lieu de montrer.

Le temps

Le premier contact du tout-petit avec cette notion est celui qu'il vit au quotidien, car chaque étape est précédée d'une autre et suivie d'une nouvelle. Il entend les termes « d'abord », ou « en premier », « après », « maintenant », « fini ».

Les repas sont également liés à des moments spécifiques de la journée : le matin, le midi, l'après-midi et le soir. L'enfant peut alors associer un repas avec un moment de la journée. Vous pouvez l'aider dans cet apprentissage en lui demandant de coller des images des aliments associés aux repas de la journée. Le dos d'une chute de papier peint fait très bien l'affaire si vous séparez d'un trait les différentes portions de la journée. Placez ce papier peint sur un support et demandez à Junior de sélectionner et de verbaliser sa réponse avant de coller.

La quantité

Nous avons la fâcheuse habitude de zapper les premiers pas de cet apprentissage et nous nous évertuons à faire répéter à nos enfants la « comptine numérique ». Or, même s'il l'apprend, le tout-petit ne la comprend nullement. Il lui faut procéder par étape, et d'abord comprendre les notions de « un peu », « beaucoup », « vide », « plein », « tout », « juste un ». Ce n'est qu'après qu'il peut réellement saisir le sens de « un », « deux » et « trois ». Inutile de vous donner plus d'explications, car ces termes ont tout à fait leur place dans une cuisine.

Parler de manger

Au fur et à mesure que le tout-petit emmagasine des mots et des phrases toutes faites, il tente d'exprimer ce qui lui trotte dans la tête. Et je peux vous assurer qu'il y a foule là-haut ! Rien ne me fascine plus que d'écouter les commentaires qui sortent de la petite bouche. Le tout-petit établit des liens qui ne me viennent jamais à l'esprit et il a une façon d'observer le monde très personnalisée. La manière dont il élabore ses phrases nous indique très clairement qu'elle est le fruit d'une réflexion très personnelle. Les rouages de la construction sont apparents et le résultat est parfois incongru et provoque des sourires.

Lorsque l'enfant a pris l'habitude d'élaborer des phrases parfois incomplètes de trois ou quatre mots, il s'attaque à la tâche plus difficile qui consiste à les relier pour raconter un événement. Il commence par juxtaposer ses phrases. « Thomas tombé. » « Bobo beaucoup aïe, aïe, aïe. » « Bisou maman. » De manière très simple, Thomas informe sa maman, qui n'était pas présente au moment de la chute, qu'il est tombé et qu'il s'est fait très mal. Il lui demande un bisou comme pansement magique. Il utilise les moyens dont il dispose pour « raconter » son vécu. Il accompagne son histoire de gestes. Il mime sa chute. Il montre à sa maman la plaie occasionnée et il grimace en secouant sa main pour exprimer sa douleur.

Entre l'âge de 2 et 3 ans, la qualité de son discours s'améliore et s'enrichit de petits mots ignorés jusqu'alors : les articles (un, une, le, la, du, etc.), les pronoms personnels (je, tu, il, elle), les auxiliaires (est, suis, etc.) et bien d'autres.

Un mot permet alors à l'enfant de **coordonner** ses phrases, c'est-à-dire de les associer les unes aux autres pour former un récit. L'élément clé ici est le « et ». Il est rapidement suivi par « pis » pour « et puis » ou « apès » pour « après ». Bien sûr, il tire ces termes de vos paroles et de vos consignes données en cuisine ou ailleurs.

Les premiers événements rapportés par le tout-petit sont des expériences qui lui sont très familières. Ainsi, informer sa famille sur ce qu'il a mangé hors de leur présence est un bon début, d'autant plus qu'il connaît bien les termes liés aux aliments.

Alors que vous préparez le dîner, posez-lui des questions sur son repas à la crèche ou à la cantine. Peut-être connaissez-vous déjà le menu de la semaine, ce qui vous aide lorsque les informations qu'il vous fournit ne sont pas compréhensibles et que vous voulez l'aider en lui posant les bonnes questions. De nombreux parents se plaignent du silence de leur enfant concernant ses activités de la journée. Cela n'est pas nécessairement lié au fait que celui-ci protège son « jardin secret ». Se remémorer, sélectionner les mots et construire un récit est une tâche bien complexe et ils ont parfois besoin de notre soutien pour se lancer. Une simple question suffit parfois pour stimuler le moulin à paroles. Mais il vous faut choisir avec soin cette question car un simple « Qu'as-tu fait aujourd'hui ? » suscite un tel amas d'images dans l'esprit de l'enfant qu'il ne sait plus par où commencer ! Les mots se bousculent et il abandonne rapidement. Quel dommage ! Alors, même si vous savez déjà ce qu'il a mangé... informez-vous !

Suivre une recette

Encore une fois, il n'est pas question de demander au tout-petit de lire une recette dans votre livre de cuisine. Soyons raisonnables. Nous pouvons néanmoins adapter ces informations et les mettre à sa portée à l'aide d'images. Mais oui ! Celles du dépliant du supermarché ! Les promotions du jour terminent collées sur le papier ou la boîte de céréales, recyclée pour cet usage, qui fait office de recette du jour. Si vous n'avez pas le courage de chercher, de découper et de coller, il existe de très beaux livres qui illustrent chaque étape de la recette. Une gomme et un crayon ne sont pas à négliger.

Vos efforts sont récompensés car votre enfant en tire des stratégies qui lui sont bien utiles. Il apprend à regarder en haut de la page pour commencer et à suivre les instructions en partant de la gauche. Il s'habitue également à observer l'ordre des lignes ou des dessins placés les uns sous les autres. Les images ou les dessins prennent un sens pour lui, comme les mots plus tard.

Il s'aperçoit qu'il y a une séquence à respecter au risque de ne pas réussir le plat.

Il ne s'agit là que d'une première approche des règles très précises qui structurent l'écrit.

Le goût et le dégoût

Il est fréquent de voir des enfants développer des aversions à certains aliments à cette période de leur vie. Un bébé qui mange de tout se détourne de certains plats sans que nous ne sachions pourquoi. Comme nous l'avons vu dans la partie précédente, de nombreux facteurs sont à prendre en compte pour comprendre la réaction du tout-petit. N'oublions pas qu'ils sont des êtres sensoriels et que des facteurs comme la texture, la température, la présentation et la façon de gérer l'aliment sont ce qui fait pencher la balance entre le « bon » et le « pas bon ».

D'autre part, refuser de manger marche à tous les coups. Ça attire instantanément l'attention de papa ou de maman et dans notre souci de « parent nourricier », nous nous laissons prendre au jeu comme des novices, car il faut bien qu'il mange ce petit : il est maigre comme un coucou ! L'enfant sait avec exactitude quelle conduite avoir pour vous faire perdre votre calme et vous pousser dans vos retranchements. Il laisse tomber ses couverts par terre, renverse son verre trois fois de suite, repousse violemment son assiette car le repas ne lui convient pas de sorte que l'assiette atterrit par terre. Puis il est saisi d'une fatigue soudaine et ne peut **absolument** pas se nourrir seul. Entre chaque bouchée, il se contorsionne et place ses pieds sur la table. Pour finir, il recrache sa dernière bouchée. Là, c'en est trop ! Le repas se termine par des cris et le scénario se reproduit un peu trop souvent à votre goût.

La première chose à établir est que l'enfant a faim lorsque arrive l'heure du repas. Le tout-petit qui grignote toute la journée ou qui boit juste avant les repas n'éprouve jamais la sensation de faim. Bien sûr, il a faim pour les gâteries mais pas pour les plats servis à table, au moment des repas.

N'entrez pas dans la danse. Plus facile à dire qu'à faire. Aux premiers signaux, expliquez à votre petit rebelle que c'est l'heure de manger mais que s'il ne veut pas venir à table, il peut partir. Non pas pour retrouver le téléviseur ou les jouets délaissés par ses frères et sœurs installés à table ou en compagnie de quelqu'un qui se sacrifie pour rester avec lui. S'il quitte la table, c'est seul et il s'occupe comme il peut. Il n'est pas non plus question de lui porter un plateau-repas par la suite. S'il manque un repas, ce qui est rare car il sent tout de suite votre détermination, il ne le refera pas de sitôt. L'enfant s'aperçoit très rapidement que son stratagème ne marche plus. Il renouvellera sa tentative de temps en temps, pour vérifier, mais il a bien saisi le message.

Soyez néanmoins vigilants car si vous êtes restés « figés » à un stade de l'alimentation moulinée que vous présentez à la cuillère à votre enfant, sachez qu'il n'en sera pas de même en maternelle. En effet, dès son entrée à l'école, le tout-petit se trouve à une table avec ses camarades, face à une alimentation plus adaptée à l'adulte qu'à l'enfant, avec un couteau et une fourchette d'une taille standard. Il n'y a personne pour lui donner la becquée et le personnel qui encadre les enfants n'a pas vraiment le temps de leur enseigner comment couper leur viande ou leurs légumes. Cela représente un choc pour certains petits qui se sont beaucoup appuyés sur l'adulte jusque-là. Cela entraîne parfois un rejet massif du repas de la cantine alors que l'enfant qui y est préparé s'intègre avec plus de facilité.

Il s'agit donc de les préparer tout en respectant leur développement. En effet, un enfant de 2 à 3 ans ne peut pas gérer des aliments comme la viande, malgré toutes les campagnes publicitaires qui proposent l'alimentation « comme les grands ». En revanche, certains gestes comme mordre dans un fruit ou dans une part de pizza sont à la portée d'un enfant de cet âge. Tentez de varier la façon dont vous présentez vos aliments afin qu'il s'y habitue. S'il refuse, demandez-lui d'y goûter. Après une bouchée, il n'est pas obligé de finir. Mais le fait de goûter le familiarise peu à peu à la nouveauté. De plus, c'est ce qu'on lui demande de faire à l'école. L'enfant qui a participé à la préparation du repas est plus enclin à faire un essai après la cuisson.

La taille des couverts en maternelle n'est pas toujours adaptée aux petits et ne facilite guère leur tâche. Il vous est possible néanmoins de familiariser votre enfant à leur maniement. Tentez de trouver des couverts ressemblant en tout point à ceux des adultes sauf en ce qui concerne leur taille. C'est une maman hôtesse de l'air qui m'a permis de découvrir les couverts que l'on trouvait sur les plateaux-repas au cours du vol. Ceux-ci ont été retirés de la circulation car considérés comme armes potentielles et sont soigneusement rangés dans des cartons. Ceux que j'ai pu récupérer sont parfaits pour les petites mains : le manche légèrement évasé est bien calé dans la paume de la main et la taille permet un maniement efficace par l'enfant, car le bout de la fourchette est comme un prolongement de ses doigts. Si vous connaissez quelqu'un qui travaille dans un aéroport, cela vaut la peine de demander si il ou elle a accès aux trésors cachés.

Activités pédagogiques ou les plaisirs du ménage

Comme vous le savez déjà, mes outils pédagogiques favoris vont du lave-linge à l'éponge, en passant par l'aspirateur ou l'évier de la cuisine. En effet, rien n'est mieux adapté à l'apprentissage à l'âge de 2 et 3 ans. Votre moulin à paroles a tout le loisir de développer les capacités dont il a besoin pour grandir. Et les jouets, me direz-vous ? Contrairement à ce que l'on peut penser, ceux-ci ne sont pas prioritaires car l'enfant fait un jeu de toute activité. Vous pouvez très bien lui acheter les plus beaux jouets qu'il délaissera pour enfourcher l'aspirateur ou le tirer d'une pièce à l'autre. Le carton de la livraison de vos achats prend tour à tour la forme d'un garage, d'une maison, d'un véhicule ou d'une cachette pour le petit chaton qui guette sa proie caché à l'intérieur.

Activités de graphisme

Ne renvoyez donc pas votre enfant à ses jouets s'il veut vous accompagner dans vos activités qui, pour vous, ne sont que des corvées. Par exemple, vous savez déjà qu'il aime faire briller la table basse à l'aide d'un chiffon. Demandez-lui donc de le faire en reproduisant de grands cercles dans un sens, puis dans l'autre. Des ronds se dessinent sur la cire et il est tout content du résultat. Peu à peu, il maîtrisera le geste qu'il reproduit avec l'aide d'un crayon sur une feuille de papier.

Le fait de passer d'une surface à une autre encourage le tout-petit à passer du plan vertical au plan horizontal. Ainsi, il nettoie avec soin les portes, les vitres et les miroirs pour ensuite s'adapter aux tables basses ou aux marches de l'escalier. Il lui est alors plus facile de travailler sur une table le moment venu. Mais ceci n'est pas nécessairement ce qui est le mieux pour lui à son âge. Comme nous l'avons déjà vu, ce sont les mouvements d'une grande amplitude qu'il faut introduire au début avant de passer aux mouvements plus fins qui nécessitent une grande souplesse du poignet. Si ce sont les vitres qui l'attirent, ajoutez des informations à vos consignes : il frotte de haut en bas, de gauche à droite, en faisant des vagues, ou des montagnes. À vos côtés, il apprend à s'intéresser plus longtemps à l'activité, ce qui lui permet d'intégrer ces gestes nouveaux pour lui. Il apprend aussi à travailler de manière autonome. Il vous informe de ce qu'il fait et vous lui renvoyez vos compliments et vos encouragements.

Révision des concepts de base

Les notions liées à l'espace, au temps et aux quantités sont à reprendre au cours de vos tâches ménagères. En effet, les termes qui y sont associés ne prennent réellement un sens que lorsque l'enfant les a expérimentés dans des situations différentes. S'il les a déjà vus alors qu'il participe aux achats ou à la préparation du repas, qu'il met la table ou qu'il débarrasse, il a besoin de les appréhender à nouveau alors qu'il vide le panier de linge sale **plein**, qu'il compare **la taille** des vêtements à trier, qu'il **classe** les vêtements selon des critères différents, qu'il mémorise **la séquence** des actions à reproduire, qu'il cherche la **même** chaussette ou qu'il vous donne **un pull**. Ces gestes anodins sont néanmoins ceux qui nous assurent qu'il intègre les informations. Ce sont ces gestes qui garantissent que le tout-petit construit les chemins d'un hémisphère à l'autre, les schèmes neuronaux qui s'établissent alors que ses yeux se fixent sur la main qui suit un trajet de gauche à droite. Plus le chemin a été emprunté, plus il sera facile pour l'enfant de le retrouver lorsqu'il en aura besoin. Pour laver un plat par exemple ou pour délimiter « la ferme » dans le bac à sable et puis pour reproduire les décorations qu'il doit faire en classe pour Noël.

Un, deux, trois j'apprends à compter

Comme nous l'avons vu à la cuisine, les activités quotidiennes se prêtent aisément à l'apprentissage de tout ce qui touche à la numération. N'hésitez pas à compter avec lui les couverts dont il a besoin pour mettre la table. À l'approche du troisième anniversaire, il reconnaît visuellement un, deux ou trois objets. Si la famille compte plus de membres et qu'il a pris le soin de mettre la table régulièrement, il se peut bien qu'il reconnaisse également une quantité de quatre, cinq ou six objets. Ce n'est qu'une question d'habitude. Il apprend ainsi la comptine jusqu'à trois, puis jusqu'à cinq. Ce n'est que plus tard qu'il parvient à aller jusqu'à dix.

Encore une fois, ce n'est qu'un aspect de ce que l'enfant assimile à cet âge et il réussit peu à peu à donner un, deux ou trois objets que vous lui demandez. Des situations comme la lessive peuvent l'y aider, car certains vêtements sont isolés alors que d'autres viennent généralement par deux, comme les chaussettes. Il les associe automatiquement au départ puis il saisit la notion de « deux ».

Jeux de coordination

Certains gestes fins, nécessaires pour couper avec des ciseaux par exemple, ne sont pas à la portée des petites mains. Non seulement il est difficile de dissocier le pouce de l'index, mais la force requise pour mener à bien le mouvement n'est pas encore assez développée.

Or, manipuler une pince à linge est une activité qui vient en aide à l'enfant dans ce domaine. Il est tout heureux de placer les pinces à linge qu'il sélectionne autour d'un support cartonné. C'est bien frustrant pour lui au début mais il persévère et arrive à ses fins. Il tente alors de faire un choix plus précis et place toutes les pinces d'une même couleur côte à côte. Si vous démarrez ensuite une séquence de deux couleurs, il tente de la reproduire. Vous voyez alors qu'il s'organise à sa façon en gérant les quatre bords du carton de la boîte de céréales. Les rouleaux vides de papier toilette ou d'essuie-tout lui offrent d'autres possibilités. N'oubliez pas que le rangement fait partie de l'activité !

Un outil que nous ne confions jamais à nos enfants est un vaporisateur, car il est généralement rempli de produit toxique. Mais une fois vide et bien rincé, marqué du nom de l'enfant, il est tout à fait adapté pour vaporiser les plantes vertes, les portes, les vitres ou tout autre objet à portée des petites mains. Les premiers temps, il se peut que le geste soit trop complexe pour l'enfant qui abandonne rapidement. Peu à peu, il renforce ses doigts et améliore sa coordination. Il vise avec précision les surfaces à nettoyer... ou le nez de son frère ! La manipulation des ciseaux est similaire et devient alors à la portée de l'enfant.

À vous d'innover

Les idées que je vous donne ici sont limitées mais peut-être vont-elles éveiller chez vous des façons de faire ou bien vous conforter dans ce que vous faites déjà. Lorsque je travaille avec des groupes de parents, nous passons un long moment à échanger nos « trucs » et nos « astuces » et c'est le moment que tous préfèrent. Il me suffit parfois de lancer une idée pour que d'autres fusent. Faites confiance à votre bon sens, car c'est bien de cela qu'il s'agit. Basez-vous sur les échelles à votre disposition à la fin de ce livre et utilisez les moments d'échanges avec votre enfant pour atteindre les buts que vous vous fixez. Si votre enfant présente un retard dans ses acquisitions, tentez de lui proposer des activités à sa portée et encouragez-le ensuite à atteindre graduellement les étapes suivantes. N'oubliez pas que chaque enfant évolue suivant un parcours individuel et que, s'il a des difficultés dans un domaine, il est habile dans un autre. Votre enfant ne s'intéresse guère aux activités quotidiennes et préfère aller dehors pour courir, grimper et se dépenser ? Eh bien suivez-le dans ses activités tout en utilisant les termes que nous venons de voir ci-dessus. Inutile de le forcer : mieux vaut suivre son intérêt.

Si l'enfant préfère être à l'extérieur et que vous avez la chance d'avoir un jardin, adaptez vos activités pour inclure votre tout-petit. Les seaux et les pelles du bac à sable trouvent facilement leur place à ces occasions et il est facile aujourd'hui de se procurer des outils adaptés au petit jardinier. Il n'y a pas de meilleur moyen de faire comprendre à l'enfant ce que sont les saisons, qu'elles se suivent selon un ordre très précis et que chacune est associée à des travaux de jardinage. Dans le même ordre d'idées, le fait de semer une graine et d'observer au jour le jour la métamorphose qui s'opère est un excellent moyen pour aider le tout-petit à comparer la pousse d'une journée à l'autre (hier/aujourd'hui/demain). Si vous pouvez prendre des photos, c'est un bon support pour échanger par la suite avec lui. Les termes qu'il apprend ainsi seront réutilisés à plusieurs reprises lorsqu'il donnera des explications à d'autres membres de la famille ou à d'éventuels visiteurs. Ces photos peuvent être conservées dans un album photo ou collées dans un cahier qui contient des images ou des clichés marquant les moments importants de sa vie. Gardez précieusement ces cahiers ou ces albums car l'adolescent ou le jeune adulte à venir prend beaucoup de plaisir à les redécouvrir.

Au lit !

En principe, en fin de journée, vient le moment du repos, l'heure de rejoindre la chambre à coucher. Voyons tout d'abord comment encourager les échanges à ce moment puis, tentons de trouver des solutions aux difficultés qui apparaissent parfois entre les âges de 2 et 3 ans.

Bébé raconte une histoire

Comme nous l'avons vu, le tout-petit apprend peu à peu à raconter. Il commence par parler de ce qu'il a vécu au cours de la journée. Il se base sur des événements familiers. C'est pour lui une opportunité de capter votre attention : s'il y a des frères et des sœurs, la bataille est rude pour se faire entendre. D'autant plus qu'il y a toujours quelqu'un pour parler à sa place ou « traduire » le jargon que personne ne comprend. Même si ce n'est que pour quelques minutes, le tête-à-tête est très enrichissant pour le tout-petit.

Si vous avez pris des photos de Junior en pleine action (dans la cuisine, au jardin, dans le parc), sortez-les à ce moment-là. Considérez-les comme des « livres maison ». Ils sont souvent les favoris des tout-petits qui s'intéressent beaucoup à leur petite personne. Mais ils sont surtout liés à son vécu, à ses intérêts du moment. Posez des questions ouvertes en essayant de passer à autre chose que les traditionnels « Qu'est-ce que c'est ? » ou « Qu'est-ce que tu fais ? » L'enfant sait très bien que vous connaissez les réponses à ces questions et qu'il est donc inutile d'y répondre. Replacez la photo dans son contexte et posez des questions qui y sont liées (« Où est papa ? Je ne le vois pas ! »).

D'après Donald W. Winnicott, c'est vers l'âge de 2 ans que l'enfant se différencie de sa mère et qu'il développe sa capacité à agir seul et à élaborer seul. Il parle de lui-même en se nommant, « Thomas lave bol », ou en se représentant par le pronom « moi » : « Moi grand. Moi lave tout seul. » À l'approche du troisième anniversaire apparaissent les pronoms personnels « je », « tu », « il » et « elle », souvent dans cet ordre. Or, ceux-ci n'apparaissent pas si nous, les adultes, restons ancrés dans une habitude que je déplore. Il m'arrive fréquemment d'entendre des adultes incapables de dire « je » ou « tu », lorsqu'ils s'adressent à un tout-petit. C'est habituellement des phrases du style « Thomas veut un gâteau ? » ou « Maman va te donner un gâteau » que l'enfant entend. Comment voulez-vous qu'il accède à la complexité de l'utilisation des pronoms personnels ? Inutile de lui faire un discours sur « tu dis “je” quand tu parles mais tu dis “tu” quand tu parles à quelqu'un ». Comme pour vous à l'instant, c'est totalement incompréhensible pour le jeune enfant. Son seul espoir est d'entendre des modèles fréquents et adaptés par son entourage. Comme pour le reste des règles grammaticales qui gèrent la langue, l'enfant les intègre petit à petit, quitte à faire des erreurs dans ses premières tentatives. C'est grâce à ces erreurs qu'il affine peu à peu son usage de la langue.

Mais cela me désole quand j'entends des adultes chargés de l'éducation des tout-petits parler de la sorte. Telle nourrice dit à l'enfant : « Attends ! Tata est occupée ! » De qui parle-t-elle ? Il en est de même lorsque l'institutrice dit d'une voix douce à l'enfant : « Maîtresse est très fâchée. » À mes oreilles, cela sonne faux. Peut-être que ce qui me dérange le plus est le message qui est ainsi véhiculé. J'entends une différence entre « Je suis fatigué » et « Papa est fatigué ». La première personne est là dans sa totalité (en tant que père mais aussi en tant qu'individu) alors que le deuxième personnage est réduit à son rôle de père. Cela est important pour le jeune enfant à un moment de son développement mais devient restrictif lorsqu'il grandit.

L'enfant qui s'exprime en parlant de lui-même à l'aide du pronom « je » se démarque en tant qu'individu et développe ainsi son identité. Laissons-le donc accéder à ce stade en faisant plus attention à notre discours et en évitant soigneusement les écueils sur notre route. Les mauvaises habitudes sont faciles à adopter mais s'en débarrasser est bien plus dur...

Maman, raconte-moi une histoire...

Il est vrai que le coucher est parfois réglé comme une partition de musique et que ce que l'enfant désire le plus est d'écouter l'un de ses parents raconter son histoire favorite. Pourquoi pas ? Mais une fois que le tout-petit la connaît par cœur, il est hors de question de sauter une page car il ne connaît que trop bien les répliques. Il est alors temps de pimenter un peu ce moment en demandant à celui-ci de donner la réplique ou de « raconter » une partie de l'histoire. Il vous suffit de marquer une pause et de regarder votre chérubin d'un regard insistant : il comprend vite ce que vous attendez de lui et il n'est que trop content d'ajouter son grain de sel !

Je me trompe et tu me corriges

Si l'enfant est à un stade où il demande sans cesse la même histoire, si vous en avez un peu marre... faites participer votre bambin en lui demandant de vous « corriger » si par hasard, sans faire exprès bien sûr, vous faites une petite erreur par-ci par-là... Commencez par faire des fautes totalement inacceptables et, outré, votre petit s'empresse de vous remettre sur le droit chemin. Puis, devenez plus discret et faites de « toutes petites erreurs de rien du tout ». Votre enfant, à l'affût, aura vite fait de vous reprendre. Hormis le plaisir évident qu'il prend à ce rôle qu'il s'attribue, il améliore des capacités très importantes telles son **attention auditive** (durant toute l'histoire), sa **discrimination auditive** (lorsque vous vous trompez un tant soit peu dans l'articulation des noms des personnages ou des lieux) ainsi que sa

mémoire auditive et sa **mémoire séquentielle** (lorsque vous ne suivez pas la séquence des événements). J'ai découvert récemment des versions très amusantes et assez loufoques de contes bien connus qui vous aideront dans vos premiers pas. Demandez conseil à votre libraire ou à votre bibliothécaire.

Et après ?

S'il peut vous reprendre sur l'histoire que vous lisez, il peut maintenant inventer une suite à l'histoire ou des variations à celle-ci. Mais c'est encore à vous de l'y encourager en lui posant encore une fois des questions ouvertes. « Et si sa maman n'est pas là ? » « Que fait-il du vélo ? » « Que dit-il au monstre ? »... Dès un début de réponse de votre enfant, encouragez-le à continuer ou à élaborer un peu plus. Il prend peu à peu confiance et s'aperçoit que lui aussi peut « raconter ». Le tout-petit est tout fier lorsque vous transférez sur papier ses idées ou les histoires qu'il élabore. Pas besoin d'être un artiste pour le faire : vos efforts seront largement récompensés.

C'est quand demain ?

Ce moment d'échange est aussi bien adapté afin de parler de l'avenir. Ainsi, il nous arrive de vouloir préparer l'enfant à des changements dans sa routine ou des événements pas toujours faciles à gérer. Quelle que soit cette situation nouvelle, mieux vaut y préparer le tout-petit plutôt que de le parachuter soudainement dans l'inconnu. Vous avez à votre disposition de nombreux livres dans lesquels la visite chez le dentiste, l'arrivée d'une baby-sitter ou le voyage en avion sont décrits d'une façon bien adaptée.

Un autre moyen d'aider l'enfant est de lui parler tout simplement des événements du lendemain. Comme tout ceci est bien abstrait pour lui, des images ou des photos clairement visualisées sur un emploi du temps que vous avez dessiné sur une large feuille de papier marquent avec plus de précision les instants à venir. N'hésitez pas à y inscrire ce qui, à vos yeux, peut paraître anodin : une personne différente qui vient le chercher à la crèche ou les jours de cantine en maternelle ; le vaccin chez le pédiatre ou la sortie à la piscine avec papa. Notez les situations nouvelles ainsi que celles qui lui sont habituelles. C'est ainsi qu'il assimile que le lundi, c'est la cantine alors que le samedi, c'est la piscine.

Vagabondages nocturnes

Olive réfrène un bâillement pendant qu'elle me montre les derniers produits du magasin. Elle capte mon regard et s'empresse de m'expliquer que ce n'est pas l'ennui qui provoque son geste mais plutôt le manque de sommeil. Son fils de 2 ans sort de son lit la nuit pour aller rejoindre ses parents. Le papa, ne pouvant dormir, est relégué à une autre chambre et Olive est trop fatiguée pour remettre son fils dans son lit tout au long de la nuit. Elle ne voit pas de solution à son dilemme.

Comme nous l'avons vu dans le chapitre précédent, l'enfant arrive à un âge où il est plus autonome, plus mobile et surtout plus habile à escalader les obstacles. Même s'il est encore dans son lit à barreaux, il est fort possible qu'il en sorte pour venir voir ce qui se passe. C'est bien plus drôle de rester avec papa et maman que de se trouver seul dans son lit. L'affaire se complique lorsque le petit vagabond partage sa chambre avec le bébé ou un aîné. Son refus de rester au lit a des conséquences plus dramatiques car il nuit au sommeil de ses parents mais aussi à celui de la fratrie. Mieux vaut alors séparer les deux jusqu'à ce que de bonnes habitudes soient prises.

Vous devez déterminer les besoins de sommeil de chacun de vos enfants. Vers 18 mois, le bébé abandonne la sieste du matin. Mais d'après les Dr Challamel et Thirion[1], l'enfant a besoin de

1. *Op. cit.*

treize à quatorze heures de sommeil par jour jusqu'à l'âge de 4 ans. La sieste du petit de 2 ans est donc plus longue qu'auparavant.

L'enfant qui n'a pas établi un cycle régulier de sommeil a de plus en plus de difficultés à trouver l'endormissement. Paradoxalement, le petit qui ne fait pas une bonne sieste ne s'endort pas plus tôt le soir. Il se peut qu'il soit encore plus énervé et qu'il ne parvienne pas à se laisser aller à l'endormissement.

Il s'agit ici de développer l'autonomie de l'enfant dans ce domaine. Rester à ses côtés jusqu'à ce qu'il s'endorme, lui tenir la main ou le bercer ne l'aide en rien. Au contraire, ces habitudes lui deviennent alors nécessaires pour trouver le sommeil. Et s'il se réveille au cours de la nuit, vous n'êtes plus disponible. Il part donc à votre recherche pour se rendormir.

L'enfant doit au contraire développer ses propres moyens propices à l'endormissement. Vous faites ce que vous pouvez pour noter les signes qui indiquent qu'il est prêt à aller se coucher : il se blottit contre vous, il bâille ou au contraire, il est dans un état d'excitation. Vous passez donc un moment de calme avec lui en suivant un rituel qui l'apaise. Vous le laissez avec des projets agréables pour la journée qui suit.

Tous ces gestes le préparent et le mettent dans les meilleures conditions possibles. Ne succombez pas à ses demandes pour une « dernière » histoire, un verre d'eau ou un « petit » câlin. S'il sent que vous aussi avez du mal à le quitter, il s'engouffrera dans la brèche et profitera largement de la situation.

Comme pour le plus petit (voir la partie précédente), n'hésitez pas à placer une barrière à la porte de sa chambre s'il ne peut pas rester dans son lit. Expliquez-lui que, s'il peut rester au lit comme un grand, vous enlevez la barrière. C'est donc lui qui tient les rênes et qui doit apprendre à respecter les règles du soir. Très rapidement, l'enfant comprend que vous ne changerez pas d'avis. Il se peut qu'il s'endorme par terre dans sa chambre, mais cela ne pose pas un réel problème.

Si vous voulez favoriser l'endormissement de votre enfant, évitez à tout prix de le punir en l'envoyant au lit durant la journée. Le lit doit être synonyme de chaleur, de confort et de moments agréables et non pas de punition. L'enfant qui y va avec plaisir après une journée bien remplie s'endort avec facilité. Mais celui qui a cru comprendre qu'il peut grappiller quelques minutes de plus, car le message n'a pas été clairement émis, se bat de toutes ses forces pour ne pas sombrer.

Bébé sort dans le monde

De la poussette aux gambettes

Adepte de la poussette à 2 ans, l'enfant ne l'accepte probablement plus à 3 ans. Bien campé sur ses deux jambes, le tout-petit, à cet âge, n'aspire qu'à une chose : découvrir tout ce qu'il peut faire avec son corps dans un grand espace. En Irlande, où les enfants sont libres d'aller et venir à leur guise, il est habituel de trouver des bébés ou de jeunes enfants à même le sol, qui s'ébattent comme des chiots à la réception des hôtels ou dans les couloirs qui mènent au bar. S'il y a de la musique, ils marquent le rythme en sautant à travers la pièce. D'autres se contentent de plier les genoux, car ils ne savent pas encore contrôler le saut. Cette véritable passion pour le mouvement incite les parents à sortir de la maison dont l'espace est trop restreint pour la fougue du tout-petit. Il a réellement besoin de sortir et de se dépenser, quel que soit le temps. Même si, comme au Canada, cela veut dire qu'il faut consacrer de longs moments à l'habillage et au déshabillage.

Donne la main !

Un jeune couple descend du bus à l'arrêt situé dans la rue principale très fréquentée de la petite ville irlandaise de Gorey. Le père porte son fils de 2 ans dans les bras et le confie aux bras de sa maman le temps de sortir la poussette du bébé. Sitôt posé à terre, le petit garçon détale à toutes jambes sur le trottoir avant que son père ou qui que ce soit d'autre n'ait le temps de réagir.

Les réactions d'un jeune enfant de 2 ans lâché dans un espace ouvert sont totalement imprévisibles. Sa grande impulsivité le propulse vers l'avant, quels que soient les dangers potentiels sur son chemin. Il en est de même lorsque vous arrêtez la voiture : en deux temps trois mouvements, il détache sa ceinture de sécurité et se faufile hors du véhicule. C'est pour cela qu'il vous faut des règles draconiennes pour habituer le tout-petit le plus tôt possible à attendre que vous veniez le chercher avant de se précipiter. N'oubliez pas qu'il n'est pas encore capable de contrôler son impulsivité et que c'est donc à vous de vous assurer qu'il ne peut en aucun cas se précipiter dans une course folle. Il m'arrive fréquemment de voir des nourrices avec une ribambelle de gamins suspendus à la barre de la poussette dans laquelle sont assis les plus petits. Ils ne lâchent jamais et suivent avec détermination les consignes de leur nounou. Donc, malgré les protestations de votre explorateur, prenez tout de suite l'habitude de lui prendre la main avant de vous déplacer. Il aura tout le loisir de courir une fois arrivé au parc. De même, en voiture, c'est l'adulte qui retire la ceinture et non pas l'enfant qui le fait seul : vous pourriez avoir la mauvaise surprise de le voir jouer à la mettre et à l'enlever alors que vous conduisez. Avez-vous déjà vu un enfant bondir d'une voiture juste devant votre véhicule ? Cela fait l'effet d'une douche froide et permet de comprendre avec une grande clarté les dangers de la situation.

Les sorties inattendues

Même si votre enfant ne se lasse jamais de ses visites au parc ou à la boulangerie, variez vos déplacements pour familiariser votre tout-petit avec son environnement immédiat. Où que vous soyez, il y a des activités qui le fascineront. Il n'est pas nécessaire d'attendre un événement extraordinaire pour planifier une sortie. Faire un détour pour observer **les travaux** ou une **maison en construction** lui permet de voir des tracteurs « pour de vrai » mais aussi de prendre conscience des étapes différentes de la construction. Plus tard, de retour à la maison, il reproduit dans son jeu ce qu'il a observé ou bien il nomme les trous qu'il fait dans le bac à sable ses « fondations ». Il érige des murs pour sa nouvelle demeure ou ajoute des fenêtres sur les côtés du gros carton qui sert de demeure aux poupées. Il choisit aussi un livre sur le même sujet lors de sa visite à la bibliothèque et repère dedans ce qu'il a pu observer lors de sa visite à la « nouvelle maison ». Même s'il ne retient pas tout le vocabulaire, il a un grand intérêt pour ces mots nouveaux et il vous fait rire car il tente de les placer à la moindre occasion, parfois hors de contexte. Ne lui faites pas l'affront de sélectionner le but de votre promenade en fonction de son sexe : les petites filles s'intéressent autant aux chantiers que les petits garçons !

D'autres buts de sortie sont à votre portée, que vous soyez en ville ou à la campagne. Les allées et venues à la **caserne des pompiers** sont fascinantes pour les petits et ils sont souvent les bienvenus car tout petit observateur est bien accueilli. Encore une fois, les découvertes de la journée sont le sujet du livre du soir, de jeux très riches et de comptines telle la suivante :

LE CAPITAINE DES POMPIERS

Voilà le capitaine des pompiers	(Placez vos poings fermés devant vous.)
Marche avant !	(Avancez les poings fermés.)
Marche arrière !	(Reculez les poings fermés.)
Attention ! Partez !	(Ouvrez les mains.)
Pin pon ! Pin pon ! Pin pon !	(Ouvrez et fermez les mains à tour de rôle.)

Déplacez vos mains pour aller les cacher dans votre dos. Au fur et à mesure qu'elles s'éloignent, baissez votre voix tout comme le son disparaît après le passage du camion. Arrêtez-vous un court instant et reprenez le « pin pon » dès que l'enfant imite la mélopée de la sirène.

Les **gares**, les **aéroports ou les ports,** même si aucun voyage n'est prévu, attirent également les petits... et les plus grands. Ils sont magiques pour le tout-petit et suscitent de nombreuses réflexions et des interrogations sans fin. Si vous en avez l'occasion, abandonnez la voiture et prenez les transports en commun, même pour une courte distance. Cela représente pour l'enfant une vraie aventure.

De même, les travaux de la **ferme,** qu'ils soient au quotidien ou saisonniers, sont d'un grand intérêt pour lui. Il ne se fatigue pas d'observer les animaux et ne demande qu'à s'en occuper aux côtés de l'adulte. Il reproduit les onomatopées pour les appeler ou les gronder. Il apprend comment se comporter en leur présence et à respecter les consignes de sécurité. Il a néanmoins besoin de l'attention constante d'un adulte, car il se met facilement en danger.

Pour finir cette liste non exhaustive, il existe de nombreuses **animations** pour les petits dans votre ville, votre village ou dans les **musées** des grandes villes. La fête foraine, le cirque ou le spectacle adapté aux tout-petits sont vite repérés par les parents. Mais il y a un effort important dans chaque communauté pour présenter des activités adaptées aux tout-petits, activités très enrichissantes.

Ne culpabilisez pas néanmoins si vous ne pouvez en profiter : un tas de feuilles dans le jardin ou dans le parc est une source sans fin de jeux et de découvertes. Se rouler dans les feuilles, s'y cacher, donner de grands coups de pied ou les faire voler, observer les petites bêtes qui s'y cachent, sélectionner des trésors comme des feuilles ou des cailloux sont tout aussi enrichissants pour le tout-petit. Ce n'est pas le lieu ou la situation qui importe, mais ce que vous en faites. Le simple fait de manger dehors, au parc, à la plage ou au fond du jardin l'enchantera.

L'entrée en maternelle

Le tout-petit de 2 à 3 ans est constamment tiraillé entre son désir d'autonomie et son besoin d'être materné. Même s'il veut aller à la crèche et que vous savez qu'il y est bien, il vit des périodes durant lesquelles il préfère de loin rester à la maison avec ses parents. Cette réaction est parfois consécutive à une maladie qui l'a contraint de rester au lit ou bien au chaud quelques jours. Il a profité des soins de maman ou de papa et, somme toute, ce n'est pas si mal que ça de se faire dorloter. Le retour au rythme habituel lui demande un effort. Il doit se réadapter. Il se peut bien que tout événement perturbant entraîne un petit retour sur image et le tout-petit a besoin d'être entouré.

La grande séparation qui se profile à l'horizon est l'entrée en maternelle. Si le tout-petit est resté à la maison ou au domicile de sa nourrice, cela signifie le début de la vie dans un groupe bien plus large. L'enfant gardé en crèche quitte une petite structure et un petit groupe familier pour une « grande » école et des classes de plus de trente enfants. Au lieu d'un adulte pour huit enfants, c'est un instituteur pour trente enfants assisté d'un ATSEM (agent territorial spécialisé des écoles maternelles) à certains moments de la journée. Inutile de vous dire que la donne n'est plus la même.

Les nourrices effectuent en général tout un travail visant à familiariser le jeune enfant à l'école maternelle. C'est le sujet de nombreuses discussions et c'est l'occasion d'une sortie pour visiter ce nouveau lieu. Vous pouvez faire de même en tant que parents car, plus l'enfant est familier avec les lieux, les adultes et ses camarades, plus la transition est facilitée. Il doit en effet quitter des adultes qui ont été ses référents pendant une période bien définie. Il doit aussi quitter ses camarades qui ne sont pas nécessairement scolarisés au même endroit.

Cette préparation commence dès l'inscription : il est essentiel que le tout-petit soit présent pour cet acte qui marque son entrée dans une nouvelle phase de sa vie. Il a alors l'occasion de rencontrer certains adultes, de voir des endroits importants pour lui (la cour de récréation, la salle de motricité), de réaliser que tous les enfants vont aux toilettes, d'observer d'autres enfants qui s'activent dans les classes. Le soutien donné au tout-petit pour faciliter cette transition varie beaucoup d'une école à une autre. Certains instituteurs reçoivent de futurs écoliers une partie de la journée juste avant le premier jour. Ils aménagent ce moment pour leur faire découvrir l'école et les faire participer à une activité agréable. N'hésitez donc pas à vous informer le jour de l'inscription.

Prenez aussi le temps d'aller regarder l'école lors de vos promenades. Rien que le fait d'observer les enfants dans la cour habitue le futur écolier.

De nombreux livres ont été écrits pour les enfants sur ce sujet. Choisissez-les avec soin en sélectionnant ceux qui ressemblent le plus à ce que votre enfant va vivre. Par exemple, la plupart des livres québécois sont illustrés d'enfants habillés des pieds à la tête pour sortir dans la neige. Cela n'a rien à voir avec le vécu du petit Parisien. De même, inutile de montrer une cantine à un petit Irlandais qui emporte son repas à l'école dans une petite valise prévue à cet effet.

On fait semblant

Le jeu est aussi un excellent moyen de familiariser le tout-petit à l'école. C'est d'ailleurs un des scénarios le plus fréquemment repris par les enfants : ceux qui sont déjà scolarisés intègrent ainsi les nouveaux éléments de leur vie alors que ceux qui entrent à l'école tentent de se les représenter. Jouez donc « à la maîtresse » avec votre tout-petit en installant ses nounours dans la classe ou en prétendant que tel autre doudou commence l'école. Tentez d'introduire peu à peu des éléments de la vie scolaire que vous connaissez : l'heure d'aller aux toilettes, l'heure de la peinture, l'heure d'aller jouer. Mettez dans la bouche des personnages des expressions de votre enfant ou bien des sentiments qui pourraient très bien être les siens. Avec l'enfant, trouvez des solutions aux difficultés rencontrées par nounours. Il ne sait pas mettre son manteau tout seul ? Son copain lui a pris son jouet. Il n'a pas entendu la question de la maîtresse. Que faire ? Au lieu de donner systématiquement la réponse, laissez à l'enfant l'occasion de trouver par lui-même. Cherchez plusieurs possibilités et ensuite sélectionnez celle qu'il préfère. Nounours ne sait pas mettre son manteau tout seul. Il peut : sortir sans manteau, demander à un camarade plus grand de l'aider, dire à sa maman de lui donner un manteau sans fermeture Éclair, attendre son tour devant la maîtresse, se débrouiller tout seul, demander à papa de lui montrer comment faire... Ce n'est qu'après plusieurs épisodes de jeu symbolique que le jeune enfant apprend à chercher la réponse adéquate par lui-même.

Des souvenirs au futur

Des photos de la classe, de l'école et de l'enseignant permettent au tout-petit de garder en mémoire ce qu'il a vu lors de ses visites. Il vous suffit d'en demander l'autorisation au directeur, car il vous est interdit de photographier librement dans une école.

Choisissez avec soin le rythme de votre tout-petit à l'école. Bien sûr, votre décision est basée sur votre emploi du temps. Mais faites bien attention aux besoins de votre enfant en prenant en compte sa maturité, les efforts d'adaptation qu'il doit faire ainsi que sa fatigabilité. Un enfant qui fait trop d'efforts pour s'adapter se fatigue très vite et si cet état de fatigue perdure, il ne fait que très peu d'apprentissages dans cette situation. Mieux vaut une scolarisation le matin et un temps de repos l'après-midi pour certains enfants. Est-il prêt à rester à la cantine, à gérer le nombre important de petits camarades, à supporter le bruit et à répondre aux demandes du personnel qui l'encadre ? Il est préférable d'aménager son temps à l'école de façon à ce que cela ne le mette pas en difficulté dès le début de sa scolarité.

Une fois toute la préparation faite, le grand jour arrive. La simple vue des larmes des petits copains fait jaillir celles de votre enfant. C'est normal. Il doit vous quitter et cela n'est pas facile. Au lieu de faire comme si de rien n'était, reconnaissez-le et rappelez à votre petit élève que vous revenez le chercher à une heure bien précise (vous en avez parlé avec lui en utilisant comme support l'emploi du temps fait maison). Ne vous laissez pas envahir par vos propres émotions, car votre enfant a besoin d'un parent calme et serein, capable de l'accompagner dans cette séparation. Ne restez pas trop longtemps, car votre présence ne fait qu'amplifier les efforts du tout-petit pour vous retenir. Au lieu de se calmer, il s'accrochera de plus en plus. Dès votre départ, il se mobilise pour gérer la situation seul ou avec l'aide d'un adulte. Peu à peu, il apprend à mieux accepter cette séparation et il se prépare aux activités qu'il apprécie. Il lui faut néanmoins un temps d'adaptation qui varie beaucoup d'un enfant à l'autre.

Celui qui présente un retard psychomoteur ou un handicap sensoriel bénéficie des mêmes opportunités que tout autre enfant. S'il est suivi par des professionnels, ceux-ci aident les parents à compléter les documents nécessaires à l'inscription. Ils sont aussi présents pour informer l'école ou apporter une aide si nécessaire. Il s'agit alors d'une **intégration scolaire**. Certains aménagements sont possibles pour accueillir l'enfant au mieux. Ainsi, le temps passé à l'école est déterminé selon les prises en charge de l'enfant ou sa fatigabilité. Il est néanmoins d'une grande importance de donner à l'enfant en difficulté de réels moyens de s'adapter, comme la possibilité de venir régulièrement en classe. Ainsi, une intégration pour deux heures par semaine ou pour la première heure de la matinée n'a aucun sens. Dans le premier cas, l'enfant oublie la routine et les personnes d'une semaine à l'autre. Il est donc forcé de se réadapter à chaque fois. Il n'a pas l'occasion de former des liens avec les autres enfants pour qui il ne fait pas partie de la classe. Dans le deuxième cas, l'enfant n'est présent que pour l'accueil et ne fait que commencer une activité à l'heure de son départ. Ceci vous paraît assez improbable ? Les deux cas cités ici sont tristement tirés de la réalité. En tant que parents, il vous faut donc vous assurer que cette intégration a un sens. Vous êtes les seuls à pouvoir parler pour votre enfant qui n'a pas son mot à dire. Vous le connaissez et c'est à vous de veiller à ce que ses besoins soient pris en compte. L'éducation nationale veille sur le personnel enseignant, les professionnels veillent à maintenir de bons liens avec l'école mais votre seul objectif est celui de la scolarisation de votre enfant dans les meilleures conditions possibles.

La vie sociale du jeune enfant

Que ce soit chez lui, à l'extérieur, en dehors de la présence de ses parents ou dans des lieux publics comme le parc ou le bac à sable, le tout-petit commence réellement à tisser des liens sociaux avec son entourage. Cela ne se fait pas sans heurts, car il y a beaucoup de règles qui régissent les liens entre les membres de notre entourage le plus proche. Mais comment lui faire comprendre qu'il ne peut pas mettre la main dans le décolleté de la dame qui se penche vers lui pour lui dire bonjour ? Il est sûr qu'il cherche à savoir ce qu'il y trouvera mais... cela ne se fait pas. Comment l'empêcher de mordre la main du copain, même s'il a peur qu'il lui prenne son nouveau trésor ? Comment éviter qu'il ne se déculotte en haut du toboggan parce qu'il a une envie pressante ?

Il doit apprendre que ce qui est normal à la maison, comme la nudité entre les membres de la famille, n'est pas possible à l'extérieur du domicile. Les gestes qui sont communs avec papa et maman leur sont réservés et il ne peut faire de même avec une personne étrangère. Il existe néanmoins des règles de base qui vous permettent de commencer cet apprentissage dès un très jeune âge. Bien sûr, le tout-petit ne peut toutes les intégrer mais il les affine petit à petit, au fur et à mesure des contacts sociaux.

Saluer

Cette expression se réfère à la façon dont nous réagissons lors d'un contact ou à la fin de celui-ci. Il existe ici de grandes variations d'une culture à une autre. Ainsi, au Canada, un simple « bonjour » est suffisant alors qu'en France, l'enfant doit faire la bise au nouvel arrivant. En Irlande, il y a peu de contacts physiques entre les personnes et la poignée de mains a une autre signification : elle est utilisée pour souligner la gratitude et les remerciements.

L'enfant prend donc modèle sur ses parents et sur sa fratrie. Peu à peu, il différencie sa façon de faire suivant son interlocuteur. Il réagit différemment face à une personne étrangère et prend ses distances, ce qui est tout à fait adapté. Il est normal qu'un enfant prenne le temps de regarder le nouveau venu avant d'entrer en contact avec lui. Le contraire est plus inquiétant, car le tout-petit fait alors confiance à n'importe qui. Il vaut mieux respecter ce repli initial sans forcer l'enfant à agir à l'encontre de ce qu'il ressent. Son attitude est saine. Mieux vaut le respecter que de faire de longs discours sur les « étrangers ». Nous sommes parfois contradictoires lorsque nous insistons sur un comportement pour une personne en particulier et avons une tout autre attitude pour tel autre individu.

Je souhaite évoquer ici le problème du bisou social tel qu'il a été décrit par Joseph et Caroline Messinger dans leur ouvrage *Ne leur dites jamais...* [1]

« Laissez-moi vous narrer une anecdote qui m'est arrivée récemment avec ma fille de 2 ans et demi. Elle vit sa première grande histoire de cœur avec la grande Chloé, sa copine de 3 ans. Sa maman et moi emmenons de temps à autre les fillettes faire du manège, leur activité favorite, surtout lorsqu'elles peuvent la partager. Elles s'amusent comme deux petites folles, se défoulent des tensions accumulées au fil de la journée. Après plusieurs heures à la halte-garderie, ce moment de détente est la récompense suprême pour ces jeunes demoiselles.

"Les filles, vous faites encore un tour, après c'est terminé.

— Oui !" crient-elles en cœur.

Le manège s'arrête, elles se prennent par la main, leurs éclats de rire se répondent en écho le long du chemin qui nous ramène à nos voitures respectives.

"Chérie, tu dis au revoir à ta copine Chloé !"

---

1. Flammarion, 2005.

Les deux fillettes se prennent par le cou et se font plein de bisous sur le visage. Chloé se précipite dans mes bras pour m'embrasser aussi. Sa maman, qui n'aurait peut-être pas embrassé ma fille spontanément, lui dit :

"Je te fais un bisou aussi Nina ! Ma fille recule, se cache dans mes jambes pour tenter d'éviter le baiser qui atterrit dans ses cheveux.

— Tu fais un bisou à la maman de Chloé, chérie !

— Non, murmure-t-elle.

— Eh bien mon cœur, qu'est-ce que ça veut dire, fait un bisou à la maman de Chloé !

— Non !" répète-t-elle en dissimulant sa bouche derrière ses petits doigts qu'elle tortille.

"Nina, tu fais un bisou à la maman de Chloé !

— C'est pas grave, ce sera pour la prochaine fois !" rétorque la maman peut-être vexée en attrapant sa fille par la main.

Où s'arrête la politesse, où commence le respect ?

En m'évertuant à convaincre ma fille pour qu'elle fasse "un bisou à la dame", j'ai compris que je commettais une erreur. Comme beaucoup de mamans dans cette situation, je ne me voyais pas lui dire "Chérie, ne fais pas de bisou à la maman de ta copine, si tu n'en as pas envie !" Sous-entendant : "Donc, si tu ne l'aimes pas !" C'est un tort. En substance, c'est pourtant le message que j'aurais dû lui faire passer. Je me suis laissée piéger par les bonnes manières. Avec le recul, je suis très satisfaite que son caractère bien trempé l'ait poussée à me désobéir pour rester fidèle à ses émotions, son ressenti. C'est essentiel. Vous allez tout de suite comprendre pourquoi. Ma fille n'a pas été malpolie, puisqu'elle a murmuré un discret au revoir à la mère de sa copine. Pourquoi aurait-elle dû faire ce bisou puisqu'elle n'en ressentait pas l'envie ? Étant donné qu'elle n'en est généralement pas avare, son attitude aurait dû m'interpeller. Je suis passée outre. Pourquoi me suis-je sentie obligée de la pousser à le faire ? Pour respecter les usages ? Pour ne pas choquer ? Pour ne pas froisser la susceptibilité de la maman ? Mais qu'est-ce qui est le plus important, les usages ou ma fille ? Je vous laisse en tête-à-tête avec la bonne réponse ! »

Reprenez votre enfant s'il traite certains adultes comme ses camarades et encouragez-le à utiliser des expressions adaptées. Un apprentissage dans ce domaine est souvent nécessaire.

Il refuse

Lorsqu'un tout-petit refuse le bonjour, il a toujours une bonne raison. Sa réaction est parfois véhémente et il ne possède pas l'art et la manière de refuser de façon adaptée. Or il doit apprendre à mettre la forme et à utiliser un mode de refus acceptable en société.

Cela commence à la maison, le premier groupe social au sein duquel il vit. Au fur et à mesure que les mots (les gestes ou les signes pour les enfants non verbaux) apparaissent, des comportements plus infantiles disparaissent. Le tout-petit fait un geste de la main au lieu d'envoyer valser son assiette ; il repousse son frère et exprime son refus d'un « non » au lieu de le griffer ; il fait la moue en jetant un regard noir au lieu de se jeter à vos pieds en hurlant ; il exprime ses goûts et son dégoût en disant « j'aime pas » ou « pas bon » au lieu de cracher sa bouchée.

Le problème est qu'il faut souvent un petit coup de pouce pour qu'il se mobilise car le gestuel l'emporte souvent sur le verbal. Si vous observez des enfants dans un bac à sable par exemple, les refus sont exprimés de façon non verbale par des regards, des expressions faciales, des gestes ou des attaques physiques. Il vous faut donc encourager l'enfant de 2 ans à « dire avec des mots » au lieu de s'exprimer avec ses poings. À 3 ans, l'enfant commence à prendre le pli. Il se contrôle mieux et ne passe à la manière forte que s'il échoue à la première tentative... ce qui arrive relativement souvent, il faut bien le reconnaître.

Savoir demander

Savoir demander est tout un art, un art que le tout-petit met longtemps à développer. Il commence par demander un objet ou une action. Ensuite, il continue sa progression et demande de l'aide. Ce n'est que plus tard qu'il tente de s'informer en posant des questions à son entourage (quoi, où, qui).

Durant ses premiers échanges avec des personnes qui ne sont pas de sa famille, il use des mêmes stratagèmes qu'à la maison. Or, à la maison, tout le monde le comprend, tout le monde sait à peu près de quoi il a besoin et surtout, les membres de la famille sont généralement patients avec le petit dernier.

Il en est tout autrement « à l'extérieur ». Le tout-petit qui, à 2 ans, est capable de dire « veux gâteau », « encore jus » ou « pipi ! » s'adapte facilement aux attentes des adultes qu'il côtoie. Mais celui qui se contente de montrer du doigt en jargonnant est vite déçu : alors que maman s'exécute rapidement, cet autre adulte reste sourd à ses efforts. Les choses se compliquent avec les petits camarades qui n'apprécient guère les manières du petit nouveau qui se sert au lieu de demander. Il est donc ignoré par ses pairs. Il est parfois considéré comme violent, car il agit au lieu de parler et il se frustre rapidement à force de ne pas être compris. Dès ce jeune âge, l'absence de langage influence de façon négative les premiers liens sociaux que l'enfant cherche à établir. C'est bien pour cela que ce n'est jamais une bonne idée de devancer tous les besoins de vos enfants, même si cela part d'une bonne intention. L'un des changements presque immédiats lorsqu'un enfant qui a présenté un retard dans ce domaine progresse et développe son langage, est l'apparition d'amis dans la vie du tout-petit, ce qui est toujours un bon signe.

Camille a 3 ans et demi. Elle jargonne beaucoup d'une petite voix inaudible. La maîtresse se plaint de son silence en classe et ne pense pas que Camille a fait les acquisitions qu'elle aurait dû faire en ce début d'année. Ses parents sont très inquiets. Eux non plus ne voient aucune progression et ne savent plus quoi faire. Ils

travaillent tous deux et n'ont que peu de moments à consacrer à leurs deux enfants.
Malgré ses problèmes d'articulation, je n'ai aucune difficulté à comprendre Camille. Derrière la petite fille timide, consciente de ses difficultés, se cache une enfant pétillante et pleine de vie. Elle évite les phrases car elles sont incompréhensibles pour l'interlocuteur. Elle évite aussi toute activité qui est liée à la parole. En classe, elle n'a pas d'amis et elle se joint principalement aux jeux de course-poursuite avec les garçons. Elle participe volontiers au bilan et j'explique aux parents chacun des résultats obtenus. Ils ont alors les éléments qui leur permettent de comprendre les axes du travail que je leur demande d'effectuer avec leur fille. Étant donné que tout est associé aux activités quotidiennes, ils suivent à la lettre mes consignes et Camille rattrape rapidement son retard.

Je sais que tout va pour le mieux pour Camille lorsque j'apprends qu'elle a une nouvelle copine et qu'elle est invitée aux anniversaires de ses camarades.

L'un des arguments qui est mis en avant pour retarder le début de toute action concernant la communication est que des personnages d'une grande intelligence n'ont commencé à parler qu'à un âge avancé. Albert Einstein en est un exemple. Il n'a commencé à parler que vers l'âge de 4 ans. Je ne peux néanmoins m'empêcher de m'interroger sur sa vie sociale durant son existence. Quels liens a-t-il pu établir ? Était-il capable de s'exprimer de façon adaptée avec son entourage ?

Pourquoi Camille ne parvient-elle pas à améliorer son articulation ? Tout simplement parce qu'elle ne possède pas les praxies nécessaires pour produire tel ou tel son. Il faut donc **améliorer les praxies buccales** avant d'entreprendre tout autre travail. C'est bien pour cela que vous avez à votre disposition à la fin de ce livre les **échelles de développement** qui vous permettent de proposer des activités qui correspondent réellement aux capacités de votre tout-petit. Dans le cas de Camille, ce travail sur les praxies a été le point de départ, mais chaque enfant est différent. Un autre aspect important pour Camille a été la disponibilité de ses parents et leur désir de s'impliquer dans les progrès de leur fille. Leur rôle a été primordial.

Apprendre à partager

C'est là une capacité que tout le monde s'accorde à encourager chez le tout-petit car celui-ci n'est pas partageur. Pas du tout. C'est à **lui** et que personne ne s'avise d'y toucher. L'incapacité de partager est une source de conflits constants entre les enfants, petits et grands. Il n'est pas rare de voir cette difficulté réapparaître chez des adultes qui semblent avoir omis ce chapitre de leur développement. Il y a des comportements en voiture, par exemple, qui signalent très clairement que la route appartient à tel conducteur et que nous n'avons rien à y faire. Cela vous dit quelque chose ?

Vivre en société, c'est attendre son tour, c'est donner un espace à l'autre, c'est accepter de partager ce qui est disponible avec d'autres personnes. Cette habitude prend racine au domicile de l'enfant, dans sa vie de tous les jours. Nous avons déjà vu que ce n'est pas une bonne idée d'être toujours disponible pour le tout-petit. Pas question de l'ignorer ou de le frustrer à toute occasion par une longue attente. Il vous suffit, si vous êtes occupé, de finir votre action, votre phrase, votre bouchée, avant d'accéder aux demandes véhémentes de Junior. Car avec lui, c'est **tout de suite/maintenant.** Il ne souffre aucun délai. Il n'accepte pas que vous puissiez porter, ne serait-ce qu'un instant, votre attention sur la personne à qui vous parlez. Il use de tous les stratagèmes pour récupérer ce qui lui revient de droit : votre attention totale et absolue. Il se place malencontreusement entre vous et votre interlocuteur pour jouer. Il choisit ce moment pour annoncer qu'il doit faire pipi... d'urgence. Il fait les pires bêtises alors que vous êtes occupé au téléphone. Bref. Pour avoir une conversation téléphonique en toute liberté... vous êtes contraint de vous enfermer dans les toilettes...

Alors que faire ? Lui faire comprendre que vous n'êtes pas « sa chose », qu'il y a d'autres personnes que lui dans la famille. Mais aussi, par des expériences vécues, lui faire réaliser qu'il est parfois bien agréable de partager avec papa ou maman ou ses petits camarades. Tout ceci en évitant de lui imposer des situations invivables telles qu'inviter régulièrement ses copains à la maison en leur donnant libre accès à tous les trésors qu'il conserve jalousement dans sa chambre. Il n'est pas encore prêt à voir son camarade manipuler « son bien ». Cela viendra, mais un peu plus tard. Pour le moment, mieux vaut rester sur un terrain neutre et commencer par encourager le partage au sein de la famille.

Puis il est prêt à partager pendant ses jeux avec d'autres enfants. Il est préférable dans un premier temps d'avoir plusieurs jouets similaires car les disputes éclatent régulièrement autour d'un jouet unique : la petite voiture rouge, le râteau, la balle qui rebondit plus haut que les autres.

Finalement, encouragez un partage entre deux enfants, en votre présence, en vous assurant que vous avez plusieurs jouets du même type. Suggérez aux enfants de jouer chacun à leur tour avec l'objet convoité. Puis prenez vos distances et voyez s'ils développent leurs propres stratégies pour résoudre le conflit. Il est intéressant d'observer comment un enfant se défend et les paroles qui sont échangées à ces moments. Les « Mais ! C'est à moi ! » reviennent fréquemment !

Tentez de créer des occasions multiples pour ce type de partage entre votre enfant et un ou deux autres. N'intervenez que si vous voyez qu'ils ne peuvent s'en sortir seuls. Choisissez de préférence un endroit neutre et des objets qui n'appartiennent ni à l'un ni à l'autre. La cuisine, par exemple, et le matériel pour faire un bon gâteau qu'ils dévoreront ensemble !

C'est aussi l'âge où, avec les meilleures intentions du monde, le tout-petit qui fête son anniversaire chez lui, et qui est alors contraint de céder ses jouets aux autres, passe une fort mauvaise journée. Si vous voulez lui faire plaisir, c'est le moment de choisir un endroit hors du « territoire » du tout-petit pour faire la fête.

Jouer

Un besoin vital pour l'enfant

Nous avons vu comment l'enfant joue avec n'importe quoi, n'importe quand et n'importe où. Qu'il soit dans la salle d'attente du médecin, sur le trottoir, seul ou en groupe, le tout-petit joue. Il n'a pas besoin de jouets, car il est capable d'utiliser ce qu'il a à sa disposition. Nous avons également eu un aperçu de ce qu'il en tire : découvrir, comprendre, apprendre, créer, imaginer et bien d'autres richesses.

En tant qu'adultes, nous avons perdu cette capacité de jouer. Vous ne me croyez pas ? Observons d'un peu plus près **pourquoi** et **comment** nos enfants de moins de 5 ans jouent. Comparons leurs attentes aux nôtres en tant qu'adultes.

Comment joue-t-on ?

Enfants	**Adultes**
Le jeune enfant aime les activités sportives tels le ballon, la course, le saut, l'escalade, la natation...	Les adultes participent aux mêmes types d'activités, souvent pour retrouver des sensations ressenties pendant leur enfance.
L'enfant peut tout aussi bien jouer seul qu'avec d'autres enfants, quelle que soit l'activité.	L'adulte choisit un sport de groupe ou un sport individuel selon sa préférence.
L'enfant joue quand il en a envie et s'arrête dès qu'il n'en tire plus de plaisir.	L'adulte suit un horaire bien précis et poursuit le jeu jusqu'à la fin, même s'il en a perdu le goût.
L'enfant modifie constamment les règles du jeu selon son désir ou celui de ses camarades.	L'adulte suit sans broncher les règles formelles du jeu à moins de choisir sciemment de tricher.

Enfants	Adultes
L'enfant joue pour le plaisir de mobiliser son corps, de découvrir de nouveaux gestes dont il tire une grande fierté.	L'adulte joue pour se mesurer aux autres ou améliorer son score personnel.
L'enfant joue pour le plaisir d'échanger avec un autre participant.	L'adulte joue pour gagner.
L'enfant joue pour imaginer, pour inventer.	L'adulte aime entrer dans le monde de l'imaginaire, du fantastique, de la fiction.
L'enfant reproduit sans cesse le même scénario mais peut tout aussi bien le modifier à tout instant.	L'adulte suit des règles du jeu bien précises.
L'enfant se prend au jeu et ne cerne pas toujours les limites entre le réel et l'imaginaire.	L'adulte perçoit très bien les limites du jeu auquel il participe.
L'enfant démarre et abandonne son jeu au fil de la journée.	L'adulte ne joue qu'à des moments bien précis, avec un début et une fin au jeu.
L'enfant change librement de personnage ou de scénario.	L'adulte respecte jusqu'à la fin les éléments déterminés au début du jeu.
L'enfant construit ou crée pour organiser son environnement, pour laisser une trace ou pour le simple plaisir de manipuler.	L'adulte construit ou crée selon des critères bien précis et pour obtenir un résultat esthétique.
L'enfant construit ou crée pour inclure l'objet fini dans un autre jeu.	L'adulte construit ou crée pour admirer l'objet terminé.
L'enfant n'a plus d'intérêt pour l'objet qu'il a créé une fois qu'il a fini l'activité.	L'adulte protège avec soin sa création.
L'enfant regarde un livre en commençant parfois par la fin, en s'attardant sur certaines pages, en le feuilletant tout simplement.	L'adulte commence au début en lisant avec soin les mots et respecte la séquence des pages en allant jusqu'à la dernière.
Pour l'enfant, un livre peut se décliner de plusieurs manières et il imagine des histoires pour chacun des caractères.	L'adulte respecte l'histoire associée à chaque livre.

Voici donc certains des éléments qui ressortent d'une réflexion autour des différences entre la façon dont l'enfant envisage le jeu et la vision de l'adulte. Il est vrai que, plus il s'approche des 5 ans, plus le jeu de l'enfant ressemble à celui de l'adulte, ce qui nous mène à la conclusion qu'il s'agit d'une seule et même approche. C'est bien pour cela que nous imposons à nos enfants des caractéristiques qui ne les concernent nullement. Voyons donc les activités ludiques, celles qui vont se différencier des jeux associés à la vie quotidienne, car il s'agit de **jeux avec jouets.**

Jeux et jouets

Les jeux des enfants entre 2 et 3 ans sont de plus en plus riches et variés. Il est possible de les classer dans les catégories suivantes : **le jeu symbolique, les jeux de construction et de manipulation, les jeux moteurs, les activités musicales, les activités artistiques, les livres et les jeux de société.**

Il existe un lien entre tous ces jeux. Ainsi, l'enfant reproduit de façon symbolique ce qu'il vit dans la réalité (il va coucher les vaches dans l'étable après avoir observé des ruminants pendant sa promenade). Il retrouve la même situation dans son livre (il découvre l'histoire de Babe, un petit cochon et de ses camarades animaux de la ferme) et il continue dans la même lignée dans le parc (il « joue au chien » et court à travers le parc après un troupeau de moutons). Les boules de pâte à modeler qu'il manipule prennent vie (les personnages principaux sont ainsi représentés). Il ajoute une mélodie aux phrases qu'il a mémorisées et les répète inlassablement pendant qu'il joue. Le jeu, quelle qu'en soit la forme, représente son intérêt du moment. Une simple observation du sujet vous donne des informations sur ce qu'il vit et comment il le perçoit. Une perception qui diffère complètement de la nôtre.

Il existe donc une certaine cohérence dans les jeux de l'enfant. Mais il choisit également le jouet ou l'activité en fonction de ce qu'il peut en tirer. C'est ce que nous allons voir de plus près en abordant chacune des catégories mentionnées ci-dessus.

Jeux de construction et de manipulation

L'enfant construit et manipule dans un effort pour se construire. Alors qu'à un plus jeune âge, il était principalement dans le plaisir de toucher, d'empiler, d'encastrer, il a maintenant un but bien précis en tête. S'il n'en a pas au démarrage, ce qu'il a sous les yeux prend peu à peu vie alors qu'il reconnaît un pont, une piscine, une saucisse ou un dinosaure. Il lui faut visualiser, planifier, imaginer, élaborer, concrétiser. Chaque action est prévue et alors qu'il agit, il réfléchit à la suivante. Si le résultat escompté n'est pas au rendez-vous, il cherche une solution à son problème. Avec tous les jouets à sa disposition aujourd'hui, le petit enfant de 2 à 3 ans peut aisément passer d'un jeu de construction ou de manipulation à un autre. Il a tout le loisir d'encastrer des blocs extrêmement variés, chaque type lui demandant une adaptation car certains ont des picots, d'autres des boules... Il peut également s'attaquer aux puzzles et apprendre à observer avec plus d'attention chaque pièce pour bien la placer et l'orienter par rapport aux autres. Pour ce faire, il associe les couleurs, il examine la forme de la pièce, il cherche des indices dans le dessin illustré sur la pièce.

Pendant qu'il joue, il est confronté aux mêmes concepts de base que nous avons associés à toutes les activités précédentes, liées aux activités quotidiennes. Il découvre des notions tels le « haut », le « bas », le « bord », le « côté », le « coin », la « même » couleur, une couleur « différente ». Il affine sa perception ainsi que ses gestes. Il améliore son attention et allonge peu à peu le temps durant lequel il est capable de se concentrer sur une même activité. Il mène à bien son projet du début à la fin et accepte aussi de le finir le lendemain. Certaines constructions plus importantes occupent plusieurs journées et il prend soin du résultat, le surveillant jalousement des attaques éventuelles de l'aspirateur ou de petites mains dévastatrices.

Il joue seul, apprenant à gérer sa frustration lorsqu'il ne parvient pas à ses fins. Il vaut mieux le laisser faire au lieu de voler à son secours à la moindre difficulté. C'est bien difficile pour lui de ne pas se laisser envahir par la vague d'émotions très fortes qui surgissent alors qu'il voit son œuvre tomber en morceaux après beaucoup d'efforts. C'est un apprentissage long et difficile et il lui faut un espace pour le faire. Bien sûr, l'explosion est violente et douloureuse pour le tout-petit. Mais il va être confronté à de nombreuses situations où tout ne se passe pas comme il l'espère. Le jeu est donc une occasion de s'exercer. Si ce n'est pas une bonne idée d'intervenir et de lui proposer des solutions, il est bon de l'accompagner dans son cheminement. Vous lui donnez ainsi les clés pour gérer lui-même la situation si elle se reproduit. Questionnez-le sur ce qui ne va pas. Puis demandez-lui la raison du problème qui se pose et encouragez-le à **chercher** des solutions. Il a du mal à placer le dernier cube de sa construction. Pourquoi tombe-t-il à chaque fois ? Que peut-il faire pour le stabiliser ? Si, dans un premier temps, il n'est pas capable de répondre à vos questions (il est allongé par terre pleurant toutes les larmes de son corps et il ne veut plus entendre parler de son jouet), commentez ce que vous voyez en continuant à lui poser des questions ouvertes. Il se peut que les réponses ne viennent pas et vous pouvez alors faire des suggestions avant de le laisser se calmer tout seul. Je sais qu'il est presque impossible pour un parent de laisser son enfant vivre une expérience douloureuse et notre premier réflexe est de détourner son attention ou de régler le problème pour lui. Nous le faisons sans même nous en rendre compte. Or, le tout-petit n'a pas besoin que vous agissiez à sa place. Quel message voulez-vous lui exprimer : « Tu n'y arrives pas alors je le fais pour toi » ou « Je sais que c'est difficile mais tu vas y arriver » ? Il n'est pas sans ressources, alors réfrénez votre envie et laissez-le exprimer ce qui ne va pas et comment il va résoudre la difficulté. Il a besoin de faire des tentatives, même si elles sont vouées à l'échec. Vous savez déjà que son idée n'est pas bonne ? Surtout ne dites rien. Vous ne faites qu'instaurer le doute dans son esprit.

Le jeu symbolique

L'enfant se représente sa vie à travers le jeu symbolique. La manière dont il dépeint les scènes nous donne une idée de la perception qu'il a de sa vie. À 2 ans, il est très concret et il associe des événements de la vie quotidienne. Mais plus tard, il invente de toutes pièces des personnages ou des lieux tirés de son imaginaire. Le point de départ se trouve peut-être dans son vécu ou dans un livre, mais il extrapole rapidement et le fantastique apparaît.

Élizabeth choisit avec soin les jouets dont elle a besoin. Elle est venue aujourd'hui avec son père. Son jeu favori est la dînette et elle prépare toujours les mêmes plats : des pizzas et des pâtes. Elle met ensuite la table pour les personnages qu'elle a choisis. Bien sûr, son père doit manger son repas sans rechigner. On retrouve bien les commentaires de sa maman dans sa façon de parler. Mais tout d'un coup, elle nous surprend avec l'apparition d'une nouvelle personne : c'est « Madame ». Ni l'un ni l'autre ne savons qui est Madame. Élizabeth lui donne vie et il s'avère que c'est une personne autoritaire et stricte. Elle nous donne des ordres et il est hors de question de ne pas les suivre.

Élizabeth prend un plaisir évident à tenir ce rôle qu'elle a repris depuis. Personne ne sait d'où lui vient cette idée et nous ne le saurons peut-être jamais.

Une autre hypothèse est celle qui consiste à dire qu'Élizabeth, la petite dernière de la famille, celle qu'on n'écoute pas parce qu'elle « parle bébé », a trouvé ce moyen pour se faire entendre. Dans le jeu, elle peut prendre toutes les libertés qu'elle veut : descendre le toboggan la tête en bas, faire tomber des petits personnages d'un toit, combattre les monstres dans la mer... et commander les adultes de son entourage. Cette liberté dans le jeu symbolique permet aussi au tout-petit d'exprimer la violence sous une forme autorisée. Après avoir vaincu sa propre peur des jouets représentant des monstres, il les manipule à son tour pour « faire peur » aux autres. Le monstre peut mordre ou poursuivre un autre personnage car il est « méchant ». Pas l'enfant. Non. C'est le monstre.

Le jeu symbolique met aussi en scène des situations qu'il ne gère pas bien ou qui sont une source d'inquiétude pour lui. Un grand favori des tout-petits est la séparation. Il est fréquent de les voir manipuler des personnages ou des animaux qui vont et qui viennent, qui quittent leur habitation pour vaquer à leurs occupations. Somme toute, durant tout le jeu, c'est tout ce qu'ils accomplissent. Il est évident que c'est un moment de sa propre vie que l'enfant veut intégrer.

Cette approche peut le familiariser avec des situations inconnues qui sont une source d'inquiétude pour beaucoup de petits. L'enfant peut tout découvrir à l'aide du petit personnage qui prend l'avion pour la première fois ou qui rend visite au pédiatre. Il intègre ainsi la suite des événements qu'il va vivre réellement un peu plus tard. Ce type de jeu peut diminuer son anxiété. Il sait qu'il ouvre la bouche pour que le médecin puisse regarder de plus près ce qui s'y passe. Il offre sans broncher son oreille après l'avoir fait plusieurs fois au cours d'un jeu. Il n'a pas peur du stéthoscope car il a pu écouter le cœur de maman battre à l'aide de celui qui est dans sa mallette de docteur. Il a juste besoin de savoir à quoi s'attendre et la raison de certains gestes.

Dans la même lignée, le jeu donne à l'enfant le moyen d'exprimer des sentiments qu'il ne peut encore nommer. Par exemple, un tout-petit qui est contraint de suivre un traitement médical reproduit la force et la violence de l'injection sur son nounours ou sur le bras du parent à l'aide d'une seringue tirée de la même mallette. Je vous donne des exemples liés aux traitements médicaux souvent très lourds chez les enfants dont je m'occupe. Mais cette approche est tout aussi efficace avec des situations douloureuses telle une séparation. Les visites chez l'un des parents vivant séparé de l'autre sont reproduites dans le jeu et donnent l'occasion au jeune enfant d'exprimer sa frustration. C'est un bon support pour amorcer la discussion sur le sujet. Même si les paroles sont limitées, les scénarios parlent d'eux-mêmes.

Les jeux moteurs

Hormis le grand bienfait des activités durant lesquelles le tout-petit apprend à mobiliser son corps et se dépense physiquement, les jeux moteurs entre 2 et 3 ans sollicitent les capacités intellectuelles de l'enfant. Certes, il apprend à courir, à monter et à descendre avec plus de fluidité. Mais il s'attaque maintenant à des jeux moteurs qui demandent une part de réflexion, de planification et d'organisation. Prenons comme exemple l'aire de jeu dans le parc du quartier. Pour grimper en haut du filet tissé à cet effet, l'enfant pose son pied dans la première maille. Si l'autre pied vient se placer juste à côté, rien ne se passe et l'enfant regarde avec désespoir le haut du filet. Je vous déconseille de placer ses pieds et ses mains pour lui afin qu'il arrive au but : il ne retient rien des mouvements et il est bien incapable de redescendre tout seul. De plus, cela lui donne une fausse sensation de sécurité et il peut très bien tout lâcher sans réaliser le danger. En revanche, après avoir bien observé ce fameux filet, il tente, sans succès, de placer son deuxième pied plus haut et de prendre appui dessus. Il n'a pas assez de force dans ses petites jambes pour se propulser vers le haut. C'est alors qu'il tend le bras et attrape une maille située plus haut. Le voilà parti ! Il se retrouve comme suspendu en l'air et ne sait pas trop quel geste il doit effectuer. Il lui faut réfléchir... ou redescendre. C'est à ce moment précis qu'il doit mobiliser son intellect pour imaginer son prochain geste, en percevoir les conséquences, le planifier et coordonner ses mouvements en fonction de cela. Ce n'est que petit à petit qu'il contrôle chacun des mouvements, les ayant découverts par lui-même : pied droit/main gauche, on pousse ! Pied gauche/main droite et on pousse ! Arrivé en haut, il est tout fier. Il reproduit plusieurs fois son escalade et peaufine son ascension. Il s'attaque ensuite à une autre partie du parc. Il vous suffit d'être présent en cas de chute et de lui faire prendre conscience des dangers éventuels. Mais si vous ne le placez pas en haut de structures trop difficiles pour lui, il trouve un moyen de redescendre par lui-même.

Il en est de même pour d'autres jeux. Ainsi, pousser sur les pédales tout en tenant le guidon et en regardant devant soi pour diriger le tricycle n'est pas une tâche aisée. Cela demande une bonne coordination entre les jambes, les mains et les yeux. Vous l'avez deviné : **laissez-le se débrouiller !** Imaginez sa douleur lorsqu'il se retrouve en tête-à-tête avec son vélo et que le moteur/papa ou le moteur/mamie n'est plus là ! « Pourquoi qu'il avance pas le vélo ? – Ben faut pousser ! – Mais j'savais pas moi ! » Il est certain qu'il est inutile de placer votre petit débutant sur une surface rocailleuse en pente… Mais sur une surface plane, il a tout le loisir de sentir la poussée de ses jambes et de tirer sur ses bras pour venir en aide aux jambes. C'est là qu'intervient le sens proprioceptif qui l'informe sur la pression qu'il doit exercer sur les pédales. Il ressent bien cette force lorsque vous appuyez sur son genou qui, à son tour, exerce une force sur sa cheville et finalement sur la pédale.

Killiam fait ses débuts sur un petit tricycle bien adapté à sa taille. Comme un coureur du Tour de France, il baisse la tête et tente de faire avancer son véhicule en appliquant une pression du haut du corps. Sans résultat. Puis, les pieds bien ancrés sur les pédales comme il a vu faire ses frères, il tente une nouvelle manœuvre en se balançant de toutes ses forces d'avant en arrière. Le tricycle bouge un peu mais il n'avance toujours pas. Finalement, il a recours à une stratégie qu'il connaît bien pour l'avoir utilisée jusqu'à maintenant : il donne une forte poussée à son vélo à l'aide de ses deux pieds posés à terre et place rapidement ses pieds sur les pédales qui tournent toutes seules. Il pédale ainsi quelques mètres, jusqu'à ce que son bolide s'arrête tout seul, faute de moteur…

Quelques jours plus tard, Killiam se déplace en tricycle sans aucune difficulté, ayant bien saisi son fonctionnement. Il lui reste à apprendre à lever la tête pour diriger son véhicule et à mobiliser la force nécessaire pour surmonter les aléas du terrain.

Les activités musicales

Comme nous l'avons vu dans les chapitres précédents, la musique attire beaucoup les tout-petits. Je ne vous parle pas de la capacité de jouer un instrument ou de chanter une chanson. Le résultat importe peu à l'enfant (voir tableau p. 301-302). Ce qu'il aime surtout, c'est produire un son à l'aide d'un instrument, de sa voix, de percussions corporelles ou instrumentales. Il part à la découverte des rythmes, du silence, du changement de volume, des mélodies qui montent et qui descendent, de la sonorité des mots. Il s'amuse à répéter, à répondre, à produire un son en même temps que l'autre. Il fait ses découvertes tout seul, avec un partenaire ou en groupe. Il mémorise ce qu'il a entendu et le reproduit tout de suite. Puis il l'inscrit à plus long terme dans sa mémoire. Certaines paroles et mélodies restent ainsi ancrées très longtemps dans notre mémoire, comme nous le voyons chez les personnes âgées.

C'est tout un monde pour lui et il a tout le loisir de l'explorer s'il en a la possibilité. Je sais qu'il est difficile pour l'entourage de supporter ses vocalises. Il serait regrettable de le lui interdire totalement. Savez-vous que le refus de chanter de nombreux adultes est lié à cette période de leur vie ? En effet, ils sont persuadés qu'ils chantent faux, qu'ils ont une voix de crécelle, qu'ils sont incapables de sortir quoi que ce soit d'audible. Ce qu'ils ont entendu tout petits est resté ancré dans leur mémoire et ils continuent de percevoir leur voix comme leur entourage d'alors. Il est tout à fait envisageable de laisser à l'enfant la possibilité de faire ces découvertes sans pour autant vous rendre la vie impossible. D'une part, ne laissez pas les instruments à leur portée à tout moment. Les appeaux, les flûtes, les tambourins, les trompettes et claviers sont rangés à un endroit bien précis et sortis à un moment de votre choix. Dès que l'enfant s'en lasse, rangez-les avec lui. Si vous avez la chance d'avoir un piano à la maison, faites de même. Ne laissez pas le tout-petit y toucher à chaque fois qu'il passe devant, à moins que cela ne vous convienne.

La façon dont ces instruments sont manipulés détermine l'attitude des enfants envers d'autres instruments plus tard. Ce n'est pas parce qu'il s'agit d'un jouet que l'enfant peut jeter le tambourin comme un frisbee. J'utilise fréquemment des instruments tels une guitare, un bodhran (instrument de percussion irlandais) ou des flûtes variées dans ma pratique. Néanmoins, j'instaure très tôt des règles simples quand ils sont à la disposition des tout-petits. Par exemple, une flûte se joue assis, car l'enfant qui se promène en soufflant court le risque de se perforer le palais en cas de chute.

Si le volume sonore vous pose problème, je vous suggère de suivre la même stratégie que les joueurs de cor anglais : ils migrent tous dans la forêt la plus proche pour s'adonner à leur art ! C'est un endroit idéal pour tester sa voix ou d'autres instruments. Le jardin ou le parc sont d'autres lieux adaptés.

Inutile de produire quelque chose de « beau » ou de construit musicalement lorsque vous partagez cette activité avec votre enfant. Ce n'est pas toujours facile mais si vous le pouvez, tentez de voir ce jeu comme un échange entre vous deux. La simplicité des percussions corporelles (celles que l'on produit avec son corps en tapant des mains, des pieds, sur ses cuisses, sur son thorax ou sur ses joues...) est une source d'échanges ludiques sans fin. Aucun matériel n'est nécessaire et, tour à tour, vous pouvez tenter de modifier un élément du son produit : par exemple, en changeant de mimique, le son produit par une tapette sur la joue varie.

Pour vous aider, il existe de nombreux livres et disques dans le commerce. Aujourd'hui, l'enfant est bien mieux reconnu par les artistes et il existe un réel marché pour les petits. Je vous engage à les écouter afin de filtrer ceux que les Canadiens appellent « niaiseux », c'est-à-dire ceux qui n'ont aucune valeur musicale. Si cela ne vous plaît pas, ne l'achetez pas ou ne l'empruntez pas : c'est vous qui l'écoutez avec votre enfant après tout. C'est une Canadienne, Carmen Campagne, qui a su me montrer ce qu'il est possible de proposer aux tout-petits avec une grande qualité vocale, instrumentale et poétique.

Les activités artistiques

Je vous conseille de « réviser » les adaptations apportées à ces activités rarement proposées aux tout-petits à leur domicile en relisant le passage précédent sur ce sujet (voir p. 194). Celles-ci sont encore adaptées à cet âge. Nous trouvons comment les heures de ménage portent leurs fruits alors que votre enfant exécute des formes parfaites avec une craie ou tout autre outil. Bien sûr, ils le font à la crèche ou à l'école. Mais ils n'ont pas la même liberté que celle dont ils jouissent à la maison. À l'école, il faut parfois suivre un modèle ou une technique. Avec vous, l'enfant peut s'exprimer sans restriction.

J'ai déjà évoqué précédemment les atouts des activités artistiques et je me propose de vous faire part d'une utilisation que j'en fais dans mon travail. En effet, je les utilise fréquemment pour encourager les échanges entre deux enfants qui ont des difficultés dans ce domaine car ils sont immatures ou très possessifs. La capacité de partager, d'attendre son tour et de respecter le travail d'autrui est une des principales acquisitions des enfants entre 2 et 3 ans. Ils ont par la suite de nombreux efforts à faire pour continuer cet apprentissage. Donner la possibilité à deux enfants de créer ensemble les confronte également au partage des outils, de l'espace, des idées. Il se peut qu'ils démarrent chacun de leur côté. Mais l'œil de l'un vérifie ce que fait l'autre et petit à petit, l'échange s'instaure. Vous encouragerez d'autant plus les échanges si vous ne leur allouez qu'un espace pour deux : un mur, une grande feuille, un tableau noir. Faites de même avec les outils et encouragez-les à exprimer leurs demandes verbalement : cela évite de voir les craies, crayons, ciseaux ou autres objets arrachés des mains de l'un ou de l'autre. Ils apprennent alors à attendre, à demander, à refuser, à argumenter… bref, tous les moyens à leur disposition pour vivre confortablement ce partage.

Les jeux de société

Il existe sur le marché de plus en plus de jeux de société très bien conçus pour les tout-petits. Ils sont simples et comportent de la manipulation de petits objets qu'il faut assembler, aligner, déplacer... La façon de jouer de l'enfant est respectée car tout le monde participe et gagne. Ils sont intéressants car ils permettent au jeune enfant de mettre en pratique de façon intellectuelle ce qu'il a acquis dans la pratique, au jour le jour. Nous retrouvons donc ici les concepts de base qu'il a découverts peu à peu à vos côtés alors qu'il plaçait soigneusement le linge dans la machine, ou bien qu'il pétrissait furieusement la pâte à tarte ou encore qu'il associait dans sa tête le nombre de personnes à table et le nombre d'assiettes nécessaires avant de passer à table.

Nous retrouvons donc des concepts de base liés au temps, aux quantités, à la taille, aux couleurs et à l'espace. L'enfant doit trouver un pion de la **même** couleur que celle sur le dé, il compte **le nombre** de pommes qui vont dans le panier ou le nombre de marches que le lapin doit monter pour sortir du terrier, il fait sauter son mouton **par-dessus** l'autre mouton en respectant le nombre qu'il reconnaît visuellement sur le dé, il place **un nombre** de bûches d'une **couleur définie** sur le dos de l'âne. Bref, il a tout le loisir de jouer en mobilisant ses connaissances. Et il en est tout fier car il veut faire « comme les grands » et avoir accès à de vrais jeux.

Il lui faut néanmoins prendre sur lui car, l'espace de quelques minutes (pas plus de dix minutes en général), il doit se plier à des règles bien précises, attendre son tour. Et il doit gérer son désarroi profond... lorsqu'il n'obtient pas les mêmes résultats que son voisin ! Pour lui, c'est inconcevable de ne pas réussir. Tout simplement parce qu'il adore être applaudi et félicité pour chacun de ses exploits. Voir un autre prendre la place qui lui revient de droit lui est insupportable. C'est la source d'une grande frustration qui provoque parfois des colères de la part du tout-petit.

Léandre est un petit garçon sourd profond qui approche de son troisième anniversaire. Dès la petite enfance, il a communiqué à l'aide de la langue des signes française et il s'exprime donc spontanément.
Il participe peu aux activités de groupe avec ses camarades. Il se désintéresse vite de l'activité et quitte le groupe pour aller jouer librement.
Je lui propose donc de découvrir un jeu de société simple qui a l'avantage de proposer à l'enfant de la manipulation de petits objets qu'il faut placer à tour de rôle sur une patate. Un autre enfant de son âge est présent, ce qui ne plaît guère à Léandre. Il a l'habitude d'être l'objet de mon attention.
Avec une grande ingéniosité, Léandre trouve plusieurs stratagèmes pour obtenir les éléments qui lui manquent... en trichant ouvertement ! S'il ne parvient pas à ses fins, il boude et la lèvre inférieure s'avance alors qu'il baisse la tête.
Il ne lui faut néanmoins que quelques séances avec le même jeu pour accepter les règles imposées. Ce n'est qu'après qu'il a commencé à prendre plaisir à jouer.

Ne vous laissez pas manipuler par votre enfant à chaque fois que vous jouez avec lui. C'est douloureux pour lui de ne pas obtenir le résultat escompté, mais c'est un apprentissage qu'il doit faire. S'il ne parvient pas à suivre les règles du jeu, même après plusieurs tentatives, mieux vaut ranger le jeu pour quelques semaines et le ressortir pour une nouvelle tentative.

Il se peut aussi qu'un jeu plus simple, plus rapide et moins contraignant lui convienne mieux. Au lieu de faire de nombreux achats, rendez plutôt visite à la ludothèque la plus proche et empruntez des jeux différents pour les tester à la maison. Cela vous permettra de faire un choix mieux adapté au goût de votre enfant. Le personnel présent vous conseillera avec plaisir.

Premiers jeux informatiques

L'informatique a du bon à petites doses. Ce n'est pas parce que votre héritier démarre tôt sa découverte de l'informatique qu'il y deviendra accro. Tout est une question d'équilibre, comme pour les joujoux qu'il ne pouvait quitter lorsqu'il était plus jeune. Vous avez alors instauré certaines règles pour réguler leur accès. Il vous suffit de les réinstaurer pour l'accès à l'ordinateur.

À l'approche de l'âge de 3 ans, l'enfant possède les capacités nécessaires pour manier cet outil complexe. Ainsi, il réalise que ce sont les mouvements de la souris qui provoquent les changements qu'il voit à l'écran, ce dont un enfant plus jeune ne prend pas conscience. Cela lui demande bien sûr un temps d'apprentissage ou l'utilisation d'une souris adaptée aux petites mains.

Mais tout comme vous ne laissez pas votre enfant seul devant le poste de télévision, ce n'est pas une bonne idée de le planter devant l'ordinateur. Il en tire beaucoup plus si vous lui consacrez ces quelques instants dans la journée. Vous commentez ce qu'il perçoit et ajoutez des informations nouvelles qui diffèrent de celles qu'il obtient à travers le jeu.

Résistez si vous le pouvez aux jeux dits « éducatifs » et sélectionnez plutôt des jeux d'éveil avec un aspect principalement ludique. Ce type de jeu respecte l'approche du tout-petit dans le sens où les jeux proposés sont très variés, liés à des thèmes familiers à l'enfant (l'habillement, l'alimentation, la maison...). L'enfant peut abandonner le jeu à tout moment et en sélectionner un autre. Il n'est pas contraint de terminer une étape avant de passer à une autre. Il peut naviguer en toute liberté, passant d'une activité à une autre à sa guise. Somme toute, il en apprend autant sans être limité par des structures trop rigides. Il aura bien le temps d'être confronté à ces limites plus tard dans sa scolarité. Pour le moment, offrez-lui des instants de découverte à son rythme, en respectant ses stratégies personnelles, tout en échangeant avec lui. Vous trouverez du matériel adapté à ce groupe d'âge en magasin ou sur Internet.

10 questions sur le moulin à paroles

1. Mon fils parle bien pour ses 2 ans et 10 mois mais il prend rarement la parole à la maison. Il préfère écouter ses frères et sœurs et attend que l'un d'entre eux s'occupe de lui. Et cela se passe ainsi à la maison. Mais à l'école, la maîtresse se plaint de n'avoir jamais entendu le son de sa voix. Elle se demande même s'il sait parler. Que faut-il faire pour qu'il puisse s'exprimer en classe ?

Il lui faut tout d'abord prendre sa place au sein du groupe familial. Étant le plus jeune ou peut-être le moins extraverti de la fratrie, il n'est pas capable de surmonter le chaos ambiant pour se faire entendre.

Pour trouver sa place dans un petit groupe, il faut tout d'abord lui offrir un espace dans sa famille. Votre famille s'est probablement construite autour du fait que le petit dernier ne parle pas et qu'il prend peu d'initiatives. Il n'y a donc aucune attente de la part de ses frères et sœurs ou de ses parents. C'est un fonctionnement qu'il faut changer car il se peut fort que, même s'il se met à revendiquer son droit à la parole, il ne soit pas écouté.

Commencez donc par expliquer à vos enfants que l'espace sonore est comme une feuille de papier sur laquelle chacun dessine un trait. Il ne leur viendrait pas à l'esprit de colorier toute la feuille sans laisser une place pour les autres.

Puis adressez-vous directement à votre tout-petit en attendant une réponse de sa part, et seulement de **sa** part. Posez-lui des questions ouvertes de sorte qu'il puisse élaborer une réponse complète et s'exprimer au sujet de tout et de rien comme le fruit qu'il veut pour son dessert. Puis encouragez des moments de jeux en tête-à-tête entre votre fils et l'un de ses frères ou l'une de ses sœurs. Un jeu de société assure que chacun respecte le tour de l'autre. Chacun à sa place, chacun son tour. Chacun se doit de participer. Vous pouvez également encourager des jeux dans lesquels c'est le petit dernier qui dicte la conduite de l'autre, au cours d'une activité quotidienne familière ou au cours d'un jeu de construction par exemple. Il donne ensuite des instructions à toute la famille. Après un temps, il se sera habitué à prendre la parole devant un petit groupe. Peut-être y prendra-t-il goût ?

Il ne lui reste plus qu'à transférer cette nouvelle aptitude à la classe, avec l'aide et les encouragements de la maîtresse.

2. Ma fille de 2 ans et demi n'écoute rien de ce que je lui dis. Elle fait la sourde oreille et je suis obligée de lui répéter la même chose dix fois. Elle attend que je me fâche avant de faire ce que je lui demande.

Votre fille a bien saisi qu'elle a encore largement le temps avant de s'exécuter. Elle continue donc son activité jusqu'à ce que vous vous fâchiez, moment qui marque pour elle la fin de son jeu. Mais ce n'est pas vivable pour vous d'avoir à monter le ton à chaque fois qu'elle doit venir prendre son bain ou de proférer des menaces toute la journée. Il va donc falloir lui faire comprendre que vous ne répéterez les consignes qu'une fois et que, si elle ne se déplace pas, elle en subira les conséquences. Appelez-la pour le repas en lui laissant quelques minutes pour finir son jeu (utilisez le minuteur pour marquer la fin) ; si elle ne vient pas, passez à table avec le reste de la famille. Elle ne peut manger qu'une fois à table. Inutile de l'appeler sans cesse : c'est justement votre silence qui lui signifie qu'elle manque quelque chose et c'est alors qu'elle se précipite. Ne lui servez pas son assiette réchauffée, si elle ne fait son apparition qu'à la fin du repas. Expliquez-lui que vous l'avez appelée, qu'elle n'est pas venue et que le dîner est fini, malheureusement.

De même, pour le bain, occupez-vous d'un autre enfant au lieu de l'attendre. Elle ne sera pas très contente de voir son frère ou sa sœur prendre sa place et elle aura vite fait de se dépêcher la fois suivante. Si vous n'avez pas d'autres enfants, annulez tout simplement la séance bain ce soir-là. Elle ne sera pas propre comme un sou neuf, mais elle peut bien attendre le lendemain. Si elle tarde quand même le lendemain, il n'y aura plus de livre avant d'aller se coucher.

Le principe est qu'il y a une conséquence directe à chaque fois qu'elle vous ignore. C'est à vous de voir par vous-même ce que peut être cette conséquence.

3. Mon fils est terrorisé par certains bruits, surtout ceux qui sont accompagnés d'air (sèche-cheveux, ventilateur, aspirateur). Il évite aussi les bouches d'égout et refuse maintenant de marcher lorsqu'il en voit une. Au lieu de disparaître, son angoisse s'amplifie au fur et à mesure qu'il grandit.

Nous n'étions pas inquiets au début, mais il réagit de façon de plus en plus violente. Que pouvons-nous faire pour l'aider à surmonter sa peur ?

Certaines peurs prennent leurs sources dans la petite enfance. La façon dont vous réagissez va influer sur le succès des efforts de votre enfant pour les surmonter. À ce jeune âge, votre fils évite à tout prix l'objet de sa frayeur : il décampe dès que vous passez l'aspirateur en se bouchant les oreilles et vous interdit l'utilisation du sèche-cheveux. Il se peut que ses réactions soient dues à une hypersensiblité à certains sons mais il est bien difficile de trouver la source de nombreuses frayeurs des tout-petits.

Quelle que soit la raison de celles-ci, vous pouvez l'accompagner dans cette tâche difficile bien que lui ne soit pas toujours d'accord. Tout ce que vous pouvez dire sur l'aspect inoffensif de la bouche d'égout ne fera rien pour le convaincre. Il faut vous y prendre différemment.

Je vous propose de lui présenter les « mauvais » objets sous forme de jeu : séchez les cheveux de la poupée après son bain à grand renfort de bruitages et de souffle. La poupée dit sa peur et son désarroi. Elle explique ce qui la dérange et vous réglez la température ou la force du sèche-cheveux en fonction de ce qu'elle dit. Si vous tombez juste, la réaction de votre enfant vous l'indiquera ; sinon, il aura vite fait de vous corriger ou de vous faire une autre suggestion. S'il refuse catégoriquement le jeu, insistez un peu avant d'abandonner et de reprendre à une autre occasion. Variez votre jeu en introduisant un des objets à la fois. Sachez que votre tout-petit vous observe attentivement et que plus vous êtes calme et plus vous vous impliquez réellement dans le jeu, plus il sera serein. En effet, la peur exprimée de façon si véhémente par votre enfant vous désarçonne. Sa peur vous fait peur, et l'enfant le ressent tout de suite. Ce qui ne fait que confirmer qu'il a bien raison d'éviter à tout prix telle ou telle situation. Si papa et maman sont mal à l'aise, c'est bien que quelque chose cloche. Il pense peut-être la même chose lorsque, pour éviter sa peur, vous ne mettez le ventilateur en route que lorsqu'il est absent. Si vous le cachez, est-ce vraiment un objet dangereux ? Mieux vaut donc vivre normalement tout en reconnaissant que certains objets n'inspirent pas confiance au premier abord. Une fois que votre tout-petit aura accepté un objet, il pourra passer à une autre terreur et la dompter. De nombreux livres pour enfants ont été écrits sur ce même sujet et vous seront bien utiles.

4. Mon fils de 3 ans ne veut manger que de la purée et du jambon. Il mangeait de tout plus jeune mais maintenant, rien d'autre ne passe. Nous sommes inquiets car son régime n'est pas équilibré. Faut-il le forcer ?

Tout d'abord, si la purée est faite avec de vraies pommes de terre, si vous ajoutez du lait et un peu de beurre et qu'il mange son jambon, son équilibre alimentaire n'est pas en jeu, car il ingère des produits laitiers, des protéines et des féculents. Donc, pas de panique ! C'est un régime alimentaire qui n'est pas si mauvais que ça. D'autre part, les conflits sont très fréquents entre 2 et 3 ans et il vous faut choisir les sujets qui vous tiennent à cœur. Si vous avez des sujets qui posent plus de problème en ce moment, comme la sécurité dans la rue ou des difficultés d'endormissement, mieux vaut le laisser faire un temps en vous assurant qu'il goûte des aliments différents à chaque repas.

Si en revanche ceci est un sujet qui vous concerne, soyez ferme et basez-vous sur les conseils donnés dans ce chapitre pour comprendre son comportement mais aussi pour le modifier.

N'oubliez pas néanmoins que votre enfant a probablement choisi de refuser de manger parce qu'il a bien senti que c'est important pour vous et qu'il capte ainsi toute votre attention. Cela devient évident quand, à l'extérieur de la maison, il mange sans difficulté : il n'a rien à gagner car il ne réussit guère à inquiéter l'adulte présent à ce moment-là... À l'inverse, il suffit parfois de « laisser tomber », d'autoriser le tout-petit à manger ce qu'il veut à table et il reprend tout doucement une alimentation normale lorsqu'il s'aperçoit que personne ne prend garde à ce qu'il consomme au gramme près.

5. Notre petit garçon de 3 ans est très sociable et il adore aller au-devant des gens dans la rue pour leur dire bonjour ou leur serrer la main, comme il nous voit faire. Son père s'inquiète car il a peur qu'il ne suive n'importe quel étranger dans la rue au moindre moment d'inattention de notre part. Avec ses petits camarades, il est tout aussi amical mais je m'aperçois maintenant qu'il est rejeté parce qu'il en fait trop. Comment lui faire comprendre qu'il doit différencier les étrangers des gens qu'il connaît ? Est-il possible de l'aider dans ses rapports avec les autres enfants ?

Vous faites bien de poser la question aujourd'hui alors qu'il est encore petit. En effet, les réactions des adultes dans la rue sont probablement favorables. Ils répondent donc avec un sourire. Quoique pas toujours ! Au fur et à mesure qu'il grandit, leurs réactions deviendront plus réfractaires. D'autre part, le risque qu'il suive un inconnu est réel.

D'après ce que vous décrivez, votre enfant a des difficultés à établir sa distance à autrui. Nous avons tous connu, en tant qu'adulte, des personnes qui nous « collent » : elles sont tellement proches que l'on sent leur haleine. Et cela nous incommode à tel point que nous reculons au fur et à mesure qu'elles se rapprochent. Chacun de nous a élaboré ce que j'appelle une « bulle », une distance de fuite, une frontière spatiale, et nous n'apprécions guère qu'on la viole. Elle est très variable d'une personne à l'autre. Celle de votre fils est probablement inexistante et il a besoin de s'approcher physiquement de l'autre. Un bonjour à distance, un regard, un sourire, ne lui suffisent pas. Il faut qu'il serre la main ou qu'il fasse la bise. Il en est de même avec les « copains » : il n'est pas satisfait de jouer à distance, il a besoin d'être tout contre son ami, ce que l'autre ne supporte pas.

Puisqu'il n'a pas senti ça tout seul, c'est un apprentissage qu'il doit faire. Donnez-lui des moyens adaptés lorsqu'il rencontre un adulte qu'il ne connaît pas. Représentez-le dans un jeu avec de petits personnages. Faites des jeux de rôle avec les différentes personnes de la famille. Puis encouragez-le à le mettre en pratique. L'image de la « bulle » est aisément comprise par les petits enfants et vous pouvez lui expliquer que ses copains (et lui) ont comme une bulle de savon que l'on ne peut pénétrer sans la faire éclater.

6. Notre enfant a tendance à s'exciter très vite lorsqu'il joue. Il a ensuite beaucoup de mal à se calmer et les jeux se terminent généralement par des pleurs. Maintenant que nous l'avons compris, nous évitons de lui proposer ce type de jeux et tout se passe bien. Le problème se pose lorsque nous passons la journée avec des amis ou en vacances. Nos amis ne comprennent pas notre réticence et le font participer à des « bagarres » ou à des poursuites qui le mettent dans un état difficile à contrôler. Puis ils rentrent chez eux et nous laissent gérer les conséquences. Nos amis ne comprennent pas de quoi nous parlons car leur enfant n'a pas ce problème. Nous ne voulons pas vivre totalement isolés car nous avons pris l'habitude de les voir chaque week-end. Mais le prix à payer est lourd. Y a-t-il une solution ?

De nombreux enfants ont du mal à se calmer lors de jeux de ce type. Les troubles de l'attention, d'autres pathologies ou certaines maladies génétiques rares rendent la tâche encore plus difficile. Je suis persuadée que vous avez tenté à plusieurs reprises d'exprimer votre point de vue mais sans résultat. Peut-être que vos amis pensent que vous protégez trop votre enfant et qu'il faut au contraire le « secouer » un peu, comme ils le font eux-mêmes avec leurs propres enfants. Il vous faut donc les convier pour une petite discussion et exprimer clairement qu'il s'agit ici d'une difficulté spécifique à votre enfant. Décrivez les conséquences de quelques minutes de chamailleries sur votre enfant et sur votre vie de famille. Demandez-leur de vous aider en restant vigilant et donnez-leur les signes avant-coureurs de problèmes à venir : rires très aigus et sans fin, impossibilité pour votre enfant de se contrôler, répétition du même jeu...

Votre enfant est encore trop jeune pour contrôler son comportement mais vous pouvez l'y aider en lui imposant de faire des pauses dans le jeu. Celui-ci n'est pas terminé mais il s'arrête quelques minutes. L'utilisation du minuteur est bien pratique pour marquer l'arrêt. Il peut ensuite reprendre pour s'interrompre dès l'apparition d'une trop grande excitabilité. Temps mort. Reprise. Cette approche lui permet de sentir ce qui se passe au moment où il s'arrête. Donnez-lui des termes pour qu'il exprime ce qu'il ressent : malgré ses rires, il est tout aussi perdu que vous. Ce n'est que vers l'âge de 6 ans qu'il peut devenir autonome dans ce type de situation et refuser le jeu qui lui est proposé ou faire une pause de temps à autre.

7. Le mot favori de notre dernier-né est « non ». Dans quelques mois il aura 3 ans, mais il continue à refuser chacune de nos suggestions ou de nos propositions. Cela crée bien des pleurs au cours de la journée, car nous n'avons pas toujours le choix. Sommes-nous obligés d'attendre qu'il grandisse ou pouvons-nous faire quelque chose maintenant ? Avez-vous un « truc » pour nous faciliter la vie au jour le jour ?

Ce que vous décrivez est malheureusement le lot de bien des familles avec un enfant rebelle. Bien que cela soit tout à fait normal à son âge, j'ai en effet quelques stratagèmes qui permettent de gérer certains refus.

La première chose à faire est d'**encourager le « oui »** que nous n'entendons que trop rarement. Il vous faut réserver ce que l'on appelle les questions fermées ou les questions « oui/non » lorsque vous savez à l'avance que votre enfant a de grandes chances de vous répondre à l'affirmative : « Veux-tu aller au parc ? » « On va voir les travaux ? » « Tu veux un dessert ? »

Pour les autres questions, cantonnez-vous aux **questions ouvertes,** auxquelles il doit donner une réponse autre que « oui » ou « non ». « Tu veux de la purée ou des carottes ? » « Je te donne combien de tranches de jambon ? Une ou deux ? » « Tu viens faire les courses avec moi ou tu préfères rester à la maison ? » « Où veux-tu faire du vélo ? »

Et finalement, **ne lui donnez pas le choix** lorsque cela n'est pas possible ; bannissez la phrase formulée ainsi : « On va au supermarché ? » car s'il y répond « non », vous êtes obligé de ne pas en tenir compte. C'est le moment d'être directif, même si ce n'est pas dans vos habitudes. « C'est l'heure d'aller au supermarché. » Comme je l'ai expliqué précédemment, donnez-lui le temps de se préparer à partir en le prévenant suffisamment à l'avance. Si vous le tirez abruptement de son jeu parce que vous êtes prêt à partir, il risque fort de refuser en bloc.

Et puis surtout, quand à la fin de la journée vous ne supportez plus le petit visage boudeur, chantez-lui la chanson bien connue : « C'est une poupée, qui dit non, non, non, non, non ! Toute la journée, elle dit non, non, non, non, non ! » Variez avec la comptine suivante qui vous permet d'exprimer votre ressenti :

TU DIS « NON » !

Tu dis : « Non ! pas dodo !
pas pipi et pas d'chaussettes ! »
Jamais « Oui ma p'tite maman ! »
Et après tu fais la tête...

Tu dis : « Non ! pas dans l'eau !
pas les ch'veux et pas le cou ! »
Jamais « Oui, mon p'tit papa ! »
Et après tu fais la moue...

Tu dis : « Non ! Ça chatouille !
pas ce pull et puis il gratte ! »
Jamais : « Oui ma p'tite maman ! »
Et après tu te carapates.

8. Je ne pense pas que mon fils parle aussi bien que les autres enfants de son âge. Lorsque que je l'entends avec ses camarades, je trouve qu'il fait plus « bébé » qu'eux. J'ai contacté l'orthophoniste de notre quartier pour demander un bilan, et elle m'a répondu qu'il est bien trop jeune pour effectuer un test de parole/langage. Mon médecin ne semble pas être inquiet outre mesure de ce problème. Faut-il attendre l'entrée au CP ou est-il possible d'agir plus rapidement ?

Jusqu'en 2002, les orthophonistes ne voyaient les enfants qu'à partir de l'âge de 3 ans, sinon plus tard, vers 6 ans. Or la nomenclature a changé et il n'y a plus de limite d'âge, que ce soit pour le bilan ou la prise en charge du tout-petit. Certains professionnels n'ont donc pas été formés à la prise en charge précoce alors que d'autres s'y sont intéressés, se sont formés et ont fait l'acquisition du matériel adapté. En règle générale, dans un endroit où plusieurs orthophonistes se sont installés, ils se spécialisent dans des domaines spécifiques. La personne que vous avez contactée a peut-être une clientèle plus âgée. Il lui est néanmoins possible de vous renseigner sur des collègues qui travaillent dans le domaine de la petite enfance. Alors n'abandonnez pas et poursuivez vos recherches car il est très probable que vos observations soient justifiées. C'est en effet ce que j'ai appris après de nombreuses années de travail en partenariat avec les parents.

9. Notre fille Suzon a 3 ans et elle zozotte beaucoup. On voit même la pointe de sa langue quand elle parle. Faut-il intervenir maintenant ? Ma sœur a eu le même problème mais elle n'a jamais vu d'orthophoniste et elle a toujours cette difficulté de diction. J'aimerais éviter cela à ma fille. Que dois-je faire ?

Suzon n'a pas encore acquis la maturité neurologique pour contrôler sa pointe de langue. Elle ne fait son apparition qu'entre 5 et 6 ans.

En revanche, dès aujourd'hui, vous pouvez très bien améliorer les mouvements effectués par sa langue sans vous focaliser sur **l'apex** ou la pointe. Les **moments de repas** sont bien adaptés pour effectuer ce travail. La première chose à faire est de dire au revoir au biberon et à la sucette si vous ne l'avez pas déjà fait. En effet, ils encouragent l'avancée de la langue que nous voulons faire reculer dans la bouche.

Vous pouvez aussi placer certains aliments bien cuits dans la bouche de Suzon, entre ses gencives et ses joues, à droite puis à gauche. Cela incite la langue à aller sur le côté, c'est-à-dire à faire **des mouvements latéraux.** Pour rendre la langue plus agile, demandez à Suzon de jouer à « transporter » un morceau de jambon par exemple d'une joue à l'autre. Puis reprenez dans l'autre sens. C'est fatigant pour elle, donc recommencez au repas suivant.

Pour muscler la langue et l'encourager à bien se positionner dans la bouche, je demande aux parents de donner les boissons avec une paille à leur enfant. La paille doit être soigneusement positionnée jusqu'au milieu de la langue pour que l'exercice soit efficace. Pour renforcer la difficulté, je propose ensuite des yaourts liquides qui sont plus difficiles à aspirer !

Et pour finir, un brossage **des bords de langue**, c'est-à-dire des côtés de la langue, stimule celle-ci. Essayez de faire ceci trois fois par jour après chaque repas et demandez à Suzon de pousser contre la brosse à dents sur le côté ou de repousser celle-ci hors de la bouche.

Voici toute une série d'actions qui visent à muscler et à mieux mobiliser la langue. Si le problème persiste, n'hésitez pas à aller voir un orthophoniste. Rien ne vous empêche de faire faire un bilan dès à présent pour vous assurer qu'il n'y a pas un autre problème passé inaperçu.

10. Notre fille est née avec une maladie qui ralentit tout son développement. Elle est suivie par un centre spécialisé où elle reçoit des soins. Elle va avoir 3 ans et lorsque nous demandons des séances d'orthophonie pour elle, le centre nous répond qu'elle n'est pas encore prête pour cela. Nous serions favorables à une intervention précoce, mais cela est-il possible ?

Il est parfois difficile de mettre en place une prise en charge orthophonique dans certains centres par manque de moyens. Le nombre d'enfants suivis augmente mais pas le budget, donc pas les postes. Les orthophonistes sont surchargés de travail et ne peuvent répondre à tous les besoins. Il est nécessaire d'insister avant d'obtenir gain de cause. Si le centre ne dispose pas des moyens pour assurer cette prise en charge et que la maladie de votre fille nécessite des soins spécifiques, vous pouvez obtenir l'accord de la Sécurité sociale pour ce que l'on appelle « une double prise en charge ». Un orthophoniste habilité à assurer les soins peut vous aider dans vos démarches. C'est un parcours difficile mais qui en vaut vraiment la peine car votre fille ne peut qu'en tirer profit. Il est également possible d'avoir une action préventive dans le cas des maladies qui sont connues des professionnels. L'orthophoniste peut parfois éviter des difficultés qui apparaissent généralement à un âge plus avancé.

Échelle des compétences liées à la communication

Les échelles ci-après représentent les étapes normales du développement des capacités qui sont liées à la communication chez le tout-petit de 0 à 3 ans. Néanmoins, gardez en tête que chaque enfant évolue à son rythme et de façon individualisée.

Si vous notez qu'il a un retard dans un domaine en particulier, voyez s'il est principalement focalisé sur un autre domaine important comme l'apprentissage de la marche par exemple. Dans ce cas, donnez-lui le temps d'accomplir sa tâche puis encouragez-le à reprendre ses efforts dans le domaine de la communication.

Si néanmoins vous voyez que l'écart se creuse entre les capacités de votre enfant et celles de ses pairs, demandez conseil à un orthophoniste. Il aura vite fait de vous informer sur la communication de votre tout-petit.

Le jeu

Âge	Compétences
0 à 3 mois	Le bébé fixe le visage de la personne face à lui. On dit qu'il accroche le regard de l'autre. Il s'intéresse essentiellement aux visages ou aux représentations de visages. Il est attiré par la lumière et les couleurs contrastées. Il découvre ses mains : il les regarde et les goûte.
3 à 6 mois	Il s'active dès qu'il en a l'occasion : sur la table à langer, posé sur le lit ou sur une couverture au sol. Il tient bien sa tête. Il tourne la tête et observe les personnes et les objets environnants. Il saisit les objets à sa portée, le collier de la voisine, les cheveux du grand frère. Il secoue le hochet dans sa main.
6 à 9 mois	Il écoute attentivement les sons environnants et se tourne vers eux (le bip du micro-ondes, le téléphone, les casseroles). Il cherche à atteindre les jouets hors de sa portée. Il manipule les jouets de différentes façons : il secoue, tape, jette, goûte. Il joue à faire « coucou ». Il anticipe dans le jeu : il sait que la petite bête va lui chatouiller le cou. Il suit un objet en dehors de son champ visuel, comme le chien quittant la pièce. Il parvient parfois à lâcher un objet volontairement.
9 à 12 mois	Il cherche le jouet caché ou la cuillère tombée par terre. Il vide et remplit les tiroirs ou l'eau du verre devant lui. Il commence à organiser ses jouets en les empilant ou en les alignant. Il ouvre et ferme les petites portes appartenant à des jouets (la petite ferme, le garage), les portes du placard... Il comprend qu'il peut tirer sur une ficelle ou un tissu pour saisir un objet qu'il convoite. Il imite vos actions et vos gestes lorsqu'il joue (maman au téléphone, papa qui gronde le chien). Il accepte de jouer seul un petit moment.

Âge	Compétences
12 à 15 mois	Il découvre les jouets qui s'emboîtent (jouets gigognes). Il s'intéresse à des jeux nouveaux, il délaisse peu à peu les jouets pour bébés. Il fait semblant quand il joue : il commence avec de vrais objets et brosse les cheveux de maman par exemple puis les siens. Puis il découvre la brosse de la poupée. Il choisit lui-même son jeu et en marque la fin pour passer à autre chose.
18 à 24 mois	Il associe différentes séquences dans son jeu symbolique : il sort la poupée du lit et lui donne le biberon. Peu à peu, il allonge la durée de chaque séquence.
24 à 30 mois	Il s'organise pour jouer en sélectionnant avec soin les objets dont il a besoin. Il utilise les jouets de façon adaptée, connaissant et respectant l'utilisation de chacun d'eux. Il échange en prenant des tours dans le jeu (il donne à manger au poney ; après c'est maman qui l'emmène en camion). Il joue avec d'autres enfants avec qui il parle de plus en plus.
30 à 33 mois	Il joue des rôles différents comme celui de papa qui part au travail avec son attaché-case, maman qui conduit la voiture. Il invente des histoires qu'il met en jeu.
33 à 36 mois	Il commence à accepter des règles de jeux simples.

La compréhension

Âge	Compétences
0 à 3 mois	Il réagit de façon nette aux sons soudains. Il se calme peu à peu lorsqu'une personne familière lui parle. Il est plus attentif aux voix qu'il reconnaît pour les avoir entendues pendant les derniers mois de la grossesse.
3 à 6 mois	Il se tourne vers les sons ou il montre son intérêt en interrompant son activité un instant. Il commence à anticiper les routines (il arque son dos lorsque vous vous apprêtez à le sortir du siège-auto). Il réagit à son prénom.
6 à 9 mois	Il comprend lorsque vous tendez les bras et dites : « Viens. » Il réagit à des sons plus distants : la porte d'entrée qui se ferme, le chien qui aboie... Il comprend le mot « non » même s'il n'en tient pas toujours compte. Il se tourne vers la personne nommée durant la conversation. Il apprécie la musique et le chant. Il comprend « viens ici » accompagné d'un geste.
9 à 12 mois	Il s'intéresse aux mots nouveaux. Il reconnaît le nom de certains aliments (jus, soupe, banane). Il reconnaît le nom des objets de la vie quotidienne (cuillère, brosse, biberon). Il peut montrer trois parties du corps qui lui sont nommées (mains, ventre, pieds par exemple). Il va chercher les vêtements que vous nommez (manteau, chaussures). Il suit des consignes simples (« Lève les bras », « Assieds-toi », « Enlève ton manteau », « Donne-moi la main »). Il donne un objet que vous lui demandez.
12 à 15 mois	Il est attentif aux images. Il comprend les adjectifs simples (sale, chaud). Il reconnaît des mots qui décrivent les sentiments (content, triste). Il comprend les noms d'objets à l'extérieur (toboggan, voiture). Il a acquis les prépositions « dans », « sur », « sous » dans des situations quotidiennes.

Âge	Compétences
15 à 18 mois	Il peut montrer six parties du corps sur une autre personne ou sur une poupée. Il reconnaît le nom de lieux familiers (la piscine, la crèche). Il va chercher des objets hors de sa vue sur commande.
18 à 21 mois	Il montre les images que vous nommez. Il différencie les mots « petit » et « grand ». Il suit des consignes associées à une préposition (« Mets la tasse sur la table », « Jette le papier dans la poubelle », « Ramasse les petits pois sous la chaise »).
21 à 24 mois	Il suit des consignes comportant deux objets (« Pose ta tasse et le lait », « Donne-moi la voiture et le bonhomme »).
24 à 27 mois	Il comprend les notions de « juste un » et « tout » (« Prends juste un gâteau », « Donne-moi toutes les voitures »).
27 à 30 mois	Il suit deux consignes concernant le même objet (« Enlève tes chaussettes et mets-les au sale »).
30 à 33 mois	Il suit des consignes avec deux objets et deux actions (« Pose la tasse et va chercher le lait », « Enlève tes chaussures et range ton manteau »).
33 à 36 mois	Il identifie les parties d'un objet (le volant, le moteur, la porte). Il reconnaît les parties du visage (la bouche, le nez, les yeux). Il connaît deux couleurs.

L'expression

Âge	Compétences
0 à 3 mois	Il varie peu à peu ses pleurs. Il produit des sons vocaliques (« aaa », « ououou »). Il accroche votre regard et vous fixe.
3 à 6 mois	Il s'exprime à l'aide des expressions du visage (le dégoût, la joie, l'inconfort). Il bouge pour obtenir un objet ou une action (pour saisir le hochet, pour demander les bras).
6 à 9 mois	Il montre du doigt pour signifier de quoi il parle. Il imite les gestes que l'on utilise avec lui. Il demande de façon variée (en montrant du doigt, en entraînant l'adulte, en mimant). Il produit des sons en associant des consonnes et des voyelles (ba – ga – da – pa...). Il duplique les syllabes (« baba », « gaga »). Il module sa voix comme s'il ordonnait, posait une question ou commentait.
9 à 12 mois	Il imite les sons qu'il entend (les bruits d'animaux, la voiture, les exclamations...). Il émet des sons qui tiennent lieu de mots (« bibi » pour biberon ; « miam-miam » pour manger).
12 à 15 mois	Il commence à utiliser des mots isolés (huit/dix mots). Il répond par « oui » ou par « non » de la tête ou verbalement.
15 à 18 mois	Il utilise une quinzaine de mots isolés. Il commence à demander le nom des objets (« ça ? » ; « c'est quoi ? »).
18 à 24 mois	Il utilise de 20 à 50 mots et enrichit son vocabulaire tous les jours. Il associe deux mots pour formuler une petite phrase (« papa parti », « boum tombé », « pas dodo »).
24 à 27 mois	Il parle de lui-même en disant « moi », puis il commence à utiliser le pronom personnel « je ». Il formule des phrases en alignant trois mots (« Donne à moi » ; « Pas taper (le) chien » ; « Veux pas carotte »).

Âge	**Compétences**
27 à 33 mois	Il commence à utiliser le pronom « tu » ainsi que « il » et « elle ». Il complète ses phrases en ajoutant les articles et autres mots qui manquaient auparavant. Il pose des questions (« C'est quoi ? » ; « Il est où ? » ; « C'est qui ? »). Il fait des essais avec la négation (pas, plus). Il nomme deux couleurs.
33 à 36 mois	Il associe des phrases simples pour raconter une histoire. Il compte jusqu'à trois.

La déglutition et l'articulation

Âge	Compétences
0 à 3 mois	Il s'alimente au sein ou au biberon. Il avale sans difficulté. Il n'a pas de pertes de lait.
3 à 6 mois	Il mobilise bien sa langue : il la sort, il cherche la tétine. Il tire les lèvres vers le biberon ou vers le sein.
6 à 9 mois	Il s'alimente à la cuillère proposée par l'adulte. Il commence à mettre à la bouche des aliments en petits morceaux faciles à gérer (petits boudoirs, poire cuite). Il aime grignoter un morceau plus dur (biscuit, quignon de pain, carotte crue).
9 à 12 mois	Il boit quelques gorgées au verre à bec. Il tente de manipuler la cuillère. Il met de plus en plus d'aliments à la bouche. Il duplique les syllabes et choisit des sons proches de sa langue maternelle.
12 à 18 mois	Il boit au verre. Il produit les sons « p », « b » et « m ».
18 à 24 mois	Il mastique des aliments bien cuits (pomme, poire, pomme de terre, carotte). Il produit les sons « t », « d », « n », et « l ».
24 à 36 mois	Il gère des aliments de plus en plus variés hormis les viandes un peu dures à mastiquer. Il apprend à manipuler une fourchette. Il boit bien au verre. Il produit les sons « k » et « g ».

Table des matières

Composition et mise en page

NORD COMPO
multimédia

Achevé d'imprimer en novembre 2006
dans les ateliers de Normandie Roto Impression s.a.s.
61250 Lonrai
N° d'impression : 06-3014

Imprimé en France